Kristin Helberg

Brennpunkt Syrien

Das Buch

Mehr als sieben Jahre lebte Kristin Helberg in der syrischen Hauptstadt Damaskus. Ihre Begegnungen und Erlebnisse schildert sie in diesem Buch. Es enthält damit die notwendigen Hintergründe zum Verständnis der aktuellen Ereignisse in Syrien, einem Land, das als schwer durchschaubar gilt und dessen zentrale Rolle im Nahen Osten bisher zu wenig Beachtung findet. Mit einer Mischung aus persönlichen Eindrücken und aktueller Analyse liefert die Autorin die erste Gesamtdarstellung des Konfliktes in und um Syrien.

Die Autorin

Kristin Helberg, geb. 1973 in Heilbronn, gilt als eine der besten Syrien-Kennerinnen im deutschsprachigen Raum. Sie studierte Politikwissenschaften und Journalistik in Hamburg und Barcelona. Nach einigen Jahren beim NDR ging sie 2001 nach Damaskus, wo sie lange Zeit die einzige offiziell akkreditierte westliche Korrespondentin war. Bis 2008 berichtete sie von Syrien aus über die arabische und islamische Welt für die Hörfunkprogramme der ARD, den ORF und das Schweizer Radio und Fernsehen SRF sowie für verschiedene Print- und Onlinemedien. Heute arbeitet sie als freie Journalistin und Nahostexpertin in Berlin (www.kristinhelberg.de).

Kristin Helberg

Brennpunkt Syrien

Einblick in ein verschlossenes Land

HERDER

FREIBURG · BASEL · WIEN

HERDER spektrum Band 6544

Den Kindern Syriens

MIX
Papier aus verantwor-
tungsvollen Quellen
FSC® C083411
www.fsc.org

Originalausgabe
2., aktualisierte und erweiterte Auflage 2014

© Verlag Herder GmbH, Freiburg im Breisgau 2012
Alle Rechte vorbehalten
www.herder.de

Umschlagkonzeption: Agentur RME Roland Eschlbeck
Umschlaggestaltung: Verlag Herder
Umschlagmotiv: Demonstration syrischer Regimegegner in Kafranbel,
Provinz Idlib, © dpa Picture-Alliance
Autorinfoto: Jan Kulke/www.photoartberlin.de
Karte Syrien: © 2014 Klaus Kühner
www.huettenwerke.de

Satz: Barbara Herrmann, Freiburg
Herstellung: CPI books GmbH, Leck

Printed in Germany

ISBN 978-3-451-06544-6

Inhalt

Abwarten und Tee trinken · Schüsse auf Demonstranten und ein uneingelöstes Versprechen · Tränen am Schlagbaum und eine Lösung in der Schublade

Vorwort

Dieses Buch ist den Kindern Syriens gewidmet. Sie waren es, die im südsyrischen Daraa den revolutionären Funken gezündet haben, und sie sind es, die seitdem einen furchtbar hohen Preis dafür bezahlen, dass sie in Freiheit aufwachsen wollen. Sie sind es auch, die die Bilder auf meinem Computer immer wieder verschwimmen lassen – die mich zwingen, wegzusehen, die mich wütend, verzweifelt und sprachlos machen und mich dadurch am Ende doch nur zwingen, weiter hinzusehen.

Das Schlimmste sind nicht die blutverschmierten Leichen, die wehklagenden Mütter, die engelsgleichen Gesichter oder die vielen in weiße Tücher eingewickelten kleinen Körper. Nein, die unerträglichsten Bilder sind für mich die der stillen Trauer, der unbeabsichtigten Gesten, der unausgesprochenen Verzweiflung. Der zweijährige Junge, der von einem Granatsplitter getroffen still atmet, bis sich sein kleiner Brustkorb nicht mehr hebt und senkt, und dessen Vater sich kurz darauf vorsichtig an sein Gesicht schmiegt. Der Arzt, der aus Verzweiflung darüber, dass er den Menschen nicht helfen, sondern ihnen nur beim Sterben zusehen kann, das Gesicht wegdreht, um seine Tränen der Wut und Ohnmacht zu verbergen. Oder der 16-jährige von einer Kugel getroffene Junge, der von seinem Vater weggetragen wird und nur noch den einen letzten Satz herausbringt: »Verzeih mir, Papa.«

Alle diese Momente sind dokumentiert, auf Video festgehalten. Wir sind fast live dabei, wenn in Syrien Wohngebiete bombardiert, Proteste beschossen, Verletzte in Untergrundkliniken gebracht und Tote in Massengräbern beigesetzt werden. Selbst Folterszenen gibt es auf YouTube. Mitglieder

der Sicherheitskräfte und extremistische Kämpfer filmen sich untereinander beim Quälen von Zivilisten und Schänden von Leichen. Die syrische Revolution am Computer zu verfolgen ist wie ein nicht endender Horrorfilm. Erst recht seitdem sie sich zu einem regionalen Stellvertreterkrieg ausgeweitet hat, der von radikalen ausländischen Kräften befeuert wird – iranischen Milizionären und Hisbollah-Kämpfern auf Regimeseite und Jihadisten in den Reihen der Opposition.

Mir bleibt nichts anderes übrig. Seit Ausbruch der Proteste komme ich nicht mehr ins Land, mein letzter Einreiseversuch im April 2011 endete am Flughafen von Damaskus. Ich könnte es einzelnen Kollegen gleichtun und mich von Rebellen durch den »befreiten« Norden schmuggeln lassen, aber als Mutter von drei kleinen Kindern fühle ich mich privat zu sehr in der Verantwortung. Syrien gilt als derzeit gefährlichstes Land für Reporter, Dutzende sind dort seit 2011 verschleppt oder getötet worden. Als Journalistin muss ich es deshalb ertragen, sieben Jahre aus einem Land zu berichten, dann die Revolution zu verpassen und nun aus der Ferne zu beobachten, wie diese Wahlheimat zugrunde geht.

Das Einzige, was mir hilft, ist dem Konflikt und den Syrern so nahe wie möglich zu kommen – über Kontakte im Land, über das Internet, über Reisen in die Nachbarstaaten. Um dann gegen die Hoffnungslosigkeit und das Grauen anzureden. Zum Beispiel indem ich den Menschen hierzulande erkläre, worum es in Syrien und worum es den Syrern geht. Und dass wir die Leute dort gleich dreifach im Stich lassen, gegenüber der Gewalt des Regimes, in ihrer humanitären Not und in der Auseinandersetzung mit radikal-islamischen Kämpfern.

Dabei greife ich auf Erfahrungen und Kenntnisse zurück, die den Hintergrund dieses Buches bilden. Es ist kein Buch über die Revolution, auch kein Buch über den Krieg. Es ist ein Buch über Syrien. Über ein Land, das dieser Tage nur mit Schreckensmeldungen von sich reden macht und von dem keiner weiß, wohin es steuert. Ein Land, das nicht erst seit Beginn des Aufstandes selbst bei Nahostexperten als schwer durchschaubar gilt und das abzuschreiben wir uns nicht leisten können.

Indem ich von meinem Alltag in Damaskus, dem Verhältnis der Konfessionen untereinander, meinen Begegnungen mit Oppositionellen und Händlern erzähle und die Problematik auf dem Golan, ausländische Verstrickungen und die Person Bashar Al Assads analysiere, möchte ich ein klareres Bild von Syrien schaffen. Ein realistisches und faires.

Wichtige Entwicklungen, die den Syrien-Konflikt seit Erscheinen dieses Buches im September 2012 geprägt haben, sind in die verschiedenen Kapitel eingeflossen: vom Erstarken extremistischer Gruppen bis zur Umstrukturierung der Opposition, von der Diskussion über westliche Militärschläge nach dem Giftgasangriff im August 2013 und der darauffolgenden Vernichtung syrischer Chemiewaffen bis zu den internationalen Bemühungen um eine politische Lösung des Konfliktes. Das Verhalten des Westens, das ich für halbherzig, kurzsichtig und kontraproduktiv halte, analysiere ich in einem eigenen Unterkapitel.

Auch die humanitäre Krise findet Erwähnung, die mit mehr als acht Millionen Flüchtlingen (davon drei Millionen außer Landes), mit verhungernden Kindern, Zehntausenden Witwen und Waisen, traumatisierten Jugendlichen, sexuell missbrauchten Frauen und Mädchen sowie den zigtausenden Verletzten und Versehrten, die in Syrien nicht entsprechend behandelt werden können und unvorstellbare Qualen leiden, längst ein Jahrhundertausmaß erreicht hat.

Um mit meinen Ausführungen niemanden zu gefährden, habe ich die Namen von Freunden, Bekannten und manchem

Helden (in Gestalt eines Arztes, eines Aktivisten oder sonstigen Helfers) geändert. Manche dieser Freunde im Land sagen mir schon jetzt: »Syrien ist nicht mehr, wie es war.« Ich hoffe trotzdem, dass ich es wiedererkennen werde. Dass sich am Ende vor allem die politischen Verhältnisse verändert haben – und nicht die Menschen.

1. Allein unter »Schurken«: Der Alltag als westliche Korrespondentin in Syrien

Ich sitze in einem syrischen Taxi – gelb, alt, klapprig, mit einem netten neugierigen Fahrer. Woher ich komme, will der ältere Mann wissen, aus Deutschland, sage ich. Seine Augen leuchten, »ahlan wa sahlan«, herzlich willkommen. Ob ich zu Besuch sei? Nein, ich lebe hier, antworte ich. Ah, mit einem Syrer verheiratet, lächelt der Fahrer. Nein, erwidere ich. Der ältere Mann stutzt. Dann lernst du hier Arabisch, vermutet er. Nein, ich arbeite hier. Der Taxifahrer runzelt die Stirn, denkt kurz nach. Arbeitest du in der Botschaft? Ich schüttele den Kopf und erzähle ihm, dass ich nach Syrien gekommen bin, um über sein Land zu berichten. Er blickt überrascht in den Rückspiegel, verlangsamt das Tempo. Einfach so? Nach Syrien? Wir sind am Eingang der Altstadt angekommen, ich drücke ihm 50 Lira, etwa 80 Cent, in die Hand. Er lacht mich an und lehnt ab. Nach drei Versuchen gebe ich auf und steige aus – »maa salame«, geh mit Frieden.

Meine erste Zeit in Syrien ist geprägt von solchen Begegnungen. Im November 2001 sind westliche Ausländer in Damaskus eine Seltenheit, nach Jahrzehnten der Abschottung freuen sich die Menschen über jeden Kontakt nach außen. Syrien wirkt auf mich wie ein Überbleibsel aus dem Kalten Krieg. Das Land, das über Jahrzehnte aufseiten der Sowjetunion stand, ist gezeichnet von erstarrter Planwirtschaft und der Einparteienherrschaft der Baath-Partei. Deren arabisch-nationalistische Parolen klingen längst hohl, und auch sonst ist vom Sozialismus nicht viel mehr als eine ausufernde Verwaltung und marode Infrastruktur übriggeblieben. In den

Ministerien trinken gelangweilte Beamte Tee, bis sie am frühen Nachmittag zu ihren Zweit- und Drittjobs als Taxifahrer oder Nachhilfelehrer eilen, Telefonanschlüsse gibt es nur mit Beziehungen oder gegen ein Trinkgeld, Strom- und Wasserrechnungen zahlt man bar an winzigen Häuschen nahe der Wohnung und die vielen kleinen Krämerläden sind vollgestopft mit syrischen Produkten, die so aussehen wollen wie ihre westlichen Vorbilder.

Ich finde das alles aufregend. Ein Land ohne Coca-Cola, amerikanische Fastfoodketten, westliche Markenklamotten und anonyme Supermärkte – wo gibt es das noch außer in Nordkorea? Ich fühle mich erfrischend weit weg von globalen Konsumstandards, genieße syrisches Fastfood in Form von Hähnchen, Falafel und Shawarma (in dünnes Fladenbrot gerolltes Grillfleisch) und kann anfangs sogar dem absurden Spießrutenlauf in der Ausländerbehörde etwas Faszinierendes abgewinnen, wo mich ausschließlich Arabisch sprechende Uniformierte für die notwendigen Stempel, Wertmarken und Unterschriften über drei Stockwerke hoch und runter, hin- und her schicken, um meinen Aufenthalt zu verlängern.

Die Syrer sind von solchen Arbeitsabläufen verständlicherweise genervt, aber nach drei Jahrzehnten so daran gewöhnt, dass sie diese nicht wirklich infrage stellen. Vor allem wissen die meisten nicht, dass öffentliche Verwaltung auch anders funktionieren kann. Anfang des 21. Jahrhunderts fangen sie gerade an, mithilfe ausländischer Satellitensender zu ahnen, wie die Menschen in Europa und den USA leben, welche Produkte und technischen Neuerungen es dort gibt. Gefangen in derart verkrusteten Strukturen interessieren sich die Syrer deshalb sehr für westliche Besucher.

Da ist zum Beispiel die Frau mit dem kleinen Jungen an der Hand, die am Zeitungskiosk all ihren Mut zusammennimmt und mich auf Arabisch anspricht. Ich brauche eine Weile, bis ich verstehe, was sie möchte. Sie will mich einladen und kennenlernen, denn seit Langem wünscht sie sich eine ausländische Freundin. Ich bin irritiert. Die kennt mich doch gar nicht, denke ich, und spüre das typische mitteleuropäische Misstrauen in mir aufsteigen. Es prägt unser Verhalten gegenüber Fremden und sitzt so tief, dass wir uns oft selbst damit im Weg stehen. Instinktiv unterstellen wir solchen Menschen, dass sie entweder unser Geld oder ein Visum nach Deutschland wollen. Und während bei Annäherungsversuchen anderswo in der arabischen Welt durchaus Vorsicht geboten ist, tut man den Syrern im Jahr 2001 mit dieser Skepsis meist Unrecht. Sie sind auf ehrliche und fast naive Weise neugierig und begeistert, eine Deutsche zu treffen.

Mit der Begeisterung einher geht bei vielen ein Gefühl der Verantwortung. Sie empfinden es als natürliche Pflicht, für meine Sicherheit und mein Wohlergehen zu sorgen, schließlich bin ich Gast ihres Landes. Oft werde ich gefragt, ob ich etwas brauche, ob man mir helfen kann, ob alles in Ordnung ist. Vor allem, wenn die Leute erfahren, dass ich als Frau alleine gekommen bin und keine Verwandten vor Ort habe. In einer Mischung aus Mitleid und Respekt schreiben mir Menschen dann ihre Telefonnummer auf für den Fall, dass ich doch noch Unterstützung brauche. Schon bald trage ich in meinem Geldbeutel so viele Zettel mit arabischen Namen und Telefonnummern herum, dass ich sie mit Stichworten wie »Frau am Kiosk« oder »Taxifahrer spricht Englisch« versehen muss, um noch zu wissen, wer sich dahinter verbirgt.

Auch in meiner Nachbarschaft erwartet mich eine Überdosis Freundlichkeit. Anfang 2002 ziehe ich in eine geräumige Wohnung in Shaalan, dem modernen Stadtzentrum von Damaskus. In keiner Gegend der Hauptstadt lassen sich die Veränderungen im Land so eindrücklich mitverfolgen wie hier, Shaalan entwickelt sich zum Gratmesser der Modernität in Syrien. Im Laufe der fünf Jahre, die ich dort lebe, werden aus Bäckereien Benetton-Läden, eröffnet alle paar Monate ein neues Café, in dem man Cappuccino zu deutschen Preisen trinken kann, und verkauft jedes vierte Geschäft irgendwann Mobiltelefone. In den immer schicker anmutenden Krämerläden finden sich zunehmend westliche Produkte wie Müsli, Camembert, Vollkornbrot und Sojamilch. Und während junge Männer im Jahr 2002 noch schüchtern zu Boden sehen, wenn ihnen auf der Straße eine Ausländerin entgegenkommt, wagen ihre Altersgenossen fünf Jahre später die üblichen Pfiffe oder Sprüche.

2007 ergreife ich die Flucht und ziehe ein paar Straßen weiter in einen ruhigeren Teil der Neustadt. Die Altstadt mit ihren engen Gassen und dicken Mauern lockt mich nur besuchsweise. Viele Ausländer suchen sich dort traditionelle arabische Hofhäuser als Bleibe, in deren beschaulichen Innenhöfen man an plätschernden Brunnen unter Orangenbäumen sitzt und dabei die Welt um sich herum vergessen kann. So herrlich das inmitten der lauten, anstrengenden und abgasverpesteten Millionenmetropole Damaskus ist – als Journalistin fühle ich mich in der Altstadt zu weit weg von der syrischen Realität, vom politischen Alltag und dem pulsierenden Leben der Hauptstadt. Für mich ist die Neustadt zwischen dem Botschaftsviertel Al Malki und dem Marjeplatz, auf dem Syriens Freiheitskämpfer 1946 die syrische Fahne hissten und damit den Sieg über die französischen Besatzer feierten, der perfekte Standort. In Laufnähe befinden sich wichtige Institutionen wie das Parlament, diverse Ministerien, die Zentralbank, die staatliche Radio- und Fernsehanstalt, viele Botschaften und einige ausländische Kulturzentren wie das Goethe-Institut, das British Council und das französische Centre Culturel Français.

Obwohl die europäischen Kulturinstitute seit 2011 verwaist sind, gilt genau dieses Gebiet im aktuellen Konflikt als Damaskus' stabiles Zentrum, in dem die Hauptstädter noch immer Cappuccino trinken und Partys feiern. Das dunkle Grollen der Raketen, mit denen das Regime die von Rebellen gehaltenen Vororte beschießt, ist hier zu einem alltäglichen Klangteppich geworden – bedrohlich, aber fern. Auch Präsident Bashar Al Assad hält sich vermutlich die meiste Zeit hier auf, zwischen seinem Stadthaus, das nur 300 Meter von meiner ersten Wohnung entfernt liegt, dem angrenzenden Gästehaus der Regierung und dem Präsidentenpalast, der etwas außerhalb auf einem Hügel über der Stadt thront.

Wer hier wohnt, hat Angst vor dem, was noch kommt. Denn abgesehen von vereinzelten Anschlägen, den vielen Straßensperren, den Preissteigerungen und gelegentlichen Stromausfällen lebt es sich in Damaskus' Zentrum vergleichsweise normal. Um mit der Schizophrenie des Krieges fertig zu werden, der zwar allgegenwärtig ist, aber dennoch weit weg scheint, haben sich manche Damaszener in Assads Parallelwelt eingerichtet. Darin toben vor den Toren der Stadt radikal-islamische Terroristen, die der Westen geschickt hat, um ein unliebsames anti-imperialistisches Regime zu beseitigen. Die meisten meiner syrischen Freunde, die damals im modernen Zentrum von Damaskus wohnten, sehen das anders. Sie halten still oder sind ins Ausland geflohen – sunnitischer Mittelstand mit Verwandten in den USA, Europa oder am Golf.

Vor zehn Jahren sind wir uns hier ständig über den Weg gelaufen. Bei Einkaufstouren oder sonstigen Erledigungen begegnen mir von Anfang an oft Bekannte. »Was für ein Zufall!«, denke ich, schließlich leben in Damaskus fünf Millionen Menschen, von denen ich vielleicht gerade mal 20 kenne. Doch dann fällt mir der Spruch eines syrischen Freundes ein, den ich anfangs nicht ernst genommen hatte. Er meinte, Damaskus sei bis heute ein Dorf, und tatsächlich hat der Alltag in der syrischen Hauptstadt oft etwas Dörfliches. Um viele Ecken herum kennt jeder jeden, denn die ursprünglichen Bewohner von Damaskus entstammen einigen wenigen bekannten Damaszener Familien. Nachnamen spielen deshalb bei neuen Bekanntschaften eine viel größere Rolle als in Deutschland. In Damaskus gilt: Der Neffe deines Nachbarn könnte jederzeit mit der Cousine meiner Schwägerin verheiratet sein. »Beit mien?«, fragen die Damaszener deshalb, wenn sie jemanden kennenlernen, und erkundigen sich damit, zu welchem Haus, also zu welcher Großfamilie, die entsprechende Person gehört.

Nach Verhaltens- und Bewegungsmustern, die sich über die Jahrhunderte eingeschliffen haben, laufen die Menschen in Damaskus auf ausgetretenen Pfaden. Töpfe kauft man im Küchensuq, Gold bei den christlichen Juwelieren nahe der Omayadenmoschee, Gewürze im Kerne- und Gewürzsuq, bereits ausgehöhlte Auberginen und geschälte Kartoffeln bekommt man im Suq der faulen Hausfrauen in Shaalan, zum Kaffeetrinken geht man entweder ins Café Rawda oder Café Havana (wenn man wenig Geld ausgeben und Intellektuelle treffen möchte) oder in die erwähnten Hochglanzcafés von Shaalan, Flüge bucht man in einem der beiden zentral gelegenen Syrian-Airlines-Büros, Musik-CDs kauft man für ein bis zwei Euro in den etablierten Raubkopie-Läden der Neustadt, und wer in traditionellem Ambiente lecker essen möchte, begibt sich in eines der vier bis fünf stadtbekannten Restaurants in der Altstadt. Genügend Gelegenheiten also, sich über den Weg zu laufen.

Einsamkeit stellt sich bei mir deshalb nicht ein. Im Gegenteil. Mein ohne großes Zutun rasant wachsendes soziales Netzwerk und das intensive gesellschaftliche Miteinander werden mir eher zu viel. Zum Glück herrscht in der arabischen Welt ein anderes Zeitverständnis – man trifft sich viel unverbindlicher und spontaner als im Westen. Deshalb kommt selbst dann kaum Terminstress auf, wenn man sich ständig verabredet fühlt.

Bezeichnend für diesen anderen Umgang mit Zeit ist das Telefonverhalten der Damaszener. Ruft mich eine Freundin an, fragt sie spätestens im zweiten Satz »Wenik?«, »Wo steckst du?«. Ich könnte schließlich zufällig in ihrer Nähe sein, sodass man sich lieber schnell persönlich trifft, statt lange zu telefonieren. Langwieriges und kompliziertes Planen von Zusammenkünften, wie es in Deutschland üblich ist und dort oft gar nicht anders geht, findet in Syrien nicht statt. Wo bist du, was machst du, lass uns doch in einer halben Stunde im Café treffen – so geht Verabreden auf Syrisch.

Einzige Gefahr dabei ist, dass man als in Deutschland sozialisiertes Wesen Ankündigungen zu wörtlich und verbindlich nimmt. Der dahingesagte Satz »Lass uns Donnerstag treffen« bedarf noch mindestens dreier Anrufe, bis man zusammensitzt. Meldet sich niemand, sollte ich mir den Donnerstag nicht weiter freihalten.

Als Journalistin bedeutet diese andere Form der Terminplanung ebenfalls eine Umstellung. Rufe ich Politikwissenschaftler XY an und bitte um ein Interview, schaut dieser nicht lange in seinen Kalender, sondern erwidert entschuldigend, heute sei es etwas ungünstig, aber ich solle doch morgen um 11 Uhr zu ihm kommen. Hoppla, denke ich und gewöhne mich schnell an diese spontane Art des Arbeitens. Natürlich kann es passieren, dass ich dann am nächsten Tag pünktlich um 11 Uhr bei Herrn XY im Büro sitze und ewig warte, weil ihm noch irgendetwas dazwischengekommen ist. Besser also um zehn vor elf nochmal anrufen und immer schön flexibel bleiben.

DIE KUNST, ALLEIN ZU SEIN

Um mich zurückzuziehen und meine Ruhe zu haben, nutze ich den Freitag. Denn Freitag ist der muslimische Feiertag, der Beginn des syrischen Wochenendes und traditionell Familientag. Zwar werde ich regelmäßig von befreundeten syrischen Familien eingeladen oder weiß, dass ich dort jederzeit willkommen bin, doch meistens freue ich mich auf das Alleinsein. Die Straßen von Damaskus liegen am Freitagvormittag wie ausgestorben da. Mittags gehen viele Syrer zum Gebet in die Moschee, danach öffnen die ersten Händler ihre Geschäfte. Nur Schulen und Behörden bleiben das ganze syrische Wochenende, also Freitag und Samstag, geschlossen.

Das Alleinsein zu genießen ist eine ziemlich westliche Angewohnheit. Syrer sind wie alle Orientalen selten und meist ungern alleine. Zu Hause leben sie im Kreis einer großen Familie, das Verhältnis zu Großeltern, Onkeln, Tanten, Cousins und Cousinen ist eng. Wer dem verwandtschaftlichen Beziehungsgeflecht entkommen möchte, trifft sich mit Freunden, Nachbarn, Kollegen. Das Konzept von Privatsphäre, von individuellem Eigentum, von materieller Besitzstandwahrung und persönlichen Rückzugsräumen – sei es in Form eines eigenen Handtuchs, eines eigenen Kleiderschrankes oder eines eigenen Zimmers – entstammt dem Materialismus und Individualismus der westlichen Welt und ist der arabischen Kultur ursprünglich fremd.

Mein Lieblingsbeispiel dafür ist das Handtuch. Während in deutschen Badezimmern jedes Familienmitglied sein eigenes Handtuch an einem bestimmten Ort hat (am besten an einem namentlich gekennzeichneten Haken), hängt in Syrien an jedem Waschbecken ein Handtuch, das von allen Familienmitgliedern benutzt wird. Aus Hygienegründen wird dieses Handtuch dann mindestens einmal am Tag, wenn nicht öfter, durch ein frisches ersetzt. Ein Deutscher wird es als unangenehm empfinden, dass außer ihm noch andere ihr Gesicht und ihre Hände mit dem gleichen Handtuch abtrocknen, ein Syrer ekelt sich bei dem Gedanken, eine Woche lang das gleiche Handtuch benutzen zu müssen.

Ähnlich ist es bei der Kleidung. Das T-Shirt des Bruders und die Jacke der Schwester zählen zum Allgemeingut, sie zu tragen ist unter Geschwistern oder Freunden selbstverständlich und bedarf keines expliziten Einverständnisses. Lobe ich den Schal einer Freundin, nimmt sie ihn ab und will ihn mir schenken – im Westen undenkbar, zu sehr hängen wir an materiellem Eigentum.

Die meisten syrischen Familien wohnen, essen und schlafen in ein und demselben Zimmer. Statt möblierter Wohn- und Schlafzimmer haben geschätzte 70 Prozent der Bevölkerung zwei bis drei größere Räume, die mit Sitzpolstern auf dem Boden tagsüber zum Wohnen und Essen genutzt werden und abends mit Matratzen zum Schlafen hergerichtet werden. Zwar gibt es in den Wohnungen der städtischen Mittel- und Oberschichtsfamilien durchaus Wohn-, Schlaf- und zunehmend auch Kinderzimmer, aber die meisten Jugendlichen in Syrien leben, spielen, schlafen und lernen in Gemeinschaft. Mein liebevoll hergerichtetes Gästezimmer, in dem sich Besucher aus Deutschland durchaus wohlfühlen, weckt deshalb bei syrischen Gästen eher Befremden. Sie fühlen sich dort abgeschoben, weil sie gar nicht das Bedürfnis haben, sich zurückzuziehen. Stattdessen schlafen sie lieber auf dem Sofa im Wohnzimmer – also dort, wo sich das Leben in der Wohnung abspielt.

Besonders deutlich wird der Unterschied zwischen westlichem Ruhebedürfnis und orientalischem Gemeinschaftssinn im Umgang mit Kranken. Muss ein Syrer ins Krankenhaus, zieht seine Familie gleich mit ein. Eltern und Geschwister versorgen und pflegen ihn, die weitere Verwandtschaft kommt regelmäßig vorbei. Auch für Nachbarn oder entferntere Bekannte schickt es sich, den Kranken zu besuchen – der Patient ist deshalb nie allein. Auch nachts nicht, denn mindestens ein Angehöriger schläft vor dem Krankenbett auf dem Boden. In einem deutschen Krankenhaus wäre diese familiäre Rundum-Dauerversorgung reiner Psychoterror und würde den Genesungsprozess in jedem Fall erschweren. In Syrien ganz das Gegenteil: Einen Verwandten im Krankenhaus sich selbst bzw. dem Pflegepersonal zu überlassen gilt als ungebührlich und schwere Vernachlässigung.

Die Tatsache, dass ich freiwillig alleine lebe und damit ganz zufrieden bin, ist für viele Syrer folglich schwer nachzuvollziehen. Generell ist es in der arabischen Welt ungewöhnlich, als unverheirateter junger Mensch alleine zu wohnen. In Syrien bleiben Männer und Frauen normalerweise bis zur Hochzeit bei ihren Eltern, weil eine eigene Wohnung schlicht zu teuer ist. Einzige Ausnahme sind Studierende, die zum Studium in eine andere Stadt ziehen und dort keine Möglichkeit haben, bei Verwandten unterzukommen. Auf dem Campus der Universität Damaskus zum Beispiel teilen sie sich dann zu sechst ein Zimmer im Wohnheim.

Als alleine wohnende Frau, noch dazu aus Deutschland und Journalistin, bin ich in meiner Nachbarschaft nach kurzer Zeit bekannt wie ein bunter Hund. Krämer, Handwerker und Internetcafé-Besitzer nicken und winken mir im Vorbeigehen zu. Im Saftladen bekomme ich jedes Mal eine Gratis-Kostprobe der neuesten Erdbeer-Limone-Minze-Mischung und der Bäcker gegenüber meiner Wohnung holt die Brotfladen für mich immer direkt aus dem Ofen. Nach drei Monaten fühle ich mich in Damaskus nicht nur zu Hause. Ich fühle mich willkommen, gut aufgehoben, umsorgt.

Verwandte, Freunde und Kollegen, die mich besuchen, sind von diesem sozialen Miteinander beeindruckt. Die meisten kommen, um meinen mutigen Überlebenskampf unter arabischen Schurken zu verfolgen, und sind dann überrascht bis enttäuscht, wie leicht, fröhlich, sicher und angenehm mein Alltag abläuft.

Am ersten Morgen muss jeder meiner frisch angereisten Besucher eine Mutprobe bestehen. Mit einem Fünf-Lira-Stück (umgerechnet damals etwa acht Cent) in der Hand schicke ich die Person nach unten, um beim Bäcker gegenüber frisches Fladenbrot zu kaufen. Ich verfolge das Geschehen belustigt von meinem Wintergarten im zweiten Stock aus. Der alte Bäcker wirft mir ein verschmitztes Lächeln zu und führt den Gast aus Deutschland in seine kleine, schummrige, heruntergekommene Backstube, die aus einer einfachen Arbeitsfläche, dem runden Steinofen und ein paar Säcken Mehl besteht. Sein Gehilfe schiebt einige runde Teigklumpen in den Ofen, die darin innerhalb von Sekunden zu knusprigen Fladen aufgehen. Dann nimmt er drei davon, wickelt sie in Zeitungspapier und drückt sie meinem staunenden Besucher in die Hand. Mit einem gewissen Stolz bringen die meisten dann das warme Brot nach oben – Mutprobe bestanden. Die eigentliche Kunst besteht jedoch darin, sich das Brot nicht schenken zu lassen, denn meist weigert sich der alte Bäcker, die fünf Lira zu nehmen. Das gehört in Syrien jedoch zu einem Höflichkeitsritual: Der Verkäufer tut so, als wolle er für seine Ware kein Geld, der Käufer muss so lange insistieren, bis er bezahlen darf. Aus deutscher Sicht ein seltsames Spiel, das Besucher anfangs nicht durchschauen.

Die erste Freundin, die sich im Sommer 2002 zu mir nach Syrien traut, kommt tatsächlich mit dem Brot und den fünf Lira zurück und versichert mir leutselig, der Bäcker habe das Geld nicht nehmen wollen. Beim nächsten Einkauf begleiche ich diese »Schulden« unauffällig, dem nächsten Besucher schärfe ich dann ein, dem Bäcker die Münze energisch in die Hand zu drücken oder auf den Tresen zu legen. Nach nur zwei Tagen erkennt besagte Freundin: »Um dich in Damaskus muss man sich echt weniger Sorgen machen als um mich in Hamburg.«

Tatsächlich habe ich mich noch nirgends so sicher gefühlt wie in Syrien – als Mensch, als Frau, erst recht als Frau alleine. Ich trage das Gleiche, was ich in Deutschland anhabe: respektvolle Kleidung, eher lang als kurz. Ich kann mich frei bewegen, komme zu Fuß, im Minibus oder Taxi überall hin. Und das zu jeder Tages- und Nachtzeit, ohne mich um meine Tasche oder mein Wohlergehen sorgen zu müssen. Überfälle, Vergewaltigungen und sexuelle Belästigung sind selten, im Straßenbild begegnen mir weder Betrunkene noch sonstige Drogensüchtige oder gebrochene Menschen, wie ich sie aus deutschen Großstädten kenne. Natürlich gibt es viele Arme, auch Bettler, aber sie strahlen Würde aus und haben sich keineswegs aufgegeben.

Allgemein herrscht auf der Straße, in den Läden der Neustadt und den Suqs der Altstadt eine entspannte heitere Atmosphäre (mit Ausnahme des Autoverkehrs!). Der Nächste, der einem über den Weg läuft, ist in Syrien potenziell mein Freund, nicht mein Feind bzw. Konkurrent. Hier denken die

Menschen nicht sofort »Der will mir etwas wegnehmen« – statt mit grundsätzlichem Misstrauen begegnen sich die Syrer mit instinktivem Vertrauen. In der Altstadt klemmen viele Händler noch heute einen Holzstock in die geöffnete Ladentür, um zu signalisieren, dass sie mal eben beten oder Geld wechseln sind. Bei meinem ersten Versuch, eine syrische Tageszeitung zu kaufen, stelle ich fest, dass diese positive Grundhaltung auch für Fremde gilt. Ich gehe zum Kiosk, habe aber nicht genug Kleingeld und der Verkäufer kann nicht wechseln. Ohne zu zögern, drückt er mir die Zeitung in die Hand und sagt »bukra inshaAllah«, »Morgen, so Gott will, bringst du mir das Geld«. Der Mann hat mich noch nie gesehen, aber vertraut erst mal auf meine Ehrlichkeit.

STUNDEN IM MINISTERIUM, NÄCHTE AM FLUGHAFEN

Die persönlichen Begegnungen und netten Gesten des Alltags entschädigen für die vielen Stunden, die ich im Informationsministerium mit Warten und Teetrinken verbringe. Dort weiß man nicht recht, wie man mit mir umgehen soll. Eine westliche Journalistin, die nicht nur für eine gezielte Recherche kommt und die nicht nach ein bis zwei Wochen das Weite sucht, hat es in Syrien bislang nicht gegeben. Einerseits will man mir helfen, andererseits bin ich gesetzlich nicht vorgesehen, es gibt für die Verantwortlichen schlicht keine Handhabe. Zwar berichten chinesische, iranische und russische Korrespondenten aus Damaskus, aber sie stammen aus verbündeten Staaten oder den ehemaligen sozialistischen Bruderländern. Der »Westlichste« der Kollegen ist bis zu meiner Ankunft ein Bulgare.

Der für ausländische Medien zuständige Herr im Informationsministerium behandelt mich freundlich und zuvorkommend, macht mir aber irgendwann klar, dass er keine Chance auf eine offizielle Akkreditierung sieht. Ohne Akkreditierung bekomme ich jedoch keine Aufenthaltsgenehmigung und so muss ich alle drei Monate mit einem Brief des Informationsministeriums zur Ausländerbehörde traben, um mein Journalistenvisum verlängern zu lassen. Das freudige Hallo mancher Uniformierten dort entschädigt leider irgendwann nicht mehr für den erwähnten Spießrutenlauf. Sobald ich das Land verlasse, muss ich wie jeder andere deutsche Journalist ein neues Visum beantragen, immer verbunden mit dem Risiko, dieses Mal keines zu bekommen. Die Tatsache, dass Damaskus längst mein Lebensmittelpunkt ist mit eigener Wohnung, Freunden und Bekannten, interessiert die Bürokratie herzlich wenig.

Mehrfach gibt es bei meiner Ankunft am Flughafen von Damaskus Probleme mit meiner Wiedereinreise. Das erste Mal im März 2003 habe ich als besonders schrecklich in Erinnerung. Die Visumsbestätigung des Informationsministeriums, die manchmal aus Zeitgründen nicht über das Außenministerium an die syrische Botschaft in Berlin, sondern direkt an die Passkontrolle des Flughafens geschickt wird, ist dort nicht angekommen bzw. nicht aufzufinden. Die Grenzbeamten lassen mich nicht ins Land.

Es ist Donnerstagabend, das Wochenende hat begonnen, im Informationsministerium ist niemand mehr zu erreichen. Ich fühle mich elend, so als hätte mir jemand meine eigene Wohnungstür vor der Nase zugeschlagen. »Ich will doch nur nach Hause, ich wohne hier«, erkläre ich den Grenzern in meinem Damaszener Gossenarabisch, aber die zucken nur hilflos mit den Schultern. Vorschrift ist Vorschrift.

Die längsten Stunden meines Lebens beginnen. Irgendwann sitze ich im vollgequalmten Büro des Chefs der Einwanderungsbehörde in einem tiefen schwarzen Sessel, um mir von dem Offizier mit den vielen Sternen auf den Schulterklappen erzählen zu lassen, dass ich natürlich willkommen sei in Syrien und lediglich etwas Geduld bräuchte. Verzweifelt telefoniere ich mit Freunden und Verantwortlichen, die auf verschiedenen Wegen versuchen, mir zu helfen. Resigniert lege ich mich irgendwann auf die Stühle im Transitbereich und versuche zu schlafen. Den Gang zur Toilette vermeide ich so lange wie möglich, denn die Sanitäranlagen des Flughafens sind damals eine Zumutung. Ich warte ab, was passiert, frage zwischendurch bei den Grenzsoldaten nach, ob es etwas Neues gibt, und verliere irgendwann das Zeitgefühl. Die Beamten der Spätschicht gehen nach Hause, als sie 24 Stunden später wiederkommen und mich immer noch durch die Hallen schleichen sehen, ernte ich mitleidige Blicke. Irgendwann am Samstagmittag kommt das ersehnte Okay, von wem genau ist mir inzwischen egal, ich bin am Ende meiner Kräfte und will nur noch nach Hause.

Im Vergleich dazu ist meine Abschiebung im April 2011 geradezu erträglich. Die Rahmenbedingungen sind inzwischen ganz andere, die offiziellen wie die privaten. Ich wohne mit meinem syrischen Mann und zwei Kindern in Berlin und fliege regelmäßig zu Recherchen und Familienbesuchen nach Syrien. Seitdem ein Artikel von mir aus dem Jahr 2009 über die Machtfolge der Assads in fehlerhaftes und teilweise beleidigendes Arabisch übersetzt wurde, habe ich Ärger mit den syrischen Behörden und offiziell Berufsverbot. Als Ehefrau eines Syrers bekomme ich trotzdem ein Besuchervisum, mit dem ich noch im Februar 2011 problemlos nach Damaskus reisen kann. Zwei Monate später jedoch hat der arabische Frühling Syrien erreicht, seit Mitte März gehen die Menschen demonstrieren, westliche Medien sind unerwünscht.

Das gilt auch für mich, merke ich, als ich dem Grenzbeamten mit einer freundlichen arabischen Bemerkung meinen Pass mit dem Touristenvisum hinüberschiebe und mit Spannung verfolge, wie er die Daten in den Computer eingibt. Erwartungsgemäß erscheine ich auf seinem Bildschirm als deutsche Radio-Korrespondentin und seine Augen beginnen, nervös zu flackern. Er holt einen Kollegen, der holt seinen Vorgesetzten und am Ende lande ich im gleichen Büro wie damals, nur die Ledergarnitur und der Offizier sind neu. Letzterer erklärt mir, dass sie strikte Anweisung haben, Journalisten nur mit Genehmigung des Informationsministeriums ins Land zu lassen. Mein Einwand, nicht als Journalistin vor ihm zu stehen, sondern als Ehefrau eines Syrers, die lediglich ihre Schwiegermutter besuchen wolle und dafür ein gültiges Touristenvisum vorweisen könne, bringt mich nicht weiter.

Ich nutze die Wartezeit, um mir die Bilder von meinem ersten unfreiwilligen Aufenthalt am Damaszener Flughafen ins Gedächtnis zu rufen. Die schäbigen Hallen von damals haben sich in marmorglänzende Abfertigungs- und Aufenthaltsbereiche verwandelt, im gesamten Flughafengebäude herrscht Rauchverbot. Die Büros des Grenzschutzes wurden frisch gestrichen und die Soldaten tragen modern geschnittene schwarze Uniformen statt der dunkelgrünen im 80er-Jahre-Look. Die Neuerungen sind jedoch oberflächlich, bei genauerem Hinsehen merke ich, dass sich an den Arbeitsabläufen kaum etwas geändert hat. Angerostete Aktenschränke quellen über, auf den Schreibtischen stapeln sich zusammengeheftete Papiere und Mappen, Grenzbeamte tragen Dokumente hin und her, telefonieren mit Vorgesetzten, trinken Tee und zünden sich direkt unter dem »Rauchen verboten«-Schild eine Zigarette an.

Einige Stunden und Telefonate später ist klar, dass das Informationsministerium dieses Mal nichts für mich tun kann und niemand das Risiko eingehen wird, eine Journalistin zum Besuch ihrer Schwiegermutter ins Land zu lassen. Die Grenzbeamten nehmen mir meinen Pass ab und schicken mich in den Transitbereich, bis die nächste Maschine der von mir gebuchten Fluggesellschaft zurück nach Deutschland fliegt. Auch dieses Mal will die Zeit nicht vergehen, aber der Aufenthalt ist deutlich angenehmer als acht Jahre zuvor. Die Sanitäranlagen sind geräumig und in vorbildlichem Zustand. Es gibt einen großen Duty-free-Shop, ein Café, einen Imbiss und diverse Filialen von Herstellern arabischen Gebäcks.

Die Mitarbeiter am Flughafen erweisen sich als hilfsbereit. Ein Vertreter des Geheimdienstes begleitet mich zur Gepäck-aufbewahrung, damit ich aus meinem dort gestrandeten Koffer einen Pulli und meine Zahnbürste herausholen kann, ein Keksverkäufer lädt mein Handy an seinem Ladegerät hinter dem Tresen auf. Als mir am nächsten Morgen der alte Mann, neben dessen Laden ich die halbe Nacht auf einer Bank lag, einen süßen heißen Tee bringt, bin ich froh, dass sich an der Freundlichkeit und Hilfsbereitschaft der Menschen bei aller Grausamkeit des Regimes noch nichts geändert hat.

Meinen formalen Durchbruch als deutsche Journalistin in Syrien erlebe ich im September 2004. Nach drei Jahren des Hoffens und der Enttäuschungen, der Unsicherheit und Einreiseschwierigkeiten erhalte ich endlich einen syrischen Presseausweis. Damit bin ich offiziell beim Informations-ministerium akkreditiert und kann eine einjährige Aufent-haltsgenehmigung beantragen. Zwar muss ich sowohl die Akkreditierung als auch die Aufenthaltsgenehmigung jedes Jahr erneuern lassen und dafür mindestens drei Tage Behör-dengänge einplanen, aber egal.

Zu verdanken habe ich diese Entscheidung personellen Veränderungen und glücklichen Umständen innerhalb des Ministeriums. Trotz der Zustimmung der Geheimdienste (ohne die in Syrien gar nichts geht) hatte sich jahrelang keiner der Informationsminister getraut, seine Unterschrift unter meinen Journalistenausweis zu setzen, aus Angst, für die Berichterstattung einer westlichen und damit potenziell gefährlichen Journalistin verantwortlich gemacht zu werden. Die Absegnung meines Antrags war schließlich eine der letzten Amtshandlungen eines scheidenden Ministers, der dadurch nichts mehr zu befürchten hatte. Im September 2004 feiern mich meine syrischen Kollegen also als erste westliche Korrespondentin in Syrien – Geduld und Hartnäckigkeit hatten sich gelohnt.

DIE BÜRDE DES MONOPOLS

Die Einzige zu sein hat auf den ersten Blick viele Vorteile. In der ohnehin überschaubaren Gemeinschaft der Damaszener Journaille kennt man sich schnell, bei Pressekonferenzen schwenken die Kameras immer irgendwann auf mich, damit der Eindruck entsteht, auch internationale Medien interessierten sich für das Thema. Freunde erzählen mir dann, sie hätten mich mal wieder »im Fernsehen gesehen«.

Termine zu bekommen ist relativ unkompliziert – vor allem in den ersten Jahren bis 2005, in denen sich wirklich kaum ein westlicher Kollege nach Damaskus verirrt. Syrische Minister freuen sich damals fast über Interview-Anfragen. Allerdings treffe ich offizielle Regime-Vertreter nur selten, wichtiger sind für mich kluge Analysten, gut informierte Kollegen und die wenigen im Westen ausgebildeten syrischen Politikwissenschaftler. Auch diese haben meist kurzfristig Zeit für mich, weil kaum jemand sonst auf ein persönliches Interview wartet – keine amerikanischen, keine französischen, keine britischen Kollegen.

Doch die Position als einzige deutsche Syrien-Korrespondentin bringt auch eine große Verantwortung mit sich, mit der ich anfangs nicht gerechnet hatte. Bewusst wird mir diese erst bei Interviews mit deutschen Radiosendern. Moderatoren des Deutschlandfunks beispielsweise fragen gerne mal Grundsätzliches wie »Ist Syrien ein terroristisches Land?«, »Hat Syrien ein Kurdenproblem?« oder »Wer hat die Macht in Damaskus?«. Anfangs fühle ich mich unbehaglich. Wer bin ich, den Deutschen zu sagen, dass Syrien – Daumen rauf oder runter – ein terroristisches Land ist oder nicht?

Die Tatsache, dass außer mir keine anderen deutschsprachigen Journalisten aus Damaskus berichten, gibt meinen Worten eine solche Bedeutung, dass ich diese mit großer Vorsicht wählen muss. Natürlich berichten die Hörfunkkollegen des ARD-Studios Amman und die Nahost-Korrespondenten großer deutscher Zeitungen von Kairo oder Istanbul aus gelegentlich über Syrien. Und natürlich haben internationale Nachrichtenagenturen wie Reuters, AP, AFP und dpa syrische Mitarbeiter in Damaskus, die sie mit schnellen Informationen versorgen. Aber wenn es darum geht, unvorhergesehene Ereignisse wie den Angriff israelischer Militärflugzeuge auf ein angebliches Trainingslager für Terroristen nördlich von Damaskus im Oktober 2003 zu kommentieren, haben deutsche Radiosender kaum Möglichkeiten, meine Aussagen vom Ort des Geschehens zu überprüfen.

Gerade im Falle Syriens – einem Land, das schwer zugänglich ist und selbst Nahost-Kennern viele Rätsel aufgibt – ist es hilfreich, über einen längeren Zeitraum dort zu leben. Denn politische Entwicklungen und gesellschaftliche Sichtweisen lassen sich umso besser durchschauen und verstehen, je tiefer man in die Regime-Strukturen eindringt und je näher man den Menschen ist. Gleichzeitig wächst dadurch die Lücke zwischen mir und meinen Rezipienten. Eine selbst unter Deutschlandfunk-Hörern weitverbreitete Ahnungslosigkeit in Sachen Syrien erschwert meine Bericht-erstattung. Grundsatzfragen wie die oben genannten bieten sich vielleicht für eine halbseitige Zeitungsanalyse an. Aber in einem dreiminütigen Live-Interview zu erklären, wer die Macht in Syrien hat, und dabei nicht einmal davon ausgehen zu können, dass alle Hörer wissen, wo Syrien auf der Land-karte liegt, stellt durchaus eine Herausforderung dar.

Diese Unkenntnis verstärkt Syriens ohnehin schon aus-geprägtes Imageproblem, das zum Teil selbstverschuldet, zum Teil aber auch unberechtigt ist. Wer nie dort war, neigt zu negativen Pauschalurteilen, wer hinfährt, ist begeis-tert von den gastfreundlichen, offenen Menschen, die so gar nicht zum Bösewicht-Image passen wollen. In jedem Fall reagieren die Menschen in Europa überraschend emotional auf das Land.

Für viele klingt Syrien nach Schurke und Damaskus nach Tausendundeiner Nacht. Ich habe es oft getestet, anfangs unbewusst, irgendwann gezielt – auf Flughäfen, im Zug, bei offiziellen Anlässen oder privaten Einladungen. Antworte ich auf die Frage nach meinem Wohnort mit »Syrien«, sind die Leute besorgt bis entsetzt (»Ist das nicht gefährlich?«, »Kön-nen Sie als Frau denn da so alleine leben?«). Antworte ich dagegen mit »Damaskus«, ernte ich mindestens ein anerken-nendes »Ah«, wenn nicht ein neidvolles »Wie spannend« oder ein verzaubertes »Da wollte ich schon immer mal hin«.

Natürlich komme ich gegen jahrzehntelang etablierte Kli-schees von der unterdrückten verschleierten Frau und dem fanatischen muslimischen Gotteskrieger nicht an. Aber mir reicht es schon, den einen oder anderen Hörer nachdenklich zurückzulassen, indem ich am Ende einer Reportage erwäh-ne, dass diese erfolgreiche wortgewandte Architektin, mit der er sich gerade identifizieren wollte, Kopftuch trägt. Oder dass der junge Mann, der sich so rührend um seine kranke Mutter und die kleinen Geschwister kümmert, dessen Auftreten so gar nichts von einem Macho oder einem Waffennarr hat, am nächsten Tag als freiwilliger Kämpfer in den Irak ziehen wird.

Das bedeutet nicht, dass es die unterdrückte Frau und den Gotteskrieger nicht gibt – natürlich gibt es sie. Aber nicht in dem Umfang, wie uns die Berichterstattung westlicher Massenmedien glauben macht, denn die überwiegende und deshalb nicht ganz unwesentliche Mehrheit der Menschen in der arabischen Welt lebt, denkt und fühlt gar nicht so anders als wir. Das ist nur leider keine journalistische Nachricht und folglich keinen Bericht wert. Ich führe den Kampf gegen Klischees deshalb möglichst subtil und entlarve Vorurteile am liebsten nebenbei. Mein Ziel ist es, die verschiedenen Facetten dieser Gesellschaften aufzuzeigen, die vielschichtigen Ursachen für Hass und Gewalt darzulegen und den Menschen mit seinen überall auf der Welt ähnlichen Gedanken und Gefühlen in den Mittelpunkt der Geschehnisse zu stellen.

Damit handele ich mir jedoch regelmäßig Ärger ein – nicht in Syrien, sondern in Europa. Denn in kaum einer Weltregion herrschen so oberflächliche Freund-Feind-Schemata wie im Nahen Osten. In den palästinensischen Gebieten gilt Fatah als gut, Hamas als böse. Im Libanon ist Ex-Ministerpräsident Saad Hariri der Good Guy, Hisbollah der Bad Guy. Saudi-Arabien und Ägypten unter Mubarak waren stets Verbündete des Westens und damit gut (unabhängig davon, dass saudische Frauen weder Auto fahren noch lebensrettende Medikamente ohne das Einverständnis eines männlichen Verwandten bekommen dürfen und dass Mubaraks Regime jahrzehntelang Oppositionelle verfolgte), Syrien und Iran kritisieren Israel (das auf dem Golan bis heute syrisches Land besetzt und im

Westjordanland und in Ost-Jerusalem völkerrechtswidrig Siedlungen baut) und sind folglich böse.

Die innenpolitische Lage spielte bei dieser Kategorisierung jahrelang eine völlig untergeordnete Rolle, bis 2009 im Iran und 2011 in Syrien Proteste ausbrechen und das brutale Vorgehen der Sicherheitskräfte gegen friedliche Demonstranten das negative außenpolitische Bild bestätigt. Manchmal gibt es Bewegung im Schurkenkarussell: Libyens Staatschef Gaddafi ist zunächst ein echter Schurke, darf die Achse des Bösen aber verlassen, als er im Dezember 2003 ankündigt, auf Massenvernichtungswaffen und sein Atomprogramm zu verzichten. Dass in Libyen die Dinge innenpolitisch deswegen trotzdem nicht zum Besseren standen, wissen wir spätestens, seitdem libysche Rebellen mithilfe der NATO den ungeliebten Despoten im August 2011 stürzten und zwei Monate später töteten.

Mit dieser Schwarz-Weiß-Malerei versuchen Journalisten, die komplexen Zusammenhänge in Nahost einem breiten Publikum in Europa verständlich zu machen. Ihre vereinfachende Darstellung hilft dabei, emotional Partei zu ergreifen nach dem Motto: Wer so denkt, redet, aussieht oder handelt wie wir, muss ja gut sein. Alle anderen wirken auf uns fremd und machen folglich Angst. Dem Fremden das Furchterregende zu nehmen, indem ich ihn wieder vermenschliche, ohne ihn dabei zu verklären, ist mein Anliegen. Denn erst wenn ich den vermummten Hamas-Kämpfer und den ultraorthodoxen jüdischen Siedler als Menschen mit bestimmten Überzeugungen, Ängsten und Absichten wahrnehme und darstelle, kann ich Verständnis für seine Positionen entwickeln, auch wenn ich diese nicht teile. Und nur so komme ich den wahren Problemen dieser Region auf den Grund.

Natürlich muss auch ich vereinfachen. Aber das unreflektierte Zuordnen bestimmter Attribute wie »gemäßigt«, »prowestlich«, »radikal-islamisch«, »fundamentalistisch« oder »terroristisch« schafft in den Köpfen der Menschen ein unzulässiges Bild von Gut und Böse, das mit der Realität vor Ort nichts zu tun hat. Dass wir uns damit selbst keinen Gefallen tun, zeigt sich immer dann, wenn das von den Journalisten gezeichnete Bild mit der Wirklichkeit kollidiert wie beispielsweise im Januar 2006 beim Wahlsieg der Hamas in den palästinensischen Gebieten. »Wie kann eine Bande von Selbstmordattentätern demokratische Wahlen gewinnen?«, fragte sich mancher Zeitungsleser in Deutschland. Dass die Hamas eine ernst zu nehmende politische Kraft mit wachsender Popularität unter den Palästinensern geworden war, hatten die Medien im Vorfeld nicht zur Genüge vermittelt.

Im Falle Syriens gleicht der Umgang des Westens mit dem Assad-Regime einer wenig überzeugenden Achterbahnfahrt, die Präsident Bashar Al Assad jahrelang erfolgreich ausgesessen hat. Vom aufgeschlossenen, aber unerfahrenen Technokraten, der im Jahr 2000 das Erbe seines Vaters Hafiz Al Assad antrat und auf den Europas Staatschefs große Hoffnungen setzten, wurde Bashar zwischen 2003 und 2007 zur Persona non grata. Die Hintergründe dafür waren Syriens Ablehnung des US-geführten Krieges im Irak sowie Damaskus' bis heute ungeklärte Rolle beim Mordanschlag auf Libanons ehemaligen Ministerpräsidenten Rafiq Hariri. Als sich in den Jahren 2008 und 2009 das syrisch-libanesische Verhältnis entspannte, stieg Bashar Al Assad wieder zum begehrten Gesprächspartner westlicher Staatschefs auf, die in ihm einen Mittelsmann zu international mehr oder weniger geächteten Gruppierungen wie Hamas und Hisbollah sahen. Seit Ausbruch der zunächst friedlichen Proteste gegen das syrische Regime im März 2011 ist der Westen dann wieder schrittweise auf Distanz zu Assad gegangen. Aus dem jungen, hoffnungsvollen Modernisierer wurde der brutale Diktator, mit dem die USA und Europa nichts mehr zu tun haben wollen. So weit die Wahrnehmung von außen.

Für meine Arbeit bedeuten dieser schizophrene Umgang mit dem Assad-Regime und die vorgefertigten Meinungen über Syrien, dass ich als Journalistin stets auf einem schmalen Grat wandele. In Zeiten offener Feindseligkeit gegenüber Damaskus zu versuchen, Syriens außenpolitische Positionen zu erklären – wohlgemerkt nicht zu verteidigen, lediglich zu erklären –, macht mich in den Ohren mancher Radiohörer schon zu einer Sprecherin des Regimes. Und auf die vielen vermeintlichen oder echten Islamisten hinzuweisen, die infolge juristischer Willkür für Jahre im Gefängnis verschwinden und in Syrien die Mehrheit der politischen Gefangenen stellen, während Europäer und Amerikaner gerade den säkularen Charakter des Assad-Regimes als Bollwerk gegen den gefürchteten Islamismus loben, macht mich mindestens zur Spielverderberin.

VON DER FREIHEIT, AUF DEUTSCH UND FÜR DAS RADIO ZU ARBEITEN

Wie also kann ich als deutsche Journalistin in Syrien arbeiten? Zensur, Überwachung, Geheimdienste – alles kein Thema? Erstaunlicherweise lässt man mich weitgehend gewähren. Das Informationsministerium interessiert sich insgesamt wenig für meine Arbeit, nur für manche Recherchen brauche ich eine Genehmigung, beispielsweise für eine Fahrt auf den Golan oder eine Reportage über irakische Flüchtlinge in Syrien. Meistens fragt mich niemand, woran ich gerade arbeite, und niemand verlangt, meine Texte zu sehen – zensiert werde ich in den sieben Jahren als Journalistin in Syrien tatsächlich nie.

Diese relative Freiheit hat nicht nur Kollegen, sondern auch mich selbst oft überrascht. Inzwischen denke ich, dass mir eine große Portion Glück sowie bestimmte Umstände und Verhaltensweisen geholfen haben. Zum einen habe ich stets mit offenen Karten gespielt und nie etwas bewusst verheimlicht. Von Anfang an betrete ich Syrien als Journalistin und versuche nie, mich als etwas anderes auszugeben. Nachfragen bezüglich meiner Arbeit beantworte ich stets offen und ehrlich. Das gilt auch für den Umgang mit Geheimdiensten.

Dem zuständigen Spitzel meines Wohnviertels, der Informationen über mich einholen soll und deshalb irgendwann mit Papier und Kugelschreiber bei mir auf dem Sofa sitzt, erkläre ich geduldig die Strukturen der ARD (der arme Mann ist damit völlig überfordert und wird von seinem Vorgesetzten ein paar Tage später noch einmal zu mir geschickt, um weitere Details zu erfragen). Wann immer mich ein Geheimdienstmitarbeiter auf der Straße nach meinem Woher und Wohin fragt, drücke ich ihm freundlich meine Visitenkarte in die Hand, um mich dann interessiert nach seinem Namen und Beruf zu erkundigen, womit unser Gespräch in der Regel schnell beendet ist. In Ländern und Gesellschaften, in denen die Menschen an Geheimniskrämerei und Lügen gewöhnt sind, wirkt Offenheit oft entwaffnend.

Direkt und offensichtlich überwacht werde ich nur einmal: im September 2005 während meiner Recherchen über die Situation der Kurden in Syrien. Ich fliege nach Qamishli, einer kurdisch geprägten Stadt im Nordosten des Landes an der Grenze zur Türkei. Dort herrschen Zustände wie im Syrien der 1990er Jahre, erklären mir Freunde vor meiner

Abreise, und tatsächlich werde ich während meines sieben-tägigen Aufenthaltes rund um die Uhr vom Geheimdienst überwacht. Zwei Spitzel warten morgens im Hotel auf mich und weichen den ganzen Tag nicht von meiner Seite, bis ich abends zurück in meinem Zimmer bin.

Am ersten Tag finde ich es lustig. Während ich die Hauptstraße entlanglaufe, folgen mir die beiden im Schritt-tempo auf einem Moped. Betrete ich einen Laden, bleiben sie stehen und warten, bis ich wieder herauskomme. Ich fühle mich in einen schlechten Vorabendkrimi versetzt und probiere meine neue Wichtigkeit aus – stehen bleiben, wei-terlaufen, abbiegen. Am zweiten und dritten Tag versuche ich, die beiden auszutricksen oder abzuschütteln – vergebens. Kurdische Oppositionelle zu treffen wird zum Katz-und-Maus-Spiel, ich bin irgendwann nur noch genervt.

Als ich am Ende der Woche mit gepacktem Koffer an der Rezeption stehe und meine Hotelrechnung bezahle, kann ich mich nicht mehr beherrschen. Ich drehe mich um, schaue meinen beiden »Schatten« direkt ins Gesicht und sage, sie könnten jetzt wohl froh sein, dass ich abreise, dann hätten die langen Arbeitstage ein Ende. Oh nein, sie hätten mich gerne begleitet, erwidern diese verlegen, sie seien mir ja nur zu meiner Sicherheit gefolgt. »Ach, ich dachte, Syrien sei so ein sicheres Land?«, antworte ich patzig und gehe.

Natürlich kann ich mir solche Bemerkungen nur deswe-gen erlauben, weil ich mich in einer bequemen Position befinde. Als offiziell akkreditierte ausländische Korrespon-dentin habe ich nicht viel zu befürchten, man respektiert mich und verweist mich schlimmstenfalls des Landes. Syri-sche Journalisten sind den Geheimdienstmitarbeitern dage-gen ganz anders ausgeliefert und vermeiden deshalb aus gutem Grund jede Konfrontation.

Neben meinem offenen Umgang mit den syrischen Behörden hilft mir bei meiner Korrespondententätigkeit auch die Tatsache, dass ich auf Deutsch arbeite. Deutschland genießt in der arabischen Welt generell einen guten Ruf, weil es dort keine koloniale Vergangenheit hat und für Qualität, technischen Fortschritt und Tugenden wie Zuverlässigkeit und Ordnungssinn steht. Gleichzeitig spielen deutschsprachige Medien im Nahen Osten keine wichtige Rolle. Sie arbeiten dort in der Regel nicht investigativ, sondern klappen nach, was andere vor ihnen berichten. Amerikanische oder britische Medien dagegen sorgen in den Konflikten der Region durchaus gelegentlich für Schlagzeilen. Einem Syrer die ARD zu erklären ist wie erwähnt ein hoffnungsloses Unterfangen, jemanden zu treffen, der schon einmal von einem deutschen Nachrichtenmagazin namens »Der Spiegel« gehört hat, zeichnet die Person als weltoffen und intellektuell aus. Auf Deutsch zu arbeiten ist aus Sicht des Informationsministeriums deshalb grundsätzlich unverdächtig, da unbedeutend.

Hinzu kommt, dass ich überwiegend für den Hörfunk berichte und Radio in Syrien für endlose Diskussionssendungen im Staatsfunk oder als musikalische Dauerberieselung der Privatsender bekannt ist. Längere Reportagen oder halbstündige Features gibt es nicht, deshalb habe ich selbst syrischen Journalisten gegenüber Mühe zu erklären, warum ich mich mit meinem Aufnahmegerät an den Straßenrand stelle und dort mein Mikrofon zur Aufzeichnung von »Straßenatmo« drei Minuten lang in den tosenden Verkehr halte. Oft denke ich dann an den Anspruch deutscher Radiojournalisten, mithilfe von Tönen »Kino im Kopf« zu erzeugen, und erkläre meine Tätigkeit damit, dass ich Dokumentationen mache, wie sie zum Beispiel bei arabischen Fernsehsendern wie Al Jazeera laufen, nur auf Deutsch und ohne Bilder.

An meine deutschen Kollegen in ihren schallgedämpften Aufnahmestudios denke ich auch gerne zwischen zwei und vier Uhr morgens, wenn ich mich bei geschlossenen Fenstern, Türen und Vorhängen in mein kleines Büro zurückziehe, um die Texte für meine Radiobeiträge einzusprechen. Zu jeder anderen Tages- und Nachtzeit macht der Geräuschpegel in Damaskus eine studioähnliche Aufnahme unmöglich – Gebetsrufe, schreiende Händler, heulende Motoren, laute Fernseher und Vogelgezwitscher passen als Hintergrundgeräusche in dieser Vielfalt leider zu keinem Thema. Und selbst zwischen zwei und vier Uhr morgens kämpfe ich noch mit streunenden Katzen, rauschenden Wassertanks (jedes Haus hat einen Wassertank auf dem Dach, der sich über Nacht füllt und tagsüber die Wasserversorgung in den Stunden garantiert, in denen das Wasser aus der Leitung versiegt) und vorbeifahrenden Autos, deren Besitzer auch in Wohngebieten zu nachtschlafender Zeit an jeder Straßenecke kurz hupen, um eventuell kreuzende Autofahrer auf sich aufmerksam zu machen.

Im Vergleich dazu sind Außenaufnahmen fast schon unkompliziert. Wann immer mich ein Geheimdienstmitarbeiter beim Mitschnitt von Verkehrsgeräuschen ertappt, zeigt er auf mein Mikrofon, mustert mich von allen Seiten und fragt, wo denn die Kamera sei. Sobald ich ihm erkläre, dass ich lediglich Geräusche für das Radio aufnehme und keine Kamera dabeihabe, schaut er mich fragend an. »Keine Bilder? Nur Ton?« Ich nicke. Da winkt der Spitzel ab, wünscht mir einen schönen Tag und lässt mich mit meiner Straßenatmo alleine. Ernst genommen fühlt man sich als deutscher Radiojournalist in Damaskus also eher selten, aber das ist am Ende ein großer Vorteil.

Natürlich gibt es in Syrien rote Linien, die ich bei meiner Berichterstattung berücksichtigen muss. Doch sie schränken mich nicht allzu sehr ein, da sich mein deutsches Publikum ohnehin nicht für komplizierte Regime-Interna oder potenziell gefährliche Militärinformationen interessiert und es meinem Ethos als Journalistin widerspricht, einzelne Personen wie den Präsidenten zu beleidigen. Kritik ja, aber bitte sachlich.

Tabuthemen, von denen man in bestimmten Zeiten lieber die Finger lassen sollte, erkenne ich daran, dass selbst langjährige Gesprächspartner, deren Vertrauen ich genieße, nicht darüber reden wollen. Ein Beispiel sind die libanesisch-syrischen Beziehungen. In den Jahren 2005 und 2006 das Wort Libanon auch nur in den Mund zu nehmen führt bei jedem Interviewpartner sofort zu hartnäckigem Schweigen und vielsagendem Achselzucken. Weitere Tabuthemen sind die syrischen Muslimbrüder, auf deren Mitgliedschaft seit Jahrzehnten die Todesstrafe steht, und die Kurden, die aus Sicht des Regimes bis zum Ausbruch der Proteste im März 2011 die größte innenpolitische Bedrohung darstellen.

Insgesamt fühle ich mich jedoch bis zum Jahr 2009, als mir das Informationsministerium wegen des erwähnten Assad-Artikels Berufsverbot erteilt, durchaus frei in meiner journalistischen Tätigkeit. Vielleicht hat das auch damit zu tun, dass das Ziel meiner Arbeit nicht in Syrien, sondern in Deutschland, Österreich und der Schweiz liegt. Hier möchte ich die Denkweise der Menschen verändern, nicht in Syrien, das gebietet mir mein Selbstverständnis als deutschsprachige Journalistin. Deshalb rüttele ich mit meiner Berichterstattung am europäischen Weltbild dieser Region. Ich möchte mein Publikum mit Tatsachen und Sichtweisen überraschen, die es ins Grübeln bringen, weil es sie so nicht erwartet hätte. Lieber lasse ich meine Hörer und Leser verwirrt und nachdenklich zurück, als dass ich ihnen zum hundertsten Mal das bequeme Gefühl gebe, schon alles verstanden zu haben und zum Glück mit den vermeintlichen Bad Guys der Region nichts zu tun zu haben.

2. Konfessionelle Hetze gefährdet den Religionsfrieden: Das Mit- und Gegeneinander von Sunniten, Alawiten, Christen und Drusen

Da sitzen sie nun neben mir auf der Bühne – der Christ, der Sunnit und der Alawit – und beschwören, dass diese Revolution eine Revolution aller Syrer sei, bei der es nicht um Religion, sondern um die Befreiung Syriens von der Diktatur gehe. Es ist der 23. März 2012, ich moderiere eine Veranstaltung zum ersten Jahrestag der syrischen Revolution in Berlin. Da in der Öffentlichkeit immer mehr der Eindruck entsteht, in Syrien erhebe sich eine unterdrückte sunnitische Bevölkerungsmehrheit gegen die Herrschaft einer alawitischen Minderheit, und Christen stünden unter dem besonderen Schutz der Assads und müssten im Falle eines Regimewechsels mit Verfolgung und Vertreibung rechnen, gilt es, mit ein paar Missverständnissen aufzuräumen.

Nach sieben Jahren in Syrien weiß ich, dass gerade die Syrer es nicht verdienen, auf ihre Zugehörigkeit zu einer Konfession reduziert zu werden. Und nach einem Jahr Demonstrationen und Gewalt ist mir klar, dass es dieser Revolution unwürdig ist, sie mit einfachen religiösen Mustern erklären zu wollen. Dennoch zwinge ich mich, meine Podiumsgäste mit »Sie als Christ« oder »Sie als Alawit« anzusprechen, obwohl ich die Reaktion darauf bereits kenne. Alle Oppositionellen lehnen es ab, als Vertreter einer Konfession wahrgenommen zu werden, und bestehen darauf, in erster Linie Syrer zu sein.

Doch die althergebrachte »Wir sind alle ein Volk«-Rhetorik hilft in der aktuellen Lage nicht mehr weiter. Die Syrer müssen anfangen, sich zu ihren Konfessionen zu bekennen, um eine ehrliche Diskussion über Schuld, Ängste und Vorstellungen des Zusammenlebens zu führen und dadurch Vertrauen zu schaffen. Religiöse Differenzen wegzureden oder zu ignorieren führt zu unterdrückten Gefühlen, die sich wunderbar politisch instrumentalisieren lassen. Und genau das passiert gerade in Syrien.

Aus der Revolution ist ein Krieg geworden. Zunächst ein Krieg des Regimes gegen aufbegehrende Teile der Bevölkerung, dann ein Krieg zwischen Regierungstruppen und assadschen Milizen einerseits und desertierten Soldaten sowie freiwilligen Kämpfern andererseits. Seit Frühsommer 2012 machen sich vermehrt ausländische Jihadisten auf den Weg nach Syrien, die nicht für die Freiheit und Selbstbestimmung der Syrer, sondern für ein regionales sunnitisches Kalifat kämpfen. Das Regime bekommt indes immer direktere Unterstützung durch iranische Söldner und Hisbollah-Kämpfer – also Schiiten. Damit steigt das Risiko einer Konfessionalisierung des Konflikts. Das Regime hetzt gegen »islamistische Terroristen«, bewaffnet und finanziert alawitische, christliche und drusische Bürgerwehren und lässt Raketen gezielt von alawitischen oder christlichen Dörfern aus abschießen. Die Jihadisten üben Rache an »ungläubigen Alawiten« und zerstören Symbole »christlicher Kreuzfahrer«.

Diese Entwicklung schadet der Revolution und dient vor allem Assad selbst. Von Anfang an stilisiert er die Gewalt gegenüber Demonstranten zu einem Kampf gegen vom Ausland gesteuerte Terroristen. Was zunächst absurd klingt, wird zunehmend real. Im Laufe der Jahre 2012 und 2013 etablieren sich zwei Al-Qaida-Ableger in Syrien, die Nusra-Front, an deren Entstehung das Regime höchstwahrscheinlich beteiligt war, und die Gruppe Islamischer Staat im Irak und in der Levante (ISIS), die sich anfangs überwiegend aus Nicht-Syrern zusammensetzt und gegenüber der Zivilbevölkerung sehr radikal auftritt. Dadurch entwickeln sich neue

Fronten. Gemäßigte syrische Kämpfer sind nicht mehr nur mit den Raketen des Regimes konfrontiert, sondern auch mit den brutalen Methoden der Jihadisten. So verwundert es nicht, dass sich mancherorts Assad-Gegner untereinander bekämpfen: die Freie Syrische Armee (FSA), die kurdische Partei der Demokratischen Union (PYD), salafistische Verbände und die genannten Al-Qaida-Gruppen ISIS und Nusra-Front.

Trotz der offensichtlichen Radikalisierung bewaffneter Gruppen weigern sich syrische Aktivisten und Oppositionelle, von einem Bürgerkrieg zwischen Sunniten und Alawiten zu sprechen. In ihren Augen bekämpft in erster Linie ein brutales Regime das eigene Volk. Im Westen betrachten die Menschen den Syrien-Konflikt dagegen ausschließlich durch eine religiöse Brille. Die Mehrheit der Demonstranten sind Sunniten. Alawiten sind im Machtapparat und in den staatlichen Sicherheitskräften überproportional vertreten, die offiziellen Kirchenvertreter in Syrien stellen sich hinter Präsident Assad. Daraus wird in westlichen Medien »ein sunnitischer Aufstand gegen eine alawitische Elite, der die christliche Minderheit in ihrer Existenz bedroht«. Doch so einfach ist es nicht. Weder sind die Proteste sunnitisch motiviert, noch stellen die Alawiten eine Elite. Und abgesehen von ein paar Tausend zugegeben bedrohlichen, ausländischen Extremisten will niemand unter den immerhin 18 Millionen verbliebenen Syrern pauschal Christen vertreiben. Vielmehr haben diese konfessionellen Zuschreibungen mit der Verteilung von Macht und der Zusammensetzung der Gesellschaft zu tun, nicht mit dem Glauben. Wie so oft verstellt der westliche Fokus auf die Religion als Ursache allen Übels im Nahen Osten den Blick auf die vielschichtige Wirklichkeit.

»Kein Mensch ist in Syrien bislang wegen seiner Religion getötet worden«, sagt Michel Kilo, ein regimekritischer Intellektueller und Christ, im Januar 2012. Die Syrer sterben, weil sie entweder gegen ihre Machthaber aufbegehren oder in deren Auftrag foltern und morden. Im Klartext: Ein Demonstrant wird erschossen, weil er demonstriert und nicht weil er Sunnit ist. Und ein Milizionär des Regimes wird gefangen genommen und im Einzelfall hingerichtet, weil er Zivilisten gequält und getötet hat und nicht weil er Alawit ist.

Nein, diese Revolution hat ihrem Ursprung nach nichts mit Religion zu tun. Umso tragischer ist es, dass die Fronten trotz der einigenden Kraft der Demonstrationen zunehmend entlang konfessioneller Grenzen verlaufen und der bewaffnete Kampf mit der Zeit religiöse Züge annimmt.

Selbst in Deutschland lebende säkulare Syrer verfluchen auf einmal die »verbrecherischen Alawiten« oder schimpfen auf die »passiven Christen« – zu schockierend sind die Bilder massakrierter Frauen und Kinder, zu unerträglich ist die Sorge um Familie und Freunde, zu groß der Frust angesichts der eigenen Hilflosigkeit. Während sich früher drei syrische Ärzte, die am gleichen deutschen Krankenhaus arbeiteten, über Monate zum Teetrinken trafen, ohne überhaupt darüber nachzudenken, welcher Religion sie angehörten, gehen sich diese syrischen Kollegen heute lieber aus dem Weg aus Angst vor Konflikten. Schließlich könnte der andere Alawit und damit womöglich Assad-Anhänger sein oder Sunnit und als solcher wahrscheinlich die Revolution unterstützen. Wenn aber Misstrauen das Verhalten syrischer Akademiker im Ausland prägt – wie muss es dann erst im Land selbst sein?

Die Tatsache, dass der Hass zwischen den Konfessionen wächst, dass sich Teile der bewaffneten Opposition radikalisieren und Minderheiten nach einem Machtwechsel die Rache der Sieger fürchten, ist das Ergebnis der Propaganda des Regimes und der Passivität des Auslands. Syriens Machthaber spielen die verschiedenen Bevölkerungsgruppen erfolgreich gegeneinander aus. Sie schüren Ängste bei den Christen, indem sie islamistischen Terror und konfessionelle Säuberungen wie im Irak als einzige Alternative zum derzeitigen Regime entwerfen. Sie rekrutieren Alawiten mithilfe von Geld und Gehirnwäsche als Schläger, Mörder und Vergewaltiger und lassen diese Shabiha-Milizen die grausamsten Verbrechen begehen, um so einen Hass auf die Alawiten insgesamt zu entfachen. Und sie provozieren und bestrafen gezielt Sunniten, damit diese sich als Gruppe verfolgt fühlen und radikalisieren.

Die internationale Gemeinschaft tut ein Übriges. Weil der Weltsicherheitsrat gelähmt ist, die Vereinten Nationen insgesamt nur zögerlich handeln, westliche Staaten über Solidaritätsbekundungen und das Verhängen von Sanktionen lange nicht hinauskommen und weil vor allem Russland und der Iran das Überleben des Assad-Regimes garantieren, schlittert Syrien immer mehr ins Chaos. Die Lage ist vielerorts so verzweifelt, dass Aktivisten sich von der internationalen Gemeinschaft komplett allein gelassen fühlen und für jede Unterstützung dankbar sind.

Den friedlichen Demonstranten ist es irgendwann egal, woher die Waffen kommen, mit denen die Freie Syrische Armee oder andere militante Gruppen sie vor den Angriffen der Armee schützen oder den Nachschub an Medikamenten und Nahrung sichern. Hauptsache, irgendjemand steht ihnen zur Seite. Nach monatelangen vergeblichen Appellen an das Ausland und nach etwa einem Dutzend enttäuschter Hoffnungen haben Syriens Demonstranten tatsächlich nur noch Gott, den sie um Hilfe anrufen können. Wie überall auf der Welt suchen auch die Menschen in Syrien angesichts ihrer unerträglichen Lage Zuflucht im Glauben.

Extremisten nutzen diese Gefühle und das Vakuum, das durch die Passivität der internationalen Gemeinschaft entsteht. Sie beeinflussen den Aufstand in ihrem Sinne, und je länger der Konflikt anhält, desto fruchtbarer wird der Boden, auf den ihr radikal-islamisches Gedankengut fällt. Vor allem in den ländlichen Gebieten der Provinzen Aleppo, Idlib, Homs und im Umland von Damaskus gewinnen international vernetzte Extremisten-Gruppen ab Spätsommer 2012 an Einfluss. Sie sind kampferprobt, entschlossen und diszipliniert und ziehen dadurch immer mehr Syrer in ihren Bann. Einfache salafistische Denkmuster überzeugen vor allem die wenig gebildete und perspektivlose sunnitische Landbevölkerung, während sie bei den städtischen Muslimen eher Skepsis und Angst auslösen. In Aleppo, in der seit März 2013 befreiten Provinzhauptstadt Raqqa und in einigen kleineren Orten demonstrieren Anwohner mehrfach gegen das brutale Auftreten der Jihadisten und deren Versuche, der örtlichen Bevölkerung eine äußerst konservative Auslegung des Islam aufzuzwingen.

Mit ihren radikalen Methoden macht sich vor allem ISIS bei der Mehrheit der Syrer unbeliebt. War man anfangs noch dankbar für den militärischen Beistand gegen die Truppen des Regimes, wächst seit Mitte 2013 die Angst, in den befreiten Gebieten könne das verhasste Assad-System von einer Diktatur religiöser Fanatiker abgelöst werden. Sowohl Aktivisten als auch Deserteure und freiwillige Kämpfer der Freien Syrischen Armee müssen mit ansehen, wie die radikalen und zum Teil vom Ausland gesteuerten Jihadisten ihre Revolution kapern und aus dem Freiheitskampf der Syrer einen regionalen Religionskrieg machen. Ab Herbst 2013 wenden sich deshalb immer mehr Brigaden gegen ISIS, im

Januar 2014 erklären Syriens Rebellen den Al-Qaida-Terroristen offiziell den Krieg. Die Aktivisten gehen davon aus, dass nach dem Ende der Assad-Herrschaft auch ideologisch ein weiterer Befreiungskampf bevorsteht – der gegen religiöse Extremisten.

Genau diese Entwicklung fürchtet der Westen und hält sich deshalb möglichst aus dem Konflikt heraus. Damit trifft er eine verhängnisvolle Fehlentscheidung. Denn statt die gemäßigten syrischen Kräfte gegenüber den ausländischen Jihadisten zu stärken, überlassen die USA und Europa einzelnen reichen Golfarabern und Gruppen wie Al Qaida das Feld, um dann eine »Islamisierung« der syrischen Opposition zu beklagen. Das ist im besten Fall naiv, im schlimmsten Fall scheinheiliges Kalkül. Das Ausland ist deshalb mitverantwortlich dafür, dass in Syrien aus einer überreligiösen Freiheitsbewegung mancherorts ein konfessionell aufgeladener Bürgerkrieg geworden ist.

Diese Relität wird das zukünftige Zusammenleben der Syrer erschweren und einen Prozess der Aussöhnung behindern. Misstrauen zwischen den verschiedenen Bevölkerungsgruppen, Hass gegenüber den eigenen Folterknechten, tiefer Schmerz für erlittenes Leid und das Bedürfnis nach Rache und Vergeltung schmälern die Aussichten auf gesellschaftlichen Frieden. Dieses Szenario ist es, das Leute wie mich tieftraurig und pessimistisch stimmt. Denn jeder, der das Zusammenleben zwischen Muslimen und Christen in Syrien persönlich erlebt hat, klammerte sich an die Hoffnung, dass es in Syrien anders kommen würde. Dass die Syrer ihre Prinzipien nicht verraten und sich nicht aufwiegeln lassen würden, sondern der Propaganda widerstehen und an ihrer religiösen Toleranz festhalten würden. Doch auch Syrer sind nur Menschen.

Rückblende. Es ist Februar 2004 und ich habe mal wieder Besuch aus Deutschland. Eine Freundin ist gekommen, um bei mir in Damaskus nach dem Rechten zu sehen, wie sie sagt. Am ersten Morgen schaut sie mich zerknittert an. »Wie kannst du bei diesem Singsang mitten in der Nacht weiterschlafen?« Der frühmorgendliche Gebetsruf des Muezzins ist in Damaskus ein vielstimmiger Chor, der sich fast eine halbe Stunde lang wie ein Klangteppich über die Stadt legt. Ich höre ihn nicht, versichere ich, und ernte ungläubiges Kopfschütteln.

Schon am nächsten Morgen verschläft meine Freundin die Muezzine, ihre Ohren haben sich im Laufe eines Tages an die regelmäßigen Gebetsrufe gewöhnt. Dafür wird unser Frühstück von läutenden Glocken begleitet. Sie horcht auf, schaut mich fragend an. Ich wohne nicht in einem der Christenviertel, sondern im politischen Zentrum von Damaskus. Glocken in Syrien? »Ja«, sage ich, »sie gehören zu einer nahe gelegenen christlichen Schule, die überwiegend von muslimischen Kindern besucht wird. Viele der adrett in grauen Uniformen und rosa Blusen gekleideten Mädchen tragen Kopftuch.« Gemeinsam überlegen wir, wo in Europa man sowohl Kirchenglocken als auch Muezzine hören kann. Uns fällt kein Land ein.

Ich erzähle ihr von den drei Mitarbeiterinnen im Informationsministerium, die sich ein Büro teilen und mit denen ich regelmäßig zu tun habe: eine Muslimin ohne Kopftuch, eine mit Kopftuch und eine Christin, die sonntags später zur Arbeit kommt, weil sie erst noch zum Gottesdienst in die Kirche geht (in Syrien dauert das Wochenende von Freitag bis Samstag). Dieses gelebte religiöse Miteinander, das ausländischen Besuchern bemerkenswert erscheint, ist für Syrer völlig selbstverständlich.

Ein paar Tage später fahre ich mit meiner Freundin nach Mar Musa, einem katholischen Kloster, das versteckt in der syrischen Felswüste liegt. Für mein erstes Radiofeature aus Syrien habe ich in Mar Musa eine Woche verbracht, damals war das Kloster zum Jahreswechsel 2001/2002 eingeschneit und von der Außenwelt abgeschnitten, was mir intensive Gespräche mit Paolo dall'Oglio, dem italienischen Jesuitenpater und Gründer der Gemeinschaft, sowie den übrigen Mönchen und Nonnen ermöglichte.

Vieles in Mar Musa wirkt auf westliche Besucher verwirrend. Die mit alten Fresken ausgeschmückte Kapelle ist mit Teppichen ausgelegt, die Mönche und Nonnen tragen lange weiße Gewänder, die Männer bedecken ihren Kopf mit schwarzen Kappen, die Frauen mit schwarzen Tüchern. Während sie singen und beten, werfen sie sich zu Boden. Knien nieder, berühren mit der Stirn den Teppich, stehen wieder auf – eine Tradition des östlichen Urchristentums, erfahre ich. Die Liturgie findet auf Arabisch statt, weswegen ständig von Allah die Rede ist. Der Gipfel aber ist die Tatsache, dass einer der Mönche Jihad heißt.

In Mar Musa lassen sich gängige Vorurteile in Sachen Religion folglich wunderbar gerade rücken. Da betet ein Mönch namens Jihad in einer mit Teppichen ausgelegten Kapelle auf Knien zu Allah. Jihad – Teppich – Allah. Und doch ist in diesem Fall alles hundertprozentig christlich. Meine von dem spirituellen Ort in der Steinwüste tief beeindruckte Freundin lernt nebenbei, dass das arabische Wort »jihad« eigentlich Anstrengung und nicht Heiliger Krieg bedeutet, dass es für Christen wie Muslime nur den einen Gott gibt, der auf Arabisch Allah heißt, und dass Kirchenbänke eine Erfindung Europas sind.

In Syrien leben etwa 88 Prozent Muslime und 12 Prozent Christen. Das klingt einfach, ist aber ziemlich kompliziert. Allein die Christen spalten sich in ein knappes Dutzend Konfessionen auf, von syrisch-orthodox und griechisch-orthodox über assyrisch, armenisch, maronitisch, chaldäisch und protestantisch zu römisch-katholisch, syrisch-katholisch und griechisch-katholisch-melkitisch. Unter den Muslimen finden sich neben der Mehrheit der Sunniten (75 Prozent) auch Schiiten (weniger als 1 Prozent) sowie Alawiten (10 Prozent), Ismailiten (1 Prozent) und Drusen (2 Prozent), die sich am einfachsten als späte Abspaltungen vom schiitischen Islam beschreiben lassen.

Vor der Gründung des Staates Israel gab es in Syrien auch eine beachtliche Zahl von Juden. In Damaskus lebten sie über Jahrhunderte unbehelligt und friedlich mit ihren muslimischen und christlichen Nachbarn zusammen in einem Teil der Altstadt, der bis heute als Judenviertel bekannt ist. 1943 wurde ihre Zahl auf 43.000 geschätzt, heute sollen es nur noch knapp 200 sein.

Das Schicksal der syrischen Juden hängt unmittelbar mit der politischen Lage im Nahen Osten zusammen. Der größte Exodus fand 1948 nach der Staatsgründung Israels statt, als Tausende Juden vor der Wut der arabischen Straße nach Israel und in die USA flohen. Da Israel seit 1967 die syrischen Golanhöhen besetzt hält und sich Damaskus und Jerusalem bis heute im Kriegszustand befinden, wurden Juden als potenzielle Spione des Feindes betrachtet. Jahrelang galt für sie ein Ausreiseverbot, der syrische Geheimdienst beobachtete ihre Aktivitäten genauestens. Bevor die Regierung 1992 das Ausreiseverbot aufhob, lebten noch einige Tausend Juden in Syrien, vor allem in Damaskus, Aleppo und im Nordosten des Landes in Qamishli. Dann nutzten viele die neue Reisefreiheit und wanderten in die USA aus. In Damaskus sind noch zwei Synagogen in Benutzung, obwohl die Gemeinde keinen Rabbiner mehr hat.

Als Glaubensgemeinschaft genießen die Juden wie alle anderen Konfessionen in Syrien vollständige Freiheit und Autonomie. Jede Religion hat ihr eigenes Personenstandsrecht, das beim Heiraten, beim Thema Scheidung, bei Geburten, Todesfällen und in Fragen des Erbrechts gilt. So dürfen Muslime bis zu vier Frauen heiraten, Christen nur eine, Sunniten können sich scheiden lassen, Katholiken nicht.

Der syrische Staat begreift sich offiziell als säkular. Kneipen und Hotels schenken je nach Lizenz Alkohol aus, das syrische »Barada«-Bier ist nach Damaskus' Wasserquelle benannt und wird staatlich gebraut. Ein angenehmer Nebeneffekt der religiösen Vielfalt sind die zahlreichen Feiertage. Denn neben dem Fest des Fastenbrechens am Ende des Ramadan und dem muslimischen Opferfest werden auch Weihnachten und Ostern gefeiert – einmal von den Katholiken und einmal von den Orthodoxen. Um niemanden zu benachteiligen, bleiben an beiden Osterfesten Schulen und Behörden geschlossen. Religiöse Gleichberechtigung à la Syrien.

Unter den Vertretern der religiösen Minderheiten finden sich einige berühmte und für Syriens Geschichte bedeutende Persönlichkeiten. Ein Druse, Sultan Pasha Al Atrash, führte in den 20er Jahren des vergangenen Jahrhunderts die syrische Revolution gegen die französische Kolonialmacht an. Die bis heute regierende arabisch-sozialistische Baath-Partei wurde von Michel Aflak, einem Christen, mitbegründet. Und mit der Präsidentenfamilie Assad sitzen die Alawiten seit 1970 an den Schalthebeln der Macht.

Die Tatsache, dass sich das Regime säkular gibt, bedeutet allerdings nicht, dass die Gesellschaft areligiös ist. Im Gegenteil. Religion ist in Syrien selbstverständlicher Teil des Alltags – für die Muslime ebenso wie für die Christen.

Die verschiedenen Glaubensrichtungen leben friedlich nebeneinander, zum Teil auch miteinander. Muslimische Frauen kaufen bei christlichen Juwelieren, christliche Handwerker arbeiten in muslimischen Betrieben, muslimische und christliche Kinder gehen gemeinsam zur Schule. In meinem Freundeskreis gibt es Frauen mit und ohne Kopftuch, manche tragen lange Mäntel, manche ein westliches Kostüm, manche Jeans und T-Shirt, manche ein Kreuz um den Hals. Aber egal, wie der Einzelne seinen Glauben lebt – Allah ist bei Christen wie Muslimen allgegenwärtig: Der Pilot der syrischen Airline dankt Gott für die glückliche Landung, das Essen beginnt mit einem »bismillah« (im Namen Gottes) und in meiner Wohnung höre ich wie beschrieben sowohl den Ruf des Muezzins als auch Kirchenglocken.

Der Kitt, der die Religionen und Konfessionen in Syrien zusammenhält, ist der arabische Nationalismus, eine politische Ideologie, die die Einheit der Araber beschwört und vor mehr als 50 Jahren die Massen im Nahen Osten bewegte. Dabei definieren sich die Menschen über ihre gemeinsame arabische Kultur und Sprache und nicht über ihre religiöse Zugehörigkeit. Nach dem Motto »Egal ob Schiit oder Sunnit, Katholik oder Maronit – Hauptsache Araber«.

Der Panarabismus ist der ideologische Gegenentwurf zur islamischen Umma, der weltweiten Gemeinschaft der Muslime. Während die islamische Umma alle Muslime unabhängig von ihrer nationalen und ethnischen Zugehörigkeit vereint, fordert der Panarabismus die Vereinigung aller Araber über religiöse Grenzen hinweg und schließt dadurch Christen, Schiiten und andere Konfessionen mit ein. Vereinfacht gesagt ziehen in dem einen Fall Mitglieder anderer Religionen den Kürzeren und in dem anderen Fall Vertreter anderer Volksgruppen. Bis heute bilden diese beiden Ideologien – der

Panislamismus und der Panarabismus – das Spannungsfeld, in dem politische Debatten in Nahost geführt werden.

Syrien schwenkt als einziges Land der Region bis heute unermüdlich das Fähnchen des von der Baath-Partei propagierten Panarabismus. Die Parolen klingen inzwischen etwas abgedroschen und verstaubt, aber unter dem Banner der arabischen Nation können die Syrer glauben, was sie wollen, und so herrscht in religiösen Fragen eine bemerkenswerte Toleranz. Diese geht allerdings auf Kosten der ethnischen Minderheiten in Syrien, vor allem der 10 Prozent Kurden. Denn da der arabische Nationalismus des Assad-Regimes automatisch andere Volksgruppen ausgrenzt und diskriminiert, bezahlen alle nicht-arabischen Syrer den Preis für einen nationalistisch untermauerten Religionsfrieden.

Direkte Fragen nach Religionszugehörigkeit oder konfessionellen Unterschieden sind in Syrien deshalb verpönt, wer gar nach Problemen zwischen den Religionsgruppen sucht, gerät schnell ins Visier der Geheimdienste. Insistierende Fragen könnten Ressentiments wecken, die ohnehin ins Land zu schwappen drohen, fürchtet die Regierung. Schließlich versinkt Syriens östlicher Nachbar Irak über Jahre in scheinbar religiös motivierter Gewalt und im Westen balanciert der Libanon stets am Abgrund eines konfessionellen Bürgerkriegs. Damit die in der Region zunehmende religiöse Zwietracht nicht Syriens Muslime und Christen infiziert, hält Damaskus bis zum Ausbruch der Revolution mit allen Mitteln an einem öffentlichen Diskurs der interreligiösen Toleranz fest. Insofern hat diese Toleranz auch etwas staatlich Verordnetes. Negative Gefühle oder Vorurteile, die der Einzelne im Unterbewusstsein vielleicht durchaus hegt, werden unterdrückt statt offen diskutiert und brechen sich jetzt in der Krise erst recht Bahn.

Eine Rhetorik der gegenseitigen Akzeptanz gilt auch für die offiziellen Vertreter der verschiedenen Glaubensrichtungen in Syrien. Ihr enger Kontakt untereinander ermöglicht im Mai 2001 ein historisches Ereignis. Papst Johannes Paul II. besucht im Rahmen einer Nahostreise Damaskus und betritt dort als erster Papst der Geschichte eine Moschee. Kirchenoberhäupter und Muftis sind stolz auf diese Begegnung, dient sie doch als Beweis für das intensive Miteinander zwischen Syriens Muslimen und Christen.

Mein Freund Hassahn Zahabi führt den Papst damals durch die Omayadenmoschee. Hassahn ist einer meiner Lieblings-Interviewpartner, er ist gebildet und ehrlich, zählt zum konservativen sunnitischen Bürgertum von Damaskus, kennt die westliche Mentalität, hat fünf erwachsene Kinder und einen feinen Humor. Er ist der perfekte Gesprächspartner, wenn es darum geht, einem europäischen Publikum syrische Positionen zu erklären, auch wenn er dabei manchmal ins Philosophische abgleitet. Wann immer ich es leid bin, mit Besuchern aus Deutschland über ihre Vorurteile, die syrische Gesellschaft, den Islam oder den Nahostkonflikt zu diskutieren, bringe ich sie zu Hassahn.

Sein Kunsthandwerksladen liegt schräg gegenüber der Omayadenmoschee, Damaskus' größter und schönster Moschee, in den Regalen finden sich Einlegearbeiten aus Holz, fein ziselierte Silberdolche, kupferne Kaffeekannen und bestickte Tischwäsche. Ich setze mich dann in einen der mit Intarsien ausgeschmückten Holzsessel, trinke Tee, kaufe die eine oder andere Tischdecke auf Vorrat – das nächste Weihnachtsfest kommt bestimmt – und lasse Verwandte und Freunde mit Hassahn über Gott und die Welt reden.

Hassahns Begabung als Vermittler und seine guten Eng-lischkenntnisse nutze nicht nur ich für meine Besucher und meine Radioreportagen, in denen der Händler regelmäßig als »der kleine Mann mit der großen Brille« auftaucht. Auch das Assad-Regime hat sein Talent entdeckt und lässt deshalb sämtliche Staatsgäste von Hassahn durch die Omayadenmoschee begleiten. Fidel Castro, Tony Blair, François Mitterand oder eben Papst Johannes Paul II. – die Liste ist lang.

Und tatsächlich ist es nicht nur wegen mancher Anekdote zu den berühmten Besuchern ein besonderes Erlebnis, von Hassahn durch das drittwichtigste islamische Bauwerk (nach der Kaaba in Mekka und dem Felsendom in Jerusalem) geführt zu werden.

Wir treten durch das gewaltige eiserne Doppeltor und zie-hen unsere Schuhe aus. Der weiße Marmorboden des Innen-hofs glitzert in der Sonne, Männer und Frauen sitzen zusam-men und unterhalten sich, ein paar Kinder scheuchen Tauben auf. Im 2. Jahrtausend vor Christus stand hier ein Tempel zu Ehren des Wettergottes Hadad, die Römer mach-ten daraus einen Jupitertempel, die Byzantiner eine christli-che Basilika. Als die Muslime im Jahr 636 nach Damaskus kamen, nutzten auch sie den Ort zum Beten, erzählt Has-sahn. Damals hätten Muslime und Christen das Gelände durch den gleichen Eingang betreten. »Die Muslime gingen nach rechts zu ihrer Moschee, die Christen nach links zu ihrer Basilika.«

Die Omayaden waren die ersten muslimischen Herrscher, die nicht mehr von Mekka aus regierten. Sie erweiterten das islamische Reich bis nach Spanien und machten Damaskus zum Sitz des Kalifats. Anfang des 8. Jahrhunderts war Damas-kus somit das Zentrum eines wissenschaftlich und kulturell blühenden Weltreiches. Zu dieser Zeit entstand auch die heutige Moschee, sie gilt als architektonisch richtungsweisend und besonders kunstvoll. Um den Innenhof herum verläuft ein Säulengang, dessen Decken und Wände reich verziert sind mit Mosaik- und Einlegearbeiten aus verschiedenfarbigem Stein, Marmor und vergoldeten Glasscherben. Millionen winziger Einzelstücke fügen sich zu floralen und geometrischen Mustern zusammen. »So stellen wir uns das Paradies vor«, sagt Hassahn und deutet auf eine besonders gut erhaltene Wand, auf der Bäume, Pflanzen, Blumen, Flüsse und Häuser für islamische Verhältnisse erstaunlich naturalistisch dargestellt sind und grünlich-golden schimmern.

Warum sich Papst Johannes Paul II. für seinen ersten Schritt in ein muslimisches Gotteshaus ausgerechnet die Omayadenmoschee aussuchte, erschließt sich im weitläufigen, mit Teppichen ausgelegten Gebetsraum, in dem ein mächtiger Schrein steht. Darin soll sich der Kopf von Johannes dem Täufer befinden, sagt Hassahn. Jesus' Täufer in einer Moschee? Der Geschäftsmann lächelt weise. Die Religion Abrahams, die Religion Moses', die Religion Jesus' und der Islam seien monotheistisch, erklärt er. »Als Muslime glauben wir an den Propheten Mohammed und an alle Propheten, die vor ihm kamen, an ihre Bücher und an ihre Religionen«, so Hassahn. Ein Muslim sei also automatisch ein Jude und ein Christ, der Islam die neueste Version der immer gleichen Gottesbotschaft, betont der praktizierende Sunnit. Johannes der Täufer wird deshalb auch von Muslimen verehrt, sein Schrein in der Omayadenmoschee ist ein Symbol für die Gemeinsamkeiten der Religionen.

Ich muss an Paolo dall'Oglio denken, den Jesuitenpater aus Mar Musa, der dort schlicht »Abuna Paolo« (Pater Paolo) genannt wird. Drei Jahrzehnte lang setzte er sich für den Dialog zwischen Christen und Muslimen ein, veranstaltete Seminare im Kloster und hielt Vorträge. Abuna Paolo war es, der mich auf ein theologisches Dilemma hinwies, das die Christen mit dem Islam haben. Während der Islam als jüngere Religion die im Juden- und Christentum festgeschriebenen Glaubensvorstellungen übernehmen oder korrigieren kann, müssen Juden und Christen den Islam als Ganzes ablehnen, wenn sie sich weiter im Besitz der Wahrheit fühlen wollen. Als Christ die Vorstellung zu akzeptieren, dass der Islam auch wahr ist, sei ungleich schwieriger als umgekehrt, erklärte mir Abuna Paolo. »Denn wenn ich den Muslimen zugestehe, auch an eine Wahrheit glauben, dann wird mein Christentum automatisch unwahr, schließlich kam der Islam zeitlich nach uns und ist dadurch richtiger als das Christentum«, so der Jesuit. Für einen Christen müssten folglich die Muslime im Unrecht sein, damit er überhaupt existieren könne, sagte Abuna Paolo. Schwierig, unter diesen Umständen bei seinen Glaubensbrüdern für einen ehrlichen Dialog mit dem Islam zu werben – zumal die Christen in Syrien in der Minderheit sind und Minderheiten stets dazu neigen, sich zu verschließen, um zu bewahren.

Diese theologischen Hintergründe erklären zum Teil das Misstrauen vieler Christen gegenüber einer Revolution, die ihnen als »islamisch« verkauft wird. Weil nach Darstellung des Regimes die Proteste sunnitisch motiviert und die Demonstranten Verfechter eines islamischen Staates sind, fühlen sich die Christen in ihrer Existenz bedroht. Nur wer Demonstrationen persönlich miterlebt, Aktivisten kennt und zum Beispiel in den Vororten von Damaskus entsprechend nahe am Geschehen dran ist, durchschaut die Propaganda des Regimes und schließt sich als Christ den Protesten an.

Doch zurück zum Papstbesuch 2001. Nicht nur für Hassahn, auch für seinen Freund Abu Yusif war die Damaskus-Visite von Papst Johannes Paul II. ein unvergessliches Ereignis. Der christliche Händler, der fast täglich bei Hassahn auf einen Tee vorbeikommt, wohnt etwa zehn Minuten Fußmarsch von der Omayadenmoschee entfernt in Bab Tuma, dem christlichen Teil der Altstadt. Zusammen mit seiner Frau Um Yusif hat er das Kirchenoberhaupt persönlich getroffen. Die gläubige Katholikin zeigt stolz auf ein Foto in ihrem Wohnzimmer, auf dem der Papst sie und ihren Mann segnet. Zwischen Christen und Muslimen gebe es in Syrien keine Probleme, bestätigen die beiden älteren Leute. Abu Yusif wünscht seinen muslimischen Freunden am Ende des Ramadan ein gesundes neues Jahr, sie wünschen ihm frohe Weihnachten.

Entscheidend für das seit 1400 Jahren praktizierte friedliche Miteinander von Christen und Muslimen in Damaskus sei das erste Zusammentreffen der beiden Religionen im 7. Jahrhundert gewesen, meint der Intellektuelle Michel Kilo. Damals herrschte im Nahen Osten die byzantinische Kirche, die sämtlichen Christen ihre Glaubensgrundsätze aufzwang, erzählt Kilo, der aus einer christlichen Familie stammt und in Deutschland studiert hat. »Die Christen betrachteten die Muslime deshalb zunächst als Befreier vom Joch der Byzantiner«, erklärt der regimekritische Denker.

Tatsächlich konnten die verschiedenen christlichen Gemeinden unter muslimischer Herrschaft ihren Glauben praktizieren, wie sie wollten. Auf diese Weise blieb in Syrien die erwähnte Vielfalt an christlichen Konfessionen erhalten – Orthodoxe, Katholiken, Melkiten, Chaldäer, Maroniten, Armenier und andere. Wer 2000 Jahre Kirchengeschichte nicht nachlesen, sondern lieber lebendig erleben möchte, spaziert am besten durch Bab Tuma. In den verwinkelten Gassen stehen Marienaltäre, alle hundert Meter stößt man auf eine Kirche, ein Kloster oder ein Patriarchat.

Auch in der Bibel erwähnte historische Orte finden sich hier. Das Haus des Ananias zum Beispiel, in dem der Christenverfolger Saulus im 1. Jahrhundert zum Apostel Paulus wurde. Und die Stelle an der alten Stadtmauer, wo Paulus im Weidenkorb seinen Häschern entkam, um sich dann von Damaskus aus auf den Weg nach Europa zu machen.

Keine 50 Meter von der Ananias-Kapelle entfernt steht Georges an seiner Werkbank und schleift eine kleine Mosaikdose aus Holz glatt. Um ihn herum stapeln sich weitere Einlegearbeiten – Kästchen, Tabletts, Backgammonspiele und Bilderrahmen –, an der Wand hängen Mosaiktafeln mit religiösen Motiven und Schriftzügen. »Das hier ist aus dem Koran und das ist Aramäisch, die Sprache, die Jesus gesprochen hat«, sagt der Kunsthandwerker. Er mache alle möglichen religiösen Geschenke, islamische und christliche, denn Syrien sei beides.

Georges' Kunden finden für jeden Anlass das, was sie suchen: zu Weihnachten, zu Ostern, zur Kommunion, zum Ramadan, zum Fest des Fastenbrechens, zum Opferfest. Auch junge Leute kaufen die kunstvollen Koran- und Bibelzitate, denn im Gegensatz zu Europa ist in Syrien die Generation der 15- bis 30-Jährigen durchaus religiös. Muslimische Studentinnen tragen zunehmend Kopftuch, ihre christlichen Kommilitoninnen ein Kreuz um den Hals. Glaube ist für sie Identität und hat in Syrien folglich nichts mit Alter zu tun.

Die Tatsache, dass diese jungen Leute nun für Freiheit und Demokratie auf die Straße gehen, bedeutet nicht, dass sie säkular sind. Es ist eines der großen Missverständnisse des Westens, Demonstranten als säkular wahrzunehmen, nur weil sie keine religiösen Parolen benutzen. Syriens Jugendliche haben wie ihre Altersgenossen in Ägypten und Tunesien die Nase voll von Ideologien – seien es nationalistische, islamistische oder kommunistische – und denken deshalb vor allem pragmatisch. Sie rufen nach Freiheit und Würde, nach der Einheit des Volkes und dem Sturz des

Regimes, einen Bezug auf Gott hört man bei den Protesten zunächst nicht. Dennoch ist es für die meisten selbstverständlich, als Privatperson zu glauben und zu beten.

Bei der Bombardierung von Wohnvierteln oder bei einer Demonstration im Angesicht von Scharfschützen Gott anzurufen entspringt folglich einem natürlichen Bedürfnis. Das im Westen generell als jihadistischer Schlachtruf wahrgenommene »Allahu akbar« (»Gott ist größer«) ist bei den meisten syrischen Demonstranten keine politische Botschaft, sondern ein spontaner Ausdruck von Verzweiflung. Anders zu bewerten sind die sorgfältig inszenierten Videos bewaffneter Einheiten, die sich bewusst einer islamischen Symbolik bedienen. Indem sie ausschließlich schwarz-weiße Fahnen mit dem Glaubensbekenntnis hissen und dem Propheten Mohammed ihre Gefolgschaft schwören, ohne sich dabei auf die Ziele der syrischen Revolution zu beziehen, stellen sie eine internationale radikal-islamische Agenda zur Schau.

Dass die Aktivisten und die große Mehrheit der syrischen Kämpfer im Gegensatz dazu keine sunnitischen Extremisten sind, zeigt ihr interner Umgang mit Vertretern anderer Konfessionen. Die alawitische Schauspielerin Fadwa Suleiman wird bei Protesten in Homs bejubelt, dem erschossenen christlichen Aktivisten und Filmemacher Basel Shahade wird dort nach christlichem Ritus die letzte Ehre erwiesen. Das Video, in dem seine sunnitischen Mitstreiter an Basels Sarg das »Vaterunser« verlesen, bleibt mir ebenso im Gedächtnis wie die Aufnahmen von einem gemeinsamen Abendessen der Revolutionäre mit Abuna Paolo, dem Jesuit aus Mar Musa.

Abuna Paolo ist es auch, der am Ende einen Gedenkgottesdienst für Basel Shahade ermöglicht. Weil die griechisch-katholisch-melkitische Kirche, zu der Basel gehörte, seinen Freunden einen Gottesdienst verweigert und Schläger des Regimes die Christen vor den Toren der Kirche des heiligen

Cyrill in Damaskus verhaften und vertreiben, lädt Abuna Paolo die jungen Leute nach Mar Musa ein. Dort beten Christen und Muslime gemeinsam für den getöteten Freund. Kurz darauf wird Abuna Paolo des Landes verwiesen. Mitte Juni 2012 muss er nach 30 Jahren seine Wahlheimat Syrien und sein Lebenswerk Mar Musa verlassen. So viel zu der Behauptung, Assad »beschütze« die Christen. Wer zum Regime hält, wird in Ruhe gelassen, wer aufbegehrt, muss mit Verfolgung und Gewalt rechnen – das gilt für Christen genauso wie für Sunniten, Alawiten, Drusen und andere.

Doch Abuna Paolo lässt sich nicht verbannen. Er reist regelmäßig in den Norden des Landes, um in den befreiten Gebieten Aktivisten und Rebellen-Kommandeure zu treffen. Er diskutiert mit Vertretern lokaler Koordinierungsräte, mit verschiedenen kurdischen Gruppen, vor allem aber mit konservativen sunnitischen und salafistisch auftretenden Kämpfern über Syriens Zukunft. Was davon nach außen dringt, klingt hoffnungsvoll. Abuna Paolo wird respektvoll und freundlich empfangen, auf Nachfrage beteuern seine syrischen Gesprächspartner stets, auch in einem zukünftigen Syrien Seite an Seite mit ihren »christlichen Brüdern« leben zu wollen.

Im Sommer 2013 geht der Jesuitenpater womöglich einen Schritt zu weit. Er reist nach Raqqa, um mit der Führung der Al-Qaida-Gruppe ISIS, Islamischer Staat im Irak und in der Levante, zu sprechen. Eine Reise in die Höhle des Löwen, schließlich gehen Mitglieder des ISIS regelmäßig gegen »Ungläubige« vor – liberale Sunniten, Säkulare, Alawiten oder Christen. Abuna Paolos Spur verliert sich an jenem Tag Ende Juli 2013, an dem er eine ISIS-Basis betritt, um mit dem Emir der extremistischen Gruppe die Freilassung von entführten Weggefährten zu verhandeln. Seine Mitstreiter in aller Welt hoffen noch immer auf die Rückkehr des mutigen Jesuiten.

Die Tatsache, dass neben Hunderttausenden Sunniten auch Zehntausende Christen geflohen sind, hat mehr mit der Realität des Krieges zu tun und weniger mit gezielter religiöser Verfolgung. Zwar gibt es seit Anfang 2013 einzelne dokumentierte Fälle, in denen jihadistische Verbände Kirchen oder Klöster angreifen und Christen bedrohen, aber dahinter stecken ausländische Extremisten, womöglich in Zusammenarbeit mit dem Regime, und keine syrischen Revolutionäre. Von einer systematischen Christenverfolgung kann in Syrien jedenfalls nicht die Rede sein. Die Zerstörung christlicher Gotteshäuser geht vor allem auf den Beschuss durch das Regime zurück und wenn Christen aus wohlhabenden Familien entführt werden, um Lösegeld zu erpressen, dann stehen dabei ihre finanziellen Möglichkeiten im Vordergrund und nicht ihre religiöse Überzeugung. Schließlich werden auch reiche Sunniten entführt.

Vor dem Hintergrund, dass Syriens Sunniten bislang die Hauptleidtragenden des Konfliktes sind und dass sich das Regime nach Kräften bemüht, bewaffnete Gruppen zu konfessioneller Gewalt zu provozieren, erscheint es unverantwortlich, wenn Kirchenoberhäupter sich noch immer eindeutig hinter Assad stellen oder gar die Rhetorik des Regimes vom »islamistischen Aufstand gegen die Minderheiten« übernehmen. Sie bringen die Mitglieder ihrer Gemeinden vor Ort in große Gewissenskonflikte und setzen Christen in Homs, Aleppo, Deir Al Zor, Daraa und anderswo der Gefahr pauschaler Schuldzuweisung aus. Immer mehr Gemeindemitglieder wenden sich deshalb von ihren Kirchenleitungen ab. Im Ausland lebende syrische Christen wie der Dissident Michel Kilo, der Damaskus Anfang 2012 verlassen hat, kritisieren die Kirchen in Syrien als politisch korrumpiert und fordern ihre Glaubensbrüder auf, sie zu boykottieren. Einzelne Bischöfe sollen laut Kilo sogar mit dem Geheimdienst zusammenarbeiten und Mitglieder ihrer Gemeinde ins Gefängnis gebracht haben. Appelle und Auftritte syrischer Kirchenvertreter im Westen sind deshalb mit großer Vorsicht zu beurteilen. Wer im Namen der syrischen Christen das Assad-Regime bis heute verteidigt und unterstützt, macht sich mitschuldig am Entstehen eines konfessionellen Hasses, den die Minderheiten so sehr fürchten.

Junge Christen geben sich in Syrien so westlich wie möglich, die Mädchen in Bab Tuma ziehen enge Jeans und tief dekolletierte Tops an. Doch die vermeintlich liberale Lebensart beschränkt sich auf Äußerlichkeiten. In ihrem Denken seien orientalische Christen so rückschrittlich wie viele Muslime, meint Schwester Antoinette, eine katholische Nonne, die ich in Bab Tuma zum Interview treffe. Vor allem, was das Geschlechterverhältnis betrifft. Während die Jungen alles bekämen – Kleidung, Bildung, Geld zum Ausgehen und Sich-Vergnügen –, stünden die Mädchen immer an zweiter Stelle, sagt die Ordensschwester. Sie sollten Hausfrauen und Mütter werden und möglichst nicht arbeiten gehen. »Diese typisch orientalische Denkweise eben, in der eine Frau nur halb so viel wert ist wie ein Mann«, klagt Schwester Antoinette und betont, dieses Rollenverständnis habe mit patriarchalischer Kultur und nicht mit Religion zu tun.

Innerhalb der Religionsgemeinschaft sorgt ein enges soziales Netz für individuelles Wohlverhalten. Wie groß der Einfluss der Öffentlichkeit auf den Einzelnen ist, zeigt sich in Syrien bei einem der letzten gesellschaftlichen Tabus: der gemischt-religiösen Ehe. Auch für weltoffene Christen wie Abu Yusif, der jeden Tag seinen sunnitischen Freund Hassahn besucht, ist es unvorstellbar, dass seine Tochter einen Muslim heiratet. »Vielleicht ist der Muslim sogar besser als der Christ«, sagt Abu Yusif, aber die Leute würden reden.

»Seht mal, seine Tochter hat einen Muslim geheiratet.« Er persönlich habe kein Problem damit, beteuert der Händler, aber die öffentliche Meinung stünde nun mal dagegen. »Und wir leben nicht in Europa, sondern in einer orientalischen Gesellschaft, und der Orient bewahrt seine Traditionen«, erklärt Abu Yusif mit einem sanften, aber bestimmten Lächeln.

Das Problem ist dabei auch ein rechtliches. Wie überall im Nahen Osten gibt es in Syrien keine rein zivilrechtliche Eheschließung. Das Paar muss zunächst religiös heiraten, um die Ehe dann bei Gericht eintragen zu lassen. Zwei Christen gehen dafür in die Kirche, zwei Muslime zum Scheich. Bei gemischt-religiösen Paaren muss jedoch einer zurückstecken und dessen Familie lehnt die Heirat in der Regel ab.

So war es auch bei Leila und ihrem Mann Nizar. Leila stammt aus einer christlichen, Nizar aus einer muslimischen Familie, aber als sie sich Anfang der 1970er Jahre an der Universität kennenlernten, dachten sie gar nicht an Religion. Die beiden teilten eine ganz andere Leidenschaft: den Kommunismus. Schon vor der Hochzeit war Leila oft zu Besuch bei Nizars Familie, die sie als tolerant empfand. »Seine Eltern beten und fasten, sind aber offen für andere Religionen«, erzählt Leila, vor allem den Vater beschreibt sie als sehr liberal. »Als jemand zu ihm sagte, ich sollte doch Muslimin werden, hat er das abgelehnt mit dem Argument, es wäre wichtiger, dass ich nicht den Kontakt zu meiner Familie verliere.« Doch obwohl Leila bei ihrem christlichen Glauben blieb, brachen ihre Eltern den Kontakt ab. Nach einem Jahr war die Sehnsucht nach der Tochter und die Neugier auf die inzwischen geborene Enkelin allerdings zu groß. Beim tränenreichen Wiedersehen söhnten sich die Eltern mit dem muslimischen Schwiegersohn aus. Ein Happy End, das in Syrien zwar kein Einzelfall, aber keineswegs selbstverständlich ist.

Heute sei eine gemischt-konfessionelle Ehe noch seltener als damals, sagt die inzwischen über 60-jährige Leila. Denn im Gegensatz zu früher würden die jungen Mädchen heute sofort an die Religion denken, wenn sie einen jungen Mann kennenlernen. Tatsächlich identifizieren sich junge Syrer heute weniger über politische Ideologien, sondern mehr über die Religion. Für Leila ist das ein Rückschritt, weil es ihrer Meinung nach zu Abgrenzung und Fanatismus führt. Für Leute wie Hassahn, den Händler gegenüber der Omayadenmoschee, ist es ein Fortschritt. Die Besinnung auf den Glauben mache das Zusammenleben zwischen Christen und Muslimen nicht schwieriger, sondern leichter, meint Hassahn. Denn wer sich bewusst mit der Botschaft Jesus' oder den Inhalten des Koran auseinandersetze, lasse sich nicht so leicht manipulieren und begreife erst recht die gemeinsame Botschaft, die hinter beiden Religionen steckt.

Fest steht: Damals wie heute suchen sich junge Leute einen Partner, der ihre Lebensvorstellungen teilt. Waren es im Fall von Leila und Nizar vor 40 Jahren kommunistische Ideen, die sie verbanden, sind es bei gläubigen Christen oder gläubigen Muslimen eben religiöse Gemeinsamkeiten, nach denen sie suchen.

MITTENDRIN UND DOCH UNTER SICH: SYRIENS DRUSEN

Noch heikler ist das Thema Heiraten bei den Drusen, denn es betrifft indirekt auch das Fortbestehen ihrer Konfession. Druse wird man nur durch Geburt, konvertieren ist nicht möglich. Wer aber einen Nicht-Drusen heiratet, wird aus der Gemeinschaft ausgeschlossen, die Kinder aus einer solchen »gemischten« Verbindung sind ebenfalls keine Drusen. Dadurch verliert die Konfession Mitglieder. Um das zu verhindern und junge Leute von einer solchen Ehe abzuhalten, verhängen die religiösen Autoritäten bei einer Hochzeit außerhalb der drusischen Gemeinde strenge Strafen. Die Person wird von Familie, Freunden und Nachbarn verstoßen und gesellschaftlich geächtet. Niemand lädt sie mehr ein, keiner erwidert auf der Straße ihren Gruß.

In einer überschaubaren, in sich geschlossenen Gesellschaft wie der drusischen haben solche Formen sozialer Sanktionierung erstaunliche Wirkung. Nicht mehr dazuzugehören ist für viele das Schlimmste, was passieren kann. Auch für Rania, eine in Damaskus lebende Drusin Anfang 30. Sie hat bei Freundinnen erlebt, was es heißt, einen Christen oder Sunniten zu heiraten. Die Familie wendet sich ab, Freunde und Bekannte haben meist nicht den Mut, sich der offiziell verhängten Ächtung entgegenzustellen. Die jungen Frauen seien gesellschaftlich isoliert, sagt Rania. Für sie war deshalb von Anfang an klar, dass sie keinen Nicht-Drusen heiraten würde. Zwar habe sie dadurch nicht frei über ihre Gefühle verfügen können, aber die Loyalität und Liebe zu ihren Eltern sei zu groß gewesen, als dass sie sich dem Verbot hätte widersetzen wollen, erklärt Rania.

Die Drusen gelten neben den Ismailiten und Alawiten zu den gnostischen Gruppierungen innerhalb des Islam, sie hüten ihre Glaubensgrundlagen also als religiöses Geheimwissen. Es kursieren deshalb jede Menge Gerüchte über sie. Um diesen auf den Grund zu gehen, fahre ich Anfang 2005 nach Sweida. Die Hauptstadt der gleichnamigen Provinz, die etwa 120 Kilometer südlich von Damaskus liegt, gilt zugleich als die Hauptstadt der Drusen. Auf den Straßen sieht man neben jungen Leuten in Jeans und T-Shirt viele traditionell gekleidete Drusen: Die Männer tragen schwarze Pumphosen und auffällige Schnurrbärte, die Frauen weite schwarze Kleider und locker herabhängende weiße Tücher auf dem Kopf.

Ich treffe einen Historiker und einen Religionsgelehrten, die mir in einer dreistündigen Sitzung die wichtigsten Grundlagen der drusischen Konfession erklären. Angesichts der vielen theologischen und philosophischen Begriffe schwirrt mir zwischendurch der Kopf – aber am Ende ist manches klarer. Die Drusen, die sich im 11. Jahrhundert vom Islam abgespalten haben, nennen sich eigentlich »muwahidun« – wörtlich »die an die Einheit Gottes glauben«. Korrekterweise müsste man sie deshalb als »Monotheisten« bezeichnen, aber der Begriff Drusen hat sich in der Öffentlichkeit durchgesetzt. Der Begründer des »tauhid«, des »Monotheismus«, ist der Fatimidenkalif Hamza Ibn Ali, der im Jahr 1017 nicht als Prophet eine neue Religion stiftete, sondern lediglich als Gelehrter den Koran neu interpretierte. Das vereinfachte Ergebnis: Drusen glauben an Gott und folgen dem Koran. Alkohol und Schweinefleisch sind ihnen verboten, aber Beten, Fasten und Pilgern sind keine religiösen Pflichten. Außerdem leben sie monogam. Wer sich daran halten und ein religiöses Leben führen möchte, wird in das theologische Geheimwissen eingeweiht. Die meisten Drusen – Männer wie Frauen – entscheiden sich dazu erst, wenn sie älter sind.

Eine Besonderheit ist das Konzept der Seelenwanderung. Wie die anderen Buchreligionen glauben Drusen an den Tag des Jüngsten Gerichts, an dem sich jeder Gläubige vor Gott für seine Taten verantworten muss. Je nachdem, wie viel Gutes oder Schlechtes er während seines irdischen Lebens bewirkt hat, kommt er ins Paradies oder in die Hölle. Das Diesseits entscheidet über das Jenseits.

In der drusischen Vorstellung wird jedoch nicht der einzelne Mensch beurteilt, sondern seine Seele, die anschließend in einem anderen Menschen wiedergeboren wird. Diese Seelenwanderung mache die Abrechnung gerechter, erklärt mir der Gelehrte in Sweida. Statt nach nur einem Leben beurteilt

zu werden, müsse sich jede Seele in verschiedenen Lebens-
umständen bewähren. Schließlich sei es in armer Umgebung
viel schwieriger, Gutes zu tun, als in gesicherten Verhältnissen, so der Scheich. Eine Seele werde also mal in Afrika, mal
in Europa wiedergeboren, sodass am Tag des Jüngsten
Gerichts alle Seelen in etwa das Gleiche durchgemacht hätten, sagt der Gelehrte. Klingt logisch, denke ich bei mir.

Etwa 2 Prozent der syrischen Bevölkerung gehören zu den
Drusen, sie sind gesellschaftlich integriert, arbeiten im Staats-
dienst, in der Wissenschaft und in der Privatwirtschaft. In der
Vergangenheit haben sie sich wie der erwähnte Sultan Pasha
Al Atrash als Revolutionäre hervorgetan, bis heute gilt die
Familie Al Atrash in der Povinz Sweida als einflussreich. Den
revolutionären Geist hat Sultan Pasha auch seinen Kindern
vererbt. Seine Tochter Muntaha Al Atrash ist die Sprecherin
der syrischen Menschenrechtsorganisation Swasiya und eine
prominente Figur der Protestbewegung im Süden des Landes.

Doch auch die Drusen sind im derzeitigen Konflikt ge-
spalten. Angesichts der in den Provinzen Daraa, Quneitra
und Sweida stattfindenden Kämpfe zwischen verschiedenen
Rebellengruppen und den assadschen Truppen hat sich
Anfang 2013 eine drusische Miliz gebildet, die »Armee der
Muwahidun«. Eigenen Angaben zufolge will sie lediglich
»Land und Ehre der Drusen verteidigen«, zu diesem Zweck
hat sie sich mit der Regimeseite, vor allem mit der staatlichen
Armee, solidarisiert, in deren Reihen auch weiterhin drusi-
sche Soldaten kämpfen.

Das Aufstellen eigener Milizen oder Bürgerwehren ist
Ausdruck eines wachsenden Schutzbedürfnisses bei den Minderheiten. Je stärker sunnitische Jihadistengruppen werden,
desto weniger vertraut man dem Schutz durch den Staat,
viele nehmen die Verteidigung der eigenen Konfession deshalb selbst in die Hand. Wirklich unabhängig sind diese

bewaffneten drusischen oder christlichen »Verteidigungskomitees« allerdings nicht. Bei ihrer Gründung und Ausstattung haben in der Regel die Geheimdienste ihre Finger im Spiel.

Das Assad-Regime benutzt folglich die Ängste der Minderheiten vor dem militanten sunnitischen Extremismus geschickt, um Christen wie Drusen an sich zu binden. Und schlimmer als das: Indem es die religiösen Minderheiten bewaffnet, schürt es einen Bürgerkrieg der Konfessionen untereinander. Am Ende könnten sich ähnlich wie im libanesischen Bürgerkrieg verschiedene sunnitische, alawitische, christliche und drusische Milizen gegenseitig bekämpfen – im Falle Syriens noch erweitert um bereits aktive kurdische Milizen. Ein jahrelanges sinnloses Blutvergießen stünde bevor, in dem der eigentliche Grund des Konflikts völlig aus dem Blick gerät: der Wunsch nach Freiheit und dem Ende der Diktatur, der Syrer aller Religionen vereint und nicht spaltet.

Insgesamt gesehen verhalten sich Christen und Drusen jedoch in der aktuellen Krise kaum anders als die sunnitische Bevölkerungsmehrheit. Auch viele Sunniten halten still, weil sie Angst vor Verfolgung, wirtschaftliche Interessen mit diesem Regime oder zumindest einiges zu verlieren haben. Gerade das sunnitische Bürgertum und die Wirtschaftselite in Damaskus und Aleppo zögern lange Zeit, sich den Protesten anzuschließen. Wer mit der Revolution sympathisiert, hilft im Untergrund oder finanziell, aber nicht sichtbar. Das Gleiche gilt für Christen und Drusen: Die Mehrheit sitzt angstvoll zu Hause, eine mutige Minderheit geht auf die Straße oder in den Untergrund, und wer einen Posten in der Politik hat, steht loyal zum Regime. Wichtige Politiker wie Vizepräsident Farouk Al-Shaara, Außenminister Walid

Muallim, Innenminister Mohammed Ibrahim Al-Shaar sowie die Minister für Wirtschaft und Finanzen sind zum Beispiel alle Sunniten.

Von ihrem Anteil her gesehen sind unter den 75 Prozent Sunniten also ähnlich viele Regime-Vertreter, Revolutionäre und Leute, die schweigen und stillhalten wie unter den 12 Prozent Christen und 2 Prozent Drusen. Nur bei einer Gruppe ist die Verteilung deutlich anders: bei den Alawiten. Ihr Schicksal ist mit dem des Assad-Regimes so unglücklich verwoben, dass sie die syrische Gesellschaft vor eine besondere Herausforderung stellen. Sie sind es folglich, um die man sich im Falle eines Regimewechsels die größten Sorgen machen muss.

VERLORENE IDENTITÄT: SYRIENS ALAWITEN

Die Alawiten oder Nusairier (wie sie ursprünglich hießen), zu denen neben 10 Prozent der Bevölkerung auch die Familie des Präsidenten zählt, waren jahrhundertelang eine benachteiligte und verfolgte Minderheit. Um Schutz zu suchen, zogen sie sich in das bergige Hinterland der Mittelmeerküste zurück, wo sie in ärmlichen Verhältnissen lebten. Auch Ex-Präsident Hafiz Al Assad stammt aus dieser Gegend, genauer aus dem Ort Qardaha. Er war in seiner Familie das erste Kind, das aus dem dörflichen Umfeld in die Stadt zog.

Mit Assads Machtübernahme 1970 begann für die Alawiten ein sozialer Aufstieg. Viele gingen in die Städte, wo sie Anstellung in der öffentlichen Verwaltung, in den Geheimdiensten und im Militär fanden – bis heute sind Alawiten in den staatlichen Sicherheitskräften überproportional vertreten. Das bedeutet jedoch nicht, dass die Alawiten die herrschende Elite des Landes stellen. Zwar hat es manch General oder Geheimdienstmann zu Reichtum und Macht gebracht und nach 1970 geborene Alawiten haben häufig studiert und sich zum Teil in die Mittelschicht hochgearbeitet, aber viele Alawiten leben bis heute in Armut sowohl in den Randbezirken der großen Städte als auch in den Dörfern des Küstengebirges.

Tatsächlich haben von mehr als 40 Jahren Diktatur und Vetternwirtschaft vor allem die Mitglieder des Assad-Clans, ihre angeheiratete Verwandtschaft und andere enge Verbündete, darunter auch viele Sunniten und Christen, profitiert. Dennoch wird die Herrschaft der Assads der gesamten Konfessionsgruppe zugeschrieben, Alawiten werden generell für die Taten und Untaten des Assad-Regimes verantwortlich gemacht. Innerhalb von zwei Generationen sei daraus eine neue Identität erwachsen, meinen manche selbstreflektierte Alawiten. Ihre Gemeinschaft definiere sich nicht mehr über gemeinsame religiöse Wurzeln, Kultur oder Stammesbeziehungen, sondern über das alles dominierende und einzig verbliebene einende Band: die Herrschaft der Assads. Nicht nur sie selbst, sondern auch die anderen nähmen Alawiten zuallererst als »Syriens herrschende Minderheit« wahr, so die These. Die Assads hätten den Alawiten folglich ihre frühere Identität als Konfession genommen und sie auf ihre Rolle als Helfershelfer einer Diktatur reduziert.

Diese Entwicklung hat auch mit den religiösen Besonderheiten der Alawiten zu tun, über die grundsätzlich wenig bekannt ist. Alawiten leben ihren Glauben, wenn überhaupt, noch geheimer als die Drusen und fühlen sich als auserwählte Gemeinschaft. Nur die Männer werden offiziell in die Religion eingeführt, Frauen sind von dem »verborgenen Wissen« ausgeschlossen. Alawit wird man nur durch Geburt, was der Gruppe einen verschlossenen Charakter gibt.

Ihr theologischer Ursprung findet sich bei Mohammed Ibn Nusair Al Namiri, der im 9. Jahrhundert ein Schüler des elften schiitischen Imam Hassan Al Askari war und von diesem geheime Offenbarungen empfangen haben soll. Ibn Nusairs Lehren bilden die Grundlagen des Glaubens, weswegen Alawiten eigentlich Nusairier heißen.

Neben dem Propheten Mohammed und dessen Schwiegersohn Ali soll Salman Al Farsi, ein früher Muslim, eine wichtige Rolle in der nusairischen Religion spielen. Wie bei Gnostikern üblich halten sich die Alawiten nicht an die wörtliche und offensichtliche Bedeutung des Koran, sondern suchen nach einer verborgenen Botschaft und inneren Erkenntnis der göttlichen Offenbarung. Ähnlich den Drusen kennen auch sie die Vorstellung einer Seelenwanderung.

Doch die religiösen Inhalte spielen bei den Alawiten inzwischen eine untergeordnete Rolle – die von der seit 1963 regierenden Baath-Partei verordnete Gleichmacherei hat sie in den Hintergrund treten lassen.

Im Namen der säkularen und nationalistischen Baath-Ideologie wurden kulturelle, ethnische und religiöse Unterschiede jahrzehntelang nivelliert, alles was zählte, war Araber und Syrer zu sein. Alawiten betraf das noch mehr als andere. Denn um die Assad-Herrschaft bei der sunnitischen Bevölkerungsmehrheit zu legitimieren, sollten Alawiten daneben auch vor allem als Muslime gelten. Jungen Alawiten wurde beigebracht, auf die Frage nach ihrer religiösen Zugehörigkeit mit »Ich bin Muslim« zu antworten und sich nicht als Alawit zu erkennen zu geben. Ihre Besonderheiten als Konfession wurden folglich unter den Teppich gekehrt und verschwanden so aus dem Bewusstsein der nachfolgenden Generationen. Heute ist die religiöse Initialisierung für viele alawitische junge Männer ein sinnentleertes Ritual.

Gleichzeitig beruht die alawitische Identität darauf, sich von den Sunniten abzugrenzen, was zu Widersprüchen führt. Nach außen möglichst dazuzugehören und sich im Inneren als etwas Besonderes abzuheben – das ist paradox und bringt Konflikte mit sich. Eine junge Alawitin hört ihr Leben lang, sie sei genauso Muslimin wie alle anderen, entscheidet sie sich allerdings für ein Kopftuch, wird sie von ihren Glaubensgenossen beschimpft und angefeindet mit der einfachen Erklärung »Alawitinnen tragen kein Kopftuch«. Was für Überlegungen dahinterstecken, erfährt sie jedoch nie.

Erschwert wird eine vom Regime unabhängige Existenz als Konfession auch durch die Tatsache, dass Alawiten in Syrien nicht formal organisiert sind. Im Gegensatz zu den Sunniten, den Drusen und den Christen haben die Alawiten keine religiöse Führung, die in ihrem Namen sprechen und handeln könnte. Zwar sind auch die Vertreter der anderen Religionen mit dem Regime verbandelt – und zwar so sehr, dass Muftis, Patriarchen und drusische Scheichs den Machthabern in der aktuellen Krise allesamt die Treue halten –, aber in erster Linie verstehen sie sich als Sprecher ihrer Gemeinde.

Die Alawiten dagegen haben abgesehen von ein paar lokalen Scheichs niemanden, an den sie sich außerhalb des Regimes wenden könnten. Hafiz Al Assad verhinderte jahrzehntelang das Entstehen einer eigenen Repräsentanz seiner Glaubensgemeinschaft und übernahm stattdessen selbst die Rolle der alawitischen Autorität. So verschwammen religiöse, kulturelle und regionale Besonderheiten mit politischer Macht und dem Selbstverständnis des Sicherheitsapparates zu einer neuen alawitischen Identität. Überspitzt formuliert hat Alawit zu sein außerhalb der Assad-Herrschaft keine Bedeutung mehr.

Im Gegensatz zu seinem Vater erfüllte Bashar Al Assad die Funktion des Alawitenführers zunächst nicht. Er galt als weit weg von den alawitischen Ursprüngen, nicht zuletzt wegen seiner politisch klugen Heirat mit einer Sunnitin und seiner regelmäßigen Auftritte in sunnitischem Umfeld – ob zum Fastenbrechen im Ramadan, beim Freitagsgebet in der Omayadenmoschee oder anlässlich des Geburtstages des Propheten Mohammed. Dass es ihm dennoch gelang, die Alawiten an sich zu binden, zeigt die aktuelle Krise.

Assad bedient sich dabei des tief verwurzelten Gefühls von Unrecht und Verfolgung, das die alawitische Psyche seit Jahrhunderten prägt. Obwohl die Alawiten inzwischen seit mehr als 40 Jahren die Herrscher in Syrien stellen, empfinden sie sich bis heute als Opfer der Geschichte. Die Erfahrungen ihrer Vorfahren mit Erniedrigung und Benachteiligung haben sich in das kollektive Gedächtnis der Alawiten eingebrannt, jetzt schürt Assad die Angst vor genau diesem Schicksal. Die Vergangenheit kann sich jederzeit wiederholen – das ist das Damoklesschwert, das über der alawitischen Minderheit in Syrien hängt.

Entsprechend loyal verhalten sich die Alawiten in der jetzigen Krise. Selbst diejenigen unter ihnen, die das Regime vor Ausbruch der Revolution durchaus kritisch betrachteten, haben sich demonstrativ hinter Bashar Al Assad gestellt. Obwohl es um den Sturz einer Diktatur geht, fühlen sich die Alawiten als Gemeinschaft angegriffen und rücken zusammen. Wenn die Assad-Herrschaft wackelt, sind auch sie in Gefahr, so die weitverbreitete Wahrnehmung. Denn mit zunehmender Gewalt wächst die Angst, für die vom Regime begangenen Verbrechen als Gruppe verantwortlich gemacht und Opfer von Racheakten und Verfolgung zu werden.

Die Tatsache, dass die brutalsten Massaker an Zivilisten, bei denen auch kleine Kinder erschossen, erschlagen oder erstochen werden, von den überwiegend alawitischen Shabiha-Milizen verübt werden, befördert diese kollektive Schuldzuweisung. Ab Frühjahr 2012 übernehmen Assad-loyale Einheiten und Schlägertrupps bei Angriffen auf oppositionelle Dörfer oder Stadtteile zunehmend das Kommando. Diese Männer tragen Bashar-Tattoos auf ihren Oberarmen, geben sich in ihrer Sprache eindeutig als Alawiten zu erkennen, beschimpfen Demonstranten, Aktivisten und deren Sympathisanten als Islamisten und hinterlassen an den Wänden Sprüche wie »Entweder Assad für immer oder wir setzen das ganze Land in Brand«.

Diese militante Speerspitze alawitischer Regime-Anhänger schadet der eigenen Konfession, da sie einen abgrundtiefen Hass auf die Alawiten insgesamt sät. Auf diese Weise erscheint die Revolution mit der Zeit als konfessionell aufgeladen, obwohl ihre Ziele und Motive nichts mit Glauben und Religion zu tun haben. Assads Machterhalt um jeden Preis wird zum Überlebenskampf der alawitischen Minderheit.

Entsprechend schwierig ist es gerade für Alawiten, sich der Revolution anzuschließen. Die Abkehr vom Regime kommt einem Abfall vom Glauben gleich. Alawitische Oppositionelle werden besonders verfolgt, ihre Familien wenden sich öffentlich von ihnen ab, beschimpfen oder bedrohen sie. Sie gelten als »irregeleitete Verräter«. Interessanterweise übernehmen vor allem alawitische Frauen eine prominente Rolle in der Opposition. Die erwähnte Schauspielerin Fadwa Suleiman zum Beispiel, die sich nicht nur in der alawitisch geprägten Küstenregion, sondern auch in Homs unter großem persönlichen Risiko an Protesten beteiligt, bevor sie im März 2012 nach Frankreich flieht. Oder die Schriftstellerin Samar Yazbek, die zu Beginn der Proteste inhaftiert wird und mit ihrem Tagebuch über die Revolution in Europa bekannt wird. Auch Autorinnen wie Khawla Dunia und Dima Wannous, Tochter des berühmten syrischen Dramatikers Saadallah Wannous, sowie die Aktivistin Rula Asad müssen ihr Land irgendwann verlassen, weil sie als regime-kritische Alawitinnen in Syrien nicht mehr sicher sind.

WERTKONSERVATIV, ABER OFFEN FÜR ANDERE: SYRIENS SUNNITEN

Die Ängste der Minderheiten – seien es Alawiten, Christen oder Drusen – beruhen auf der Annahme, im Falle eines Regimewechsels übernehme die sunnitische Bevölkerungsmehrheit die Macht, und das bedeute zwangsläufig ein Erstarken des Islam und eine Benachteiligung oder Gefährdung anderer Religionsgruppen. Die Erfahrungen im Iran, wo 1979 infolge einer breiten gesellschaftlichen Revolution eine schiitische Theokratie entstand, und im Irak, wo der Zusammenbruch des Saddam-Regimes ab 2003 einen konfessionellen Bürgerkrieg auslöste, der die Mehrheit der irakischen Christen zum Verlassen des Landes zwang, stützen diese Befürchtungen.

Woher aber wollen wir wissen, dass die 75 Prozent Sunniten in Syrien alle »islamisch« denken, fühlen und handeln und folglich auch »islamisch« wählen würden? Und selbst wenn es so wäre – ist das per se ein Problem? Mit Sicherheit wird es im Falle einer Demokratisierung des politischen Systems eine oder mehrere islamische Parteien geben. Die Muslimbrüder werden eine Rolle spielen, auch wenn sie viele Sympathien eingebüßt haben, seitdem sie 2005 ein Bündnis mit Abdelhalim Khaddam eingegangen sind, dem jahrzehntelangen syrischen Vizepräsidenten, der sich vom Regime lossagte und es nun bekämpft. Hoffnungen macht sich daneben die »Bewegung für Gerechtigkeit und Aufbau«, eine Gruppe überwiegend junger, gut ausgebildeter und im Westen lebender Syrer (darunter einige ehemalige Muslimbrüder), die sich an der türkischen AKP orientieren und mit Effizienz, Pragmatismus und perfektem Englisch westliche Regierungsvertreter beeindrucken. Auch ein Bündnis verschiedener islamischer Strömungen wäre denkbar. Alle diese Parteien werden aber voraussichtlich eher gemäßigte als radikale Positionen vertreten.

Außerdem wird es neben den islamischen auch eine Reihe linker, liberaler, arabisch-nationalistischer und kurdischer Parteien geben. Grundsätzlich ist in Syrien deshalb ein politischer Islam wie in der Türkei nahe liegender als radikale Tendenzen, wie wir sie unter den Salafisten in Ägypten erleben. Allerdings wird der im Verlauf der Revolution wachsende Einfluss radikaler sunnitischer Kämpfer Spuren hinterlassen und sich womöglich auch auf die zukünftige politische Landschaft auswirken. Ob aus extremistischem Kriegsgeschrei am Ende extremistische Parteiprogramme erwachsen, wird sich während des Übergangs nach dem Ende des Assad-Regimes zeigen.

Den Sunniten des Landes von vornherein einen Hang zum radikalen Islam zu unterstellen, halte ich in jedem Fall für verfehlt. Syriens Muslime – vor allem die städtischen – sind wertkonservativ, aber weltoffen. Sie praktizieren ihren Glauben, indem sie beten, fasten und Zakat (die islamische Armensteuer) bezahlen, aber sie respektieren andere Konfessionen und haben keine Probleme, mit diesen zusammenzuleben. Viele von ihnen wünschen sich eine moderne islamische Demokratie, die ihnen politische Freiheit und wirtschaftlichen Wohlstand bringen und zugleich islamische Grundwerte sicherstellen würde – wie auch immer diese im Einzelnen definiert und ausgestaltet sein mögen.

Dieses Bild ist zumindest bei mir entstanden, während der sieben Jahre, die ich mit syrischen Muslimen gelebt habe. Einschränkend muss ich dazusagen, dass sich meine persönlichen Erfahrungen vor allem auf Damaskus konzentrieren.

Mit den Einwohnern von Daraa, Rastan, Idlib und Al Bab habe ich leider nie über Religion diskutiert, auch wenn ich mir jetzt aufgrund der Berichte von Aktivisten aus diesen Orten ein vorsichtiges Urteil erlaube. Die tiefsten Einblicke habe ich jedoch dank privater Kontakte in die sunnitische Mittelschicht von Damaskus.

Über Salam, eine gute Freundin, die zu einer der großen alten Damaszener Familien gehört, tauche ich zu Beginn meiner Zeit in Syrien Anfang 2002 in die Welt des wohlhabenden konservativen Bürgertums ein. Salam gibt dreimal die Woche privaten Islamunterricht, mal redet sie mit Teenagern über den Koran, mal diskutiert sie mit Freundinnen und Bekannten das Leben des Propheten Mohammed. Gerade gebildete Frauen fühlten sich zunehmend verantwortlich für ihren Glauben, sagt Salam. »Sie lassen sich den Islam nicht mehr von anderen diktieren, sondern studieren ihn selbst«, erklärt sie. Viele meiner syrischen Bekannten tragen Kopftuch. Manche habe ich kennengelernt, als sie ihre Haare noch nicht bedeckten – eine Radikalisierung konnte ich durch die persönliche Entscheidung zum Kopftuch allerdings bei keiner feststellen.

Mehrfach begleite ich Salam zu ihren Islamrunden, die jedes Mal bei einer anderen Frau zu Hause stattfinden. Immer wieder staune ich, welcher Wohlstand sich hinter den äußerlich einfachen, teilweise fast schäbigen graubraunen Fassaden der Mehrfamilienhäuser im Zentrum von Damaskus verbirgt. In den weitläufigen Wohnzimmern stehen neben eleganten Polstermöbeln kleine und größere Tischchen, Glasschränke und Kommoden, auf denen diverse Schalen, Vasen sowie Einlegearbeiten aus Holz und Perlmutt zur Dekoration angeordnet sind. Vor den Fenstern und an den großen Flügeltüren hängen farblich abgestimmte und aufwendig drapierte Vorhänge.

Auf etwa 20 Stühlen lassen sich die unterschiedlichsten Frauen nieder. Einige mit Kopftuch, andere ohne. In schicken Hosenanzügen, eleganten Kostümen, engen Jeans, in langen Röcken, weiten Blusen, manche im bequemen Trainingsanzug. Teilweise stark geschminkt, teilweise ganz natürlich. Darunter eine Architektin, eine Englischlehrerin, eine Marketingmanagerin, eine Hautärztin und eine Unternehmensberaterin, die anderen sind Hausfrauen, von denen die meisten ehrenamtlich arbeiten.

Syriens soziales Netz baut überwiegend auf private Initiative: von der unbezahlbaren Herzoperation bis zur warmen Suppe, vom Kindergartenplatz bis zur Wohnung für frisch Verheiratete, die ohne fremde Hilfe nicht ihr eigenes Leben starten könnten. Das Engagement ist dabei in der Regel religiös motiviert – sowohl bei den Christen als auch bei den Muslimen. Salams Bekannte verteilen Essen, Geld und Kleidung an arme Familien, geben Kindern gratis Nachhilfestunden oder organisieren Freizeitaktivitäten für Jugendliche. Fast alle in der Runde haben studiert und fast alle haben Kinder, die Älteste ist Mitte 50, die Jüngste Mitte 20.

Wir diskutieren über Gott, das Leben im Westen und im Orient. Dabei wissen die Frauen, wovon sie reden. Die meisten Familien des städtischen Bürgertums haben Verwandte in Europa und Amerika und kennen den Westen deshalb gut. Wer es sich in Damaskus und Aleppo, in Homs, Hama oder Latakia leisten kann, schickt seine Kinder zum Studium ins Ausland: mindestens nach Beirut oder in die Golfstaaten, möglichst aber nach Frankreich, Deutschland, England oder in die USA. Salam ist die Einzige von fünf Geschwistern, die in Syrien geblieben ist – sie hat zwei Brüder in Deutschland, einen in Russland und eine Schwester in den USA.

Andere haben eine Zeit lang im Ausland gelebt und sind dann nach Syrien zurückgekehrt, so wie die beiden Schwestern, die als Schiitinnen an Salams Unterricht teilnehmen und mir besonders im Gedächtnis geblieben sind. Die jungen Frauen sind in Kanada aufgewachsen und proben nun den nicht immer einfachen Balanceakt zwischen einem selbstbestimmtem Leben, beruflicher Erfüllung, persönlichem Glauben und gesellschaftlichen Erwartungen.

Eine der beiden ist Architektin und hat sich in Damaskus zum Tragen eines Kopftuches entschlossen, das bei ihr modisch daherkommt, weil es stets zum übrigen Outfit passt, die andere hat meistens Jeans an und lässt ihre langen braunen Haare offen. Dennoch sind beide auf der Suche nach ihrem persönlichen Islam. Sie schätzen den Westen für Werte wie Bildung, Meinungsfreiheit, Chancengleichheit, Rechtsstaatlichkeit und eine funktionierende öffentliche Ordnung, aber angesichts der dort allgegenwärtigen Ausbeutung des weiblichen Körpers in der Werbung fühlen sie sich als Frauen in Syrien respektierter und wohler als im Westen. Die bewusste Hinwendung zum Islam geht folglich nicht mit einer pauschalen Ablehnung westlicher Lebensart einher, sie ist vielmehr die Suche nach einem Mittelweg zwischen Moral und Moderne.

Diese städtischen Eliten sind es, die unter Assad an Einfluss verloren haben und die im Falle eines Machtwechsels wieder politisch mitreden wollen. Wie islamisch sie sind, bleibt abzuwarten. Einerseits müssen sie die weniger gebildeten, in den vergangenen zehn Jahren vernachlässigten und deshalb für radikale Ideologien empfänglicheren Bewohner der Vorstädte und ländlichen Regionen für sich gewinnen. Andererseits lässt sich diese mit Abstand größte Wählerschaft in Syrien auch von moderaten Positionen überzeugen, wenn sie wirtschaftlichen Aufschwung, mehr Verteilungsgerechtigkeit und eine Verbesserung ihrer Lebensverhältnisse mit sich bringen.

Die Chancen auf einen demokratisch begründeten gemäßigten politischen Islam stehen in Syrien aus zwei Gründen gut. Erstens wegen der Vielfalt und der damit verbundenen Mentalität der syrischen Bevölkerung und zweitens wegen Syriens Vorgeschichte mit Islamisten, namentlich den syrischen Muslimbrüdern.

Zunächst zur Mentalität. Syriens städtische Muslime sind vor allem Kaufleute und Händler und haben als solche schon immer Kontakte in alle Welt gehabt. Sie zeichnen sich deshalb durch eine gewisse Grundtoleranz gegenüber anderen Kulturen und Religionen aus. Außerdem haben syrische Sunniten keinerlei Berührungsängste mit Christen, Drusen oder Alawiten, da sie mit diesen seit Jahrhunderten zusammenleben. Im Gegensatz zur europäischen Mainstream-Gesellschaft, die außerhalb von Gemüseläden und Dönerrestaurants kaum persönlichen Kontakt zu Muslimen hat, ist der Umgang mit Andersgläubigen in Syrien völlig selbstverständlich.

Fast jede Sunnitin hat eine christliche Freundin aus Schulzeiten, in Ministerien und privaten Unternehmen arbeiten sunnitische, alawitische, drusische und christliche Angestellte zusammen, sunnitische Händler machen Geschäfte mit ihren christlichen Kollegen (siehe Hassahn und Abu Yusif) und an der Universität mischen sich die Konfessionen sowieso.

Man weiß deshalb zu viel vom jeweils anderen und hat zu persönliche Erfahrungen mit den Mitgliedern der anderen Religionen gemacht, als dass man sich so einfach gegeneinander aufhetzen lassen könnte. Es besteht deshalb die berechtigte Hoffnung, dass der aktuell aufflammende konfessionelle Hass ein vorübergehendes Phänomen ist. Nach einem Machtwechsel, unter demokratischen Vorzeichen und in dem Gefühl, der Gerechtigkeit werde Genüge getan, könnten sich die Syrer durchaus wieder auf ihre Tradition gelebter Toleranz besinnen.

Das zweite Argument betrifft Syriens Umgang mit Islamisten. Egal wie moderat oder radikal deren Positionen sein mögen, es gibt sie offiziell nicht. Der öffentliche Raum inklusive der vom Geheimdienst überwachten Moscheen und der große Bereich der sozialen Hilfsorganisationen ist vollkommen frei von politischem Islam. Syriens Imame predigen von persönlicher Rechtleitung im Alltag und von außenpolitischen Zusammenhängen, beliebte Themen sind die Lage in Palästina und Hegemonialbestrebungen des Westens. Wer es jedoch wagt, auch nur indirekt über innenpolitische Zustände zu reflektieren, wird zur Freitagspredigt gar nicht erst auf die »minbar«, die islamische Kanzel, gelassen – die Texte müssen nämlich zuvor dem Geheimdienst vorgelegt werden. Insofern gibt es anders als in Ägypten nicht mal eine im Untergrund operierende sozial verankerte islamische Partei.

Islamisten jeglicher Couleur werden in Syrien seit Jahrzehnten verfolgt, gefoltert und inhaftiert, übrigens ohne dass sich ausländische Menschenrechtsorganisationen besonders dafür interessieren würden. Egal ob sie wirklich welche sind oder nur dafür gehalten werden – Islamisten stellen unter Syriens politischen Gefangenen die größte Gruppe. Und dennoch haben sich europäische und amerikanische Regierungen stets nur für die links-säkularen Dissidenten eingesetzt. Eine Doppelmoral, die das westliche Engagement für Demokratie und Menschenrechte mit der Zeit unglaubwürdig gemacht hat – nicht nur in Syrien, sondern in der gesamten arabischen Welt.

Die Phobie des syrischen Regimes vor allem, was Politik und Islam in einen Zusammenhang bringt, hat mit dem Aufstand der Muslimbrüder zu tun, die Anfang der 1980er Jahre die

Herrschaft der Assads herausforderten. Die Vorgeschichte dazu beginnt mit der Machtübernahme der sozialistischen Baath-Partei 1963, in deren Folge das städtische Bürgertum immer weniger zu sagen hat, während die arme Landbevölkerung gezielt gefördert wird.

Als sich 1970 der damalige Verteidigungsminister Hafiz Al Assad unblutig an die Macht putscht, hat es zum ersten Mal ein Vertreter der Unterschicht an die Spitze des Staates geschafft. Mithilfe der Baath-Ideologie, einer Mischung aus Sozialismus und arabischem Nationalismus, will er in Syrien mehr gesellschaftliche Gerechtigkeit herbeiführen. Doch im Inneren verrät die Baath-Partei schon bald ihre eigenen Ideale. Im Laufe der 1970er Jahre entsteht ein Netzwerk aus Korruption und Vetternwirtschaft, Regime-Vertreter bereichern sich schamlos. Der Unmut wächst, vor allem bei den gesellschaftlichen Verlierern. Die bürgerlichen Eliten büßen politischen Einfluss ein, alteingesessene Händler kämpfen mit neureichen Emporkömmlingen und religiöse Autoritäten versinken angesichts des dominanten säkularen Klimas in der Bedeutungslosigkeit.

Dieser Frust bildet den Nährboden einer islamischen Opposition. Die Partei der Muslimbrüder gibt den konservativen Sunniten eine Stimme und gewinnt vor allem in Aleppo und Hama Anhänger. In Damaskus dagegen gelingt es Assad, den Einfluss der Muslimbrüder zu begrenzen, indem er wichtige sunnitische Gesellschaftskreise wirtschaftlich an sich bindet. Dieses enge Verhältnis besteht zum Teil bis heute, deshalb wenden sich viele Mitglieder der Geschäftselite der Hauptstadt auch in der jetzigen Krise nicht offen vom Regime ab.

Um die Ereignisse von damals und die Rolle der Muslimbrüder besser zu verstehen, treffe ich im Januar 2012 einen in Deutschland lebenden Zeitzeugen. Anas ist Mitte 40, ein feingliedriger Mann mit intellektuell anmutender Metallbrille. Er hat den Aufstieg der Muslimbrüder als Jugendlicher miterlebt. Und er hat beobachtet, wie in seiner Heimatstadt Hama aus wirtschaftlichen Abhängigkeiten konfessioneller Hass entstand. »Die Landbewohner um Hama waren Alawiten, die den sunnitischen Städtern gedient haben«, erinnert sich Anas. Das hätten sie ihnen bis heute nicht verziehen, meint er.

Die neue Machtkonstellation, in der nicht mehr bürgerliche Sunniten, sondern Alawiten vom Land das Sagen haben, lässt aus Opfern Täter werden. Minderwertigkeitskomplexe und Rachegefühle treiben die alawitischen Geheimdienstmitarbeiter an, wenn sie die meist gut ausgebildeten Islamisten zu fassen kriegen, meint Anas. Bei der Erinnerung an den geschundenen Rücken und die herausgerissenen Fingernägel seines Cousins, der 1979 inhaftiert wird, durchzucke ihn heute noch ein kalter Schauer, sagt er.

Gleich mehrere von Anas' älteren Cousins schließen sich der »Tali'a Al Muqatila« an, der »kämpfenden Vorhut« der Muslimbrüder. Mit gezielten Attentaten auf Regierungsvertreter und Bombenanschlägen auf öffentliche Gebäude und Militäreinrichtungen fordern die radikalen Islamisten das säkulare Baath-Regime heraus.

Präsident Assad schlägt brutal zurück. Unmittelbar nach einem Mordanschlag, den er im Juni 1980 knapp überlebt, stellt er die Mitgliedschaft bei den Muslimbrüdern per Dekret unter Todesstrafe – ein Freibrief zum Töten, der bis heute gilt. Hunderte inhaftierter Muslimbrüder werden in ihren Gefängniszellen massakriert, in Aleppo und Hama werden Männer und Jungen über 14 Jahren willkürlich zusammengetrieben und kurzerhand erschossen.

Alles steuert auf einen offenen Krieg zu. Dieser beginnt in den frühen Morgenstunden des 2. Februar 1982, als eine Einheit der Armee in der Altstadt von Hama Verstecke der Muslimbrüder angreift. Hunderte Kämpfer schlagen die Soldaten zunächst in die Flucht, erstürmen Regierungsgebäude, töten führende Parteifunktionäre und erklären Hama am Vormittag des 2. Februar für befreit. Ein Schock für das Regime in Damaskus. Es rüstet sich für die entscheidende Schlacht gegen die Islamisten. Für Assad geht es nicht mehr darum, sie zu besiegen, sondern sie zu vernichten.

Was folgt, ist ein dreiwöchiger Albtraum. Das Syrische Menschenrechtskomitee, eine offiziell verbotene Nichtregierungsorganisation, hat das Massaker von Hama mithilfe von Augenzeugen dokumentiert, Viertel für Viertel. Der schockierende Bericht enthält Details, die in ihrer Grausamkeit die menschliche Vorstellung übersteigen. Ganze Familien werden in ihren Häusern getötet, Männer werden per Erschießungskommando auf offener Straße hingerichtet, Frauen und Kinder, die sich in Läden oder Moscheen verstecken, werden erschossen, alte muslimische Scheichs gefoltert, ganze Straßenzüge bombardiert. Ende Februar 1982 liegt ein Großteil von Hama in Schutt und Asche, die historische Altstadt, ein UNESCO-Weltkulturerbe, ist für immer verloren, Moscheen und Kirchen wurden systematisch zerstört. Etwa 20.000 Menschen sind tot, Zehntausende werden verhaftet oder gelten als verschwunden, viele von ihnen kehren nie zurück.

Hama wird zum Trauma einer ganzen Nation. Und zum Tabu. Die Stadt selbst wird in kürzester Zeit wieder aufgebaut, die Spuren beseitigt. Über die gesellschaftlichen Narben legt sich ein Mantel des Schweigens. Eines kollektiven Schweigens. Die Bilder, die uns seit 2011 aus Syrien erreichen, ähneln auf fatale Weise den Berichten von vor 30 Jahren. Massakrierte Familien, per Kopfschuss hingerichtete, an den Händen gefesselte Männer, aus nächster Nähe erstochene

oder erschlagene Frauen und Kinder, zerbombte Wohngebiete – all das gab es in Syrien schon einmal. Mit zwei entscheidenden Unterschieden: Damals fand in nur einer Stadt
ein großes Massaker statt, heute verteilen sich die Gräueltaten auf verschiedene Orte im ganzen Land. Und während
1982 aus Hama nur sporadisch Nachrichten nach außen
drangen, ist die Welt heute Zeuge der Gewalt in Syrien.

Das Regime machte die Muslimbrüder für die Eskalation
damals verantwortlich und löschte ihre Partei faktisch aus.
Aktive Mitglieder wurden getötet, Anhänger verhaftet, und
wer der Verfolgung entkam, floh ins Ausland. Dort ent-
wickelten sich verschiedene Strömungen, die von politischen
Führern im Exil geprägt wurden. Weder damals noch heute
geben die syrischen Muslimbrüder ein einheitliches Bild ab.
Ihr Vorsitzender Mohammed Riad Al Shaqfa lebt in der
Türkei, wo sich die syrische Auslandsopposition seit mehr
als einem Jahr formiert. Innerhalb der Nationalen Koalition
der syrischen Revolutions- und Oppositionskräfte, des wichtigsten Oppositionsbündnisses außerhalb Syriens, stellen die
Muslimbrüder die größte Fraktion, manchen ist ihr Einfluss
schon jetzt zu dominant. Auch Sunniten begegnen den Muslimbrüdern wegen ihrer Geschichte mit einer gewissen kritischen Distanz. Die Minderheiten fürchten sich vor ihrer
islamischen Agenda. Generalsekretär Shaqfa bemüht sich
deshalb um Mäßigung. Er sagt Sätze wie »Man kann die
Scharia niemandem aufzwingen« und »Wir als Muslimbrüder werden die Rechte der Minderheiten verteidigen«.

Der in Deutschland lebende Anas bleibt skeptisch. Er ver-
misst bei den Muslimbrüdern eine ehrliche und kritische Auseinandersetzung mit der eigenen Vergangenheit in Syrien.
Parteichef Shaqfa, selbst seit den 1970er Jahren im Ausland,
distanziert sich vom damaligen Terror und behauptet, die
Anschläge seien von eigenständigen Zellen durchgeführt wor-

den, die offiziell gar nicht zu den Muslimbrüdern gehörten. Für Anas der Versuch, sich aus der Verantwortung zu stehlen.

Doch die Muslimbrüder haben gerade andere Sorgen, schließlich werden sie auch in der aktuellen Krise indirekt für die Gewalt verantwortlich gemacht. 30 Jahre nach Hama bedient sich Bashar Al Assad der gleichen Rhetorik wie sein Vater und beschwört die »islamistische Gefahr«: Vom Ausland gesteuerte sunnitische Terrorgruppen wollten Syrien ins Chaos stürzen.

War diese Propaganda in den ersten Monaten der Revolution noch völlig absurd, wird sie seit Herbst 2011 zu einer sich selbst erfüllenden Prophezeiung. Denn der verzweifelte Freiheitskampf des syrischen Volkes ruft mit der Zeit tatsächlich radikal-islamische Gruppen auf den Plan und lockt ausländische Kämpfer an. Das ist aus zwei Gründen nicht verwunderlich.

Erstens bereitet Assad dieser Entwicklung bewusst den Boden. Im Frühjahr 2011 entlässt das syrische Regime gezielt sunnitische Extremisten aus den Gefängnissen. Maher, ein säkularer Aktivist, den ich in Beirut treffe, erzählt mir von den Ereignissen in Seidnaya, einem berüchtigten Gefängnis am Stadtrand von Damaskus. Nach Seidnaya sperrten Syriens Machthaber ihre politischen Feinde: Islamisten, Kurden und linke Aktivisten wie Maher. Der 33-Jährige saß dort fünf Jahre lang mit Al-Qaida-Sympathisanten und anderen Jihadisten ein, erlebte die Radikalisierung von Gefängnisinsassen und organisierte mit den verschiedenen politischen Fraktionen in Seidnaya mehrere Streiks und Aufstände. Maher kennt deshalb viele der radikalen Islamisten persönlich und weiß um ihre Verbindungen zum syrischen Geheimdienst. Seinen Ausführungen zufolge hat das Assad-Regime ganz konkret den eigenen Feind produziert.

»Ab Februar 2011 – also schon vor der Revolution – haben sie jeden Tag 10 bis 15 Extremisten freigelassen«, berichtet

Maher. Assad habe diese Leute ausgesät wie Samen, die dann aufgehen und Früchte tragen. »Er wollte, dass aus den legitimen Forderungen des Volkes Radikalismus und Hass auf die Minderheiten erwachsen«, erklärt der Aktivist. »Denn wenn du sunnitischen Extremismus erschaffst, dann radikalisieren sich auch die Minderheiten und stützen das Regime.«

Maher selbst kommt im Juni 2011 im Rahmen einer Amnestie frei. Er schließt sich der Protestbewegung an, flieht Ende 2012 in den Libanon und sieht nun seine bösen Vorahnungen bestätigt, dass sich Syriens friedliche Revolution zu einem von radikal-islamischen Kämpfern dominierten Krieg entwickelt. Viele seiner ehemaligen Mithäftlinge seien heute Anführer salafistischer Brigaden, sagt Maher. Assads Taktik habe folglich funktioniert.

Der zweite Grund für den wachsenden Einfluss jihadistischer Kräfte in Syrien ist deren Vorgeschichte in der Region. Al-Qaida-nahe Vereinigungen sind seit Jahren im Irak und im Norden des Libanon aktiv, darunter Al Qaida im Irak (aus der 2006 die Gruppe Islamischer Staat im Irak (ISI) und 2013 Islamischer Staat im Irak und in der Levante (ISIS) hervorgeht) und Fatah Al-Islam, eine von den palästinensischen Flüchtlingslagern im Nordlibanon aus operierende Organisation. Syrien diente ihnen lange Zeit als Transitland. Kämpfer reisten hin und her und der Nachschub an Waffen lief über syrisches Gebiet. Damaskus ließ die Extremisten weitgehend gewähren – syrische Geheimdienste sollen mit Mitgliedern der Fatah Al-Islam angeblich sogar zusammengearbeitet haben –, schließlich bekämpften diese den gleichen Feind: amerikanische Truppen und Israel.

Dass sich genau diese islamischen Fundamentalisten und Salafisten irgendwann gegen das Assad-Regime wenden würden, war nur eine Frage der Zeit. Denn diesen Leuten gelten

Alawiten als Häretiker, das Regime ist ihnen zu säkular und die Rolle Syriens als Brückenkopf des schiitischen Iran in der Region sowie als Vermittler zur libanesischen Schiitenpartei Hisbollah ist ihnen ein Dorn im Auge. Gründe genug also, um den Kampf des syrischen Volkes zu unterstützen, auch wenn es ihnen dabei nicht um die Befreiung der Syrer von der Diktatur, sondern um das Errichten eines sunnitischen Kalifates geht. Tausende ausländische Jihadisten finden auf diese Weise in Syrien ein perfektes neues Betätigungsfeld.

Den friedlichen Aktivisten und bewaffneten Aufständischen tun sie damit freilich keinen Gefallen, denn die Präsenz ausländischer Terrororganisationen diskreditiert die Revolution insgesamt und ist Wasser auf die Mühlen staatlicher Propaganda. Doch angesichts der massiven Gewalt des Regimes spielen solche Überlegungen irgendwann keine Rolle mehr. Konfrontiert mit der Übermacht der regulären Armee, der Brutalität der Assad-treuen Milizen und vergeblich auf Hilfe aus dem Westen wartend können die oppositionellen Kämpfer auf Unterstützung durch die gut organisierten und ausgestatteten Extremisten-Verbände ab Sommer 2012 nicht verzichten. Ein Jahr später, im Sommer 2013, wird jedoch immer deutlicher, dass die Jihadisten dem Freiheitskampf der Syrer mehr schaden als nutzen. Mancherorts entwickeln sich die Einheiten von ISIS und Nusra-Front deshalb von Verbündeten zu Feinden, im Januar 2014 startet die Mehrheit der syrischen Rebellen eine Offensive gegen ISIS und fordert ihren Abzug aus Syrien.

Die syrische Revolution der vergangenen drei Jahre unterscheidet sich in jedem Fall deutlich vom Aufstand der Muslimbrüder Anfang der 1980er Jahre. Während damals eine radikale sunnitische Minderheit ein islamisches Staatswesen wollte, fordern heute Syrer aller Religionen und sozialen Schichten Freiheit und Demokratie. Vor 30 Jahren bekämpfte eine islamische Partei ein säkulares Regime, heute befreit sich das breite Volk von einer Diktatur.

Wenn in der aktuellen Auseinandersetzung radikale Parolen auftauchen, wenn gegen Alawiten gehetzt wird oder sich Christen bedroht fühlen, wenn sich manche der bewaffneten Gruppen als Jihadisten inszenieren oder Hunderte Demonstranten dem Propheten Mohammed ihre Gefolgschaft schwören, so ist das die Folge ausländischer Einflussnahme und einer aufgeheizten Stimmung, die einen latent existierenden Konfessionalismus an die Oberfläche spült. Es ist jedoch nicht Ausdruck eines generellen Hasses unter Syrern. Wichtig ist in diesem Zusammenhang, nicht jeden Gottesbezug als Ausdruck radikalen Gedankengutes zu deuten.

Da im offiziellen Syrien, in der Armee, in den Geheimdiensten und Parteiinstitutionen, Religion verpönt ist und es Soldaten zum Beispiel verboten ist, zu beten oder einen Bart zu tragen, ist die Hinwendung zum Glauben und das Zurschaustellen religiöser Überzeugungen für viele Syrer Teil der Befreiung. Die Tatsache, dass sich Mitglieder der Freien Syrischen Armee einen Bart wachsen lassen, beruht deshalb mehr auf Trotz und dem Wunsch nach Abgrenzung und Widerstand als auf einem Bekenntnis zum politischen Islam.

Daneben ist die Verwendung religiöser Parolen bei Demonstrationen oft eine direkte Reaktion auf die Unterdrückung durch das Regime. Verhaftete Demonstranten werden unter Folter gezwungen, Bashar als ihren Gott anzuerkennen. Auf der Straße rufen sie dann »Wir unterwerfen uns nur Gott« (und nicht den Assads) oder »Bashar ist der Feind Gottes«. In den meisten Fällen sind religiöse Aussprüche auch einfach Ausdruck von Verzweiflung. Wer als Aktivist schwer verletzte Kinder oder den Beschuss von Homs filmt und dabei »Allahu akbar« (Gott ist größer) oder »Zu dir nehmen wie Zuflucht, Gott« sagt, ist kein radikaler Islamist, sondern entsetzt, hilflos und am Ende seiner Kraft. Hierzulande würden wir in einer vergleichbaren Situation vielleicht »Oh mein Gott« oder »Gütiger Gott« ausrufen.

Wirklich radikales Gedankengut kommt in Syrien anders daher. In Videos erkenne ich es daran, dass die Bezüge zum syrischen Freiheitskampf komplett durch islamische Inhalte ersetzt werden. Eine Entwicklung, die ich mit Sorge beobachte, zumal sie sich ab Herbst 2012 zu beschleunigen scheint. Werden am Ende sunnitische Extremisten die Revolution vollenden und den Sieg über das Assad-Regime für sich beanspruchen? Oder lassen sich diese in einem politischen Übergang marginalisieren? Was wirkt stärker, das Heldentum salafistischer Kämpfer oder die Rhetorik kluger Integrationsfiguren?

Angesichts der Gefahr, die von einer wachsenden religiösen Bezugnahme in dem Konflikt ausgeht, ist es umso wichtiger, positive Signale der interreligiösen Solidarität inmitten der Gewalt hervorzuheben. Da ist zum Beispiel der alawitische Deserteur, der seine Glaubensbrüder zur Umkehr aufruft, oder die Erklärung von 138 Alawiten, in der sie das Massaker von Al-Houla verurteilen. Da ist der Erzbischof von Homs und Hama, Silvanus Petros, der Anfang Mai 2012 erklärt, dass bis jetzt »kein einziger Christ in Syrien von egal welcher Gruppe getötet wurde, weil er ein Christ ist«. Und der Jesuit Paolo Dall'Oglio, der Ende 2012 in die befreiten Gebiete der Provinz Idlib reist, um den Wiederaufbau von Schulen und Krankenhäusern zu unterstützen und für Versöhnung zwischen Christen und Muslimen zu werben. Da ist der drusische Oberstleutnant aus Sweida, der die Drusen an ihre revolutionären Wurzeln erinnert und auffordert, sich gegen das Regime zu erheben. Da sind die Mitglieder der Freien Syrischen Armee, die ihren gefangen genommenen alawitischen Milizionären erklären, dass sie nicht gegen Alawiten, sondern gegen ein unterdrückerisches Regime kämpfen. Und da sind die vielen Aktivisten, die Seite an Seite demonstrieren, Plakate malen, Videos im Internet hochladen, sich um Verletzte kümmern und Nahrungsmittel verteilen – egal welcher Konfession sie angehören.

Es ist höchste Zeit, der multikonfessionellen Wirklichkeit in Syrien ins Auge zu sehen, langjährige Tabus aufzubrechen und endlich öffentlich über Religion zu diskutieren. Nicht um zu spalten und zu manipulieren, sondern um in einen ehrlichen Dialog mit dem anderen zu treten. Erst wenn die Syrer anfangen, offen zu ihrer Konfession zu stehen, können sie Vorurteile und Ängste abbauen. Der jetzige blutige Konflikt wird die syrische Gesellschaft vor eine Zerreißprobe stellen. Sie muss deshalb aufhören, unterschwellig existierende sektiererische Gefühle mit idealistischen Phrasen zuzuschütten und ein Denk- und Redeverbot für Fragen des multikonfessionellen Zusammenlebens zu verhängen.

Wer in einem freiheitlichen System friedlich koexistieren will, muss ein Bewusstsein schaffen für die Schwierigkeiten und Positionen der verschiedenen Bevölkerungsgruppen. Was bislang unter den Teppich gekehrt wurde, muss jetzt auf den Tisch. Wie islamisch soll eine neue Verfassung sein? Kann ein säkularer Kurde oder eine Christin Präsident werden (wie im Februar 2012 auf einem Plakat in Homs zu lesen war: »Wo liegt das Problem, wenn die Präsidentin der Republik eine christliche Frau ist«)? Wie viel Religion wird eine zukünftige syrische Demokratie überhaupt ertragen? Nur wer konfessionelle Tendenzen wahrnimmt, aufgreift und in einen konstruktiven Gestaltungsprozess einfließen lässt, kann dem schmutzigen Spiel des Regimes entgegentreten, das alles daransetzt, aus einem friedlichen Volksaufstand einen Bürgerkrieg zu machen.

3. Überwacht, gefoltert, lebendig begraben: Syriens Oppositionelle

Es ist Mitte Februar 2011, ein Monat vor Ausbruch der Proteste in Syrien. Ich bin in Damaskus und besuche Michel Kilo, einen langjährigen Kritiker des Assad-Regimes. Wir sitzen im Wohnzimmer und reden über die Umwälzungen in der Region – Tunesiens Ben Ali ist schon verjagt, Mubaraks Tage in Ägypten sind gezählt. Als wir aber auf Syrien zu sprechen kommen, winkt Kilo ab. Die Syrer bräuchten noch ein Jahr, bis etwas Ähnliches in Gang kommen könnte, versichert mir der Intellektuelle, zum jetzigen Zeitpunkt sei nicht mit Massenprotesten zu rechnen. Keine Einzelmeinung damals, sondern die allgemeine Einschätzung in der syrischen Hauptstadt. Dass schon bald Tausende Syrer ihre Angst überwinden und auf die Straße gehen würden, ist ausgerechnet für die Regimegegner des Landes unvorstellbar.

Als Mitte März 2011 die ersten großen Demonstrationen gegen das Assad-Regime stattfinden, sitzen diese Oppositionellen zu Hause vor dem Fernseher und reiben sich die Augen. Zwar sind einzelne bekannte Persönlichkeiten wie die Aktivistin Suheir Al Atassi bei kleineren Aktionen in Damaskus dabei (im Februar finden vor der ägyptischen und der libyschen Botschaft Mahnwachen statt, am 15. März versammeln sich etwa hundert Leute vor dem Innenministerium, um die Freilassung politischer Gefangener zu fordern), aber die meisten Oppositionellen werden vom Ausbruch der Revolution ebenso überrascht wie das Regime. Nicht die altgedienten Vorkämpfer für Demokratie tragen die Proteste, sondern unbekannte junge Leute, die frustriert, wütend und furchtlos sind.

Wie in anderen arabischen Ländern auch ist der Aufstand in Syrien seiner Natur nach eine führungslose Bewegung, ihr fehlen politische Köpfe, bekannte Gesichter, ein intellektueller Oberbau. Dafür kommt sie mitten aus dem Volk, was gewisse Schwierigkeiten, aber auch viele Chancen mit sich bringt – dazu an anderer Stelle mehr. Erst nach einigen Monaten bilden sich um die Revolution herum oppositionelle Strukturen heraus, innerhalb und außerhalb Syriens formieren sich Revolutionskomitees, Koordinierungsgruppen und Übergangsräte.

Daran beteiligen sich dann auch die etablierten Oppositionellen. Angesichts des Mutes und der Entschlossenheit der jungen Aktivisten überall im Land sind die zumeist älteren Herren voller Respekt und Bewunderung. Denn die Revolutionäre schaffen innerhalb von Monaten das, was Syriens Opposition jahrzehntelang nicht gelingen wollte: Sie mobilisieren die breite Bevölkerung für politische Ziele wie Freiheit, Würde, Gerechtigkeit und Mitbestimmung.

JAHRZEHNTE IM UNTERGRUND, EIN LEBEN IM GEFÄNGNIS

Zugleich sind Leute wie Michel Kilo voll böser Vorahnung. Die Oppositionellen wissen aus eigener Erfahrung, wozu dieses Regime in der Lage ist. Sie sind meist über 60 und saßen alle über Jahre im Gefängnis, Kilo kam zuletzt im Mai 2009 nach einer dreijährigen Haftstrafe frei. Manche von ihnen sind noch inhaftiert, als die Demonstrationen beginnen. Am 8. März 2011 beginnen 13 politische Gefangene im Damaszener Zentralgefängnis Adra einen Hungerstreik. Sie erinnern damit an die Verhängung des Ausnahmezustands 1963 und an den siebten Jahrestag des kurdischen Aufstands von Qamishli, der am 12. März 2004 begann. Unter den Streikenden sind prominente Dissidenten wie der 80-jährige Menschenrechtsanwalt Haitham Al Maleh, der Kurdenführer Mashaal Tammo, der linke Autor Habib Saleh, der umtriebige Rechtsanwalt Anwar Al Bunni sowie die beiden langjährigen politischen Häftlinge Kamal Labwani und Ali Al Abdallah.

Der Journalist Ali Al Abdallah wird am 13. März 2011, also fünf Tage nach Beginn des Hungerstreiks und zwei Tage vor dem Protest vor dem Innenministerium, von einem Militärgericht zu 18 Monaten Haft wegen Kritik an Syriens Verbündetem Iran verurteilt. Offiziell heißt sein Vergehen »Versuch der Beschädigung der Beziehungen Syriens zu einem anderen Staat«. Schon vier Mal zuvor hatte Al Abdallah wegen seines politischen Engagements Gefängnisstrafen abgesessen, wann immer er zwischendurch auf freiem Fuß war, wurde er überwacht. Zum Glück bringt den großen sanftmütigen Mann nichts so schnell aus der Ruhe. Mein Versuch, ihn zu interviewen, gerät im Herbst 2007 nämlich zum Spießrutenlauf. Wir müssen zweimal spontan in ein Taxi steigen und den Ort wechseln, bis wir uns in einem schlecht besuchten unscheinbaren Café endlich unbeobachtet fühlen. Im Rahmen einer Amnestie kommt Al Abdallah am 30. Mai 2011 frei, nur um ein paar Wochen später am 17. Juli 2011 erneut verhaftet zu werden.

Kamal Labwani, ein Arzt und Maler, saß während des vergangenen Jahrzehntes die meiste Zeit im Gefängnis. 2001 beteiligt sich Labwani am sogenannten »Damaszener Frühling«, einer kurzen Phase der politischen Öffnung nach Bashar Al Assads Machtübernahme im Sommer 2000. Überall im Lande entstehen Debattierclubs, Hoffnungen auf politische Reformen keimen auf.

Doch als aus dem vorsichtigen Erwachen eine dynamische Demokratiebewegung zu werden droht, zieht das Regime die

Reißleine. Im September 2001 wandern die führenden Köpfe des Damaszener Frühlings ins Gefängnis, darunter auch Labwani. Wegen »Versuchs der Änderung der Verfassung mit illegalen Mitteln« werden insgesamt zehn Bürgerrechtler zu zwei bis zehn Jahren Haft verurteilt, Labwani bekommt drei Jahre.

Nach seiner Freilassung reist Labwani 2005 nach Europa und in die USA, um dort für die Unterstützung der syrischen Opposition zu werben. Dabei wird er als erster syrischer Oppositioneller im Weißen Haus empfangen. Ein denkbar schlechter Moment für Syriens Machthaber, die seit dem Irakkrieg 2003 und dem Mordanschlag auf Libanons Ex-Premier Rafiq Hariri im Februar 2005 unter massivem internationalen Druck stehen. Angesichts der Drohgebärden aus Washington und der Isolationspolitik Europas betrachtet das Regime Labwanis außenpolitisches Engagement als Landesverrat. Bei seiner Rückkehr im November 2005 wird er noch am Flughafen Damaskus festgenommen und später zu zwölf Jahren Gefängnis verurteilt. Der Vorwurf gegen ihn lautet »Kommunikation mit einem ausländischen Staat zur Anstachelung eines Angriffs auf Syrien«.

Im November 2011 – die Revolution hat längst das ganze Land erfasst und Gefängnisse und Haftzentren sind überfüllt – entlässt das Regime bei einer weiteren Amnestie 1180 Gefangene, darunter Kamal Labwani. Er flieht nach Jordanien und schließt sich der Auslandsopposition an.

Ich sehe Labwani mehrfach als Angeklagten im Gerichtssaal, jedoch nur einmal in Freiheit: bei einem Treffen des Atassi-Forums Ende 2004. Dieser Debattierclub ist nach Jamal Al Atassi, einem früheren syrischen Politiker, benannt und wird von dessen Tochter, der erwähnten Aktivistin Suheir Al Atassi, veranstaltet. Nach der Zerschlagung des Damaszener Frühlings im Jahr 2001 darf das Atassi-Forum als einziger politischer Salon weitermachen, es ist somit bis zu seiner Schließung 2005 das letzte kleine Fenster für freie Rede und Diskussion in Damaskus.

Die abendlichen Debatten finden in privaten Räumen statt. Da die Wohnungen des Damaszener Bürgertums zum Teil riesig sind, können sich bei Suheir Al Atassi mehr als hundert Leute treffen. Das Regime schickt seine Geheimagenten, die in ihren schwarzen Lederjacken nicht wirklich geheim, sondern eher wie Fremdkörper aussehen, und lässt die Oppositionellen ansonsten gewähren. Solange die wenigen kritischen Denker und Intellektuellen unter sich bleiben, stellen sie aus Sicht des Regimes keine Gefahr dar. Besser sie lassen beim Atassi-Forum unter den Blicken der Geheimdienste regelmäßig ein wenig Luft ab, als dass sich im Untergrund Frust aufstaut, so das Kalkül.

Fast so wichtig wie die Inhalte sind an diesen Abenden die menschlichen Kontakte – das herzliche Händeschütteln, das aufmunternde Schulterklopfen, die freudige Umarmung. In Syrien können Oppositionelle kaum persönlich zusammenkommen, sie werden überwacht und abgehört, Spitzel sind überall. Eine Verabredung am Geheimdienst vorbei ist eine logistische Herausforderung, Treffen von mehr als vier Regimegegnern werden sofort aufgelöst. Es ist daher äußerst schwierig, politische Themen in größerer Runde zu diskutieren.

Die Folge ist eine Gesellschaft im Dämmerschlaf. Nach fast 50 Jahren Einparteienregime gibt es in Syrien keine Kultur des kritischen Austausches, der gesellschaftlichen Debatten und der privaten Initiativen – das politische Leben ist tot. Die Baath-Partei durchdringt den gesamten öffentlichen Raum, Berufsverbände, Frauen-, Arbeiter- und Bauernunionen werden von ihr dominiert.

Zwar findet unter Bashar Al Assad eine gewisse gesellschaftliche Öffnung statt, indem private Medien und einige im Umweltschutz und im sozialen Bereich tätige Nichtregierungsorganisationen zugelassen werden, aber das Regime behält bei all diesen nicht-staatlichen Initiativen stets die Kontrolle. Auf diese Weise können Freiräume beliebig ausgeweitet und eingeschränkt werden, je nach politischer Wetterlage.

Ohne das grüne Licht öffentlicher Stellen geht in Syrien gar nichts, jegliche private Aktivität muss den Staat mit einbeziehen. Ein von der Schweizer Botschaft organisiertes Jazzfestival steht unter der Schirmherrschaft des Ministeriums für Kultur, ein von ausländischen Trainern durchgeführter Journalistenworkshop muss mit der Journalistenunion abgesprochen werden, an der Spitze der größten »Nichtregierungsorganisation« des Landes steht First Lady Asma Al Assad persönlich.

Kritik am bestehenden System findet deshalb nur im Untergrund statt, Syriens Oppositionelle arbeiten jahrzehntelang unter widrigen Umständen und laufen ständig Gefahr, eingeschüchtert, verfolgt, verhaftet und gefoltert zu werden.

Wer eine Ahnung vom Umgang des syrischen Regimes mit seinen Widersachern bekommen möchte, muss die Geschichte von Fariz Murad erfahren. Der Kommunist verbrachte 29 Jahre in syrischen Gefängnissen, sein halbes Leben. Im Januar 2004 kommt er frei, mit einer Freundin fahre ich zu ihm und warte, dass er von einem kurzen Spaziergang zurückkehrt.

Als die Tür aufgeht, erstarre ich. Nicht ein 54-jähriger Oppositioneller betritt den Raum, sondern ein alter, gebrochener Mann. Seine Schritte sind unsicher, das Gesicht müde und blass. Ein Buckel zwingt ihn, nach unten zu sehen.

Dabei wirkt Fariz Murad seltsam heiter. Nichts habe er wiedererkannt, gar nichts, sagt er nach seinem ersten Rundgang durch Damaskus. »Die Straßen, die Plätze, die Gebäude, der viele Verkehr, sogar die Menschen sind anders«, erzählt der Dissident und lächelt vielsagend, »früher waren sie netter«.

Murad war 25, als er Damaskus im Jahr 1975 zum letzten Mal sah. Damals gehörte er einer Gruppe von jungen Kommunisten an, die aus Protest gegen die Nahostpolitik der USA eine selbst gebastelte Geräuschbombe zündeten. Vor dem amerikanischen Pavillon auf dem Damaszener Messegelände morgens um vier. Keine Toten, keine Verletzten, nichts ging kaputt. Fünf der Täter wurden dafür gehängt, Murad bekam lebenslänglich. Die Freilassung hat er seiner schlechten Gesundheit zu verdanken, mit 54 Jahren ist der Kommunist ein körperliches Wrack. Die Wirbelsäule krumm, Probleme mit Herz und Magen.

Der Oppositionelle saß die ersten 16 Jahre seiner Haft im Gefängnis von Palmyra, einem berüchtigten Ort in der syrischen Steinwüste. Nach Tadmur, wie die Stadt auf Arabisch heißt, kamen neben Schwerverbrechern vor allem politische Gefangene – in Hafiz Al Assads Syrien waren das Muslimbrüder und Kommunisten. Tadmur lebend zu verlassen sei wie ein Wunder, erklärt Fariz Murad. Tatsächlich sind es nur einige wenige, die diese Hölle auf Erden überlebt haben. Über Jahre war Murad dort in einer dunklen Kammer eingesperrt, in der er nicht aufrecht stehen konnte, sich immer irgendwie verbiegen musste. 24 Stunden Dauerfolter. »Tadmur ist ein Sarg, wir waren lebendig begraben, ohne überhaupt lebendig zu sein«, sagt der ehemalige Häftling.

Rückblickend hat Tadmur auch Fariz Murad getötet. Am 9. März 2009 stirbt der frühere Kommunist an den Folgen seiner schweren Gesundheitsschäden. Das Gefängnis von Palmyra, das ein syrischer Dichter und Ex-Insasse einmal als

»das Königreich von Tod und Wahnsinn« beschrieb, erlebt dagegen ein Comeback. Nachdem es im Jahr 2001 von Bashar Al Assad geschlossen wurde, nutzen es die Sicherheitsdienste zehn Jahre später wieder als Verhör- und Haftzentrum. Seit Juni 2011 wird in Tadmur wieder gefoltert – dieses Mal keine Kommunisten oder Muslimbrüder, sondern Demonstranten und Aktivisten.

Wer sich angesichts von Verfolgung, Folter und Tod nicht mit einer oppositionellen Arbeit im Untergrund arrangieren kann, geht ab den 1970er Jahren ins Ausland. Manche Dissidenten machen sich mit ihren zum Teil radikalen Positionen aus dem sicheren Exil nicht nur beim Regime, sondern auch bei ihren daheimgebliebenen Mitstreitern unbeliebt. Das Verhältnis zwischen der syrischen Auslands- und Inlandsopposition ist deshalb angespannt, eine Zusammenarbeit jahrelang kaum möglich.

Diese gesellschaftliche Realität muss vor Augen haben, wer im aktuellen Konflikt die Opposition als uneins, zerstritten und ineffektiv kritisiert. Viele syrische Regimegegner treffen bei den im Ausland stattfindenden Konferenzen das erste Mal überhaupt persönlich zusammen. Michel Kilo und Kamal Labwani wechseln die ersten Worte seit ihren Freilassungen im Rahmen einer Live-Sendung des Senders Al Arabiya, bei der Kilo aus Paris und Labwani aus Amman zugeschaltet ist. Syriens Oppositionelle müssen sich erst mal kennenlernen, Meinungen müssen ausgetauscht, Interessen abgesteckt und gemeinsame Ziele gefunden werden.

Hinzu kommen persönliche Eitelkeiten, ideologische Grabenkämpfe, das Geschacher um Posten und die Unfähigkeit zur sachlichen, inhaltsorientierten und effektiven Zusammenarbeit. Das autoritäre System, das die Syrer vom Kindergarten bis zur Universität durchlaufen, lehrt sie, gehorsam zu sein, auswendig zu lernen, sich wegzuducken und alles, was von oben kommt, abzunicken oder unwillig zu schlucken. Die Fähigkeit, kritisch zu hinterfragen, eigenständige Ideen zu verfolgen und im Team selbstbestimmt zusammenzuarbeiten, können sie unter solchen Bedingungen nur schwer entwickeln.

MUTIG, VORSICHTIG UND ZERSTRITTEN: DIE OPPOSITION HEUTE

Vor diesem Hintergrund ist es eher erstaunlich, was Assads Gegner seit März 2011 auf die Beine stellen. Da ihr Handlungsspielraum angesichts der Gewalt des Regimes begrenzt ist, haben Syriens Oppositionelle nur drei Möglichkeiten: Entweder sie halten sich bei ihrer Kritik an die Regeln des Regimes oder sie tauchen ab oder sie verlassen das Land. Dabei spielen persönliche Umstände eine große Rolle. Wer krank oder aufgrund seines Alters gesundheitlich angeschlagen ist und regelmäßig Medikamente braucht, kann nicht in den Untergrund gehen. Wer Kinder hat und dabei womöglich alleinerziehend ist, muss die eigenen politischen Ambitionen dem Wohle der Familie unterordnen und bringt sich und seine Kinder lieber ins sichere Ausland. Nur wer körperlich in der Lage ist und nicht zu viel persönliche Verantwortung für Angehörige trägt, führt als prominenter Politiker, Aktivist, Menschenrechtsvertreter oder Journalist den Kampf gegen das Regime innerhalb des Landes.

Drei oppositionelle Hauptströmungen bilden sich im Zuge des Aufstandes heraus: die Protestbewegung, die von jungen Aktivisten getragen wird, altbekannte links-säkulare Regimekritiker innerhalb Syriens und die Auslandsopposition, zu der langjährige Exil-Syrer und immer mehr geflohene Dissidenten unterschiedlichster Gesinnung gehören.

Die erste Strömung repräsentiert die landesweiten friedlichen Proteste, zu ihr zählen die Lokalen Koordinationskomitees, die Generalkommission der Syrischen Revolution und die Koordinationsunion der Syrischen Revolution. Die drei Vereinigungen bestehen aus Hunderten namenlosen Aktivisten überall im Land, die vor Ort nicht nur die Demonstrationen, sondern auch deren mediale Verbreitung im Internet, die Versorgung von Verletzten und die Beschaffung von Lebensmitteln und Medikamenten organisieren. Sie sind die eigentlichen Helden der Revolution, denn sie erwecken die syrische Zivilgesellschaft zum Leben und schaffen damit eine entscheidende Grundlage für die Zeit nach Assad. Wer diese Aktivisten genau sind, was sie antreibt, wie sie arbeiten und welche Ziele sie verfolgen, erzähle ich am Ende dieses Buches im Kapitel über die Revolution.

Die Lokalen Koordinationskomitees und die Generalkommission der Syrischen Revolution werden nach außen von prominenten Frauen vertreten. Suheir Al Atassi ist eine treibende Kraft in der seit August 2011 existierenden Generalkommission der Syrischen Revolution, die sie zunächst im Untergrund und seit November 2011 von Paris aus unterstützt, wohin sie mit ihrem Sohn geflüchtet ist. Ein Jahr später wird sie in die Führungsspitze der Nationalen Koalition der syrischen Revolutions- und Oppositionskräfte berufen, die sich am 11. November 2012 in Doha gründet. Die Lokalen Koordinationskomitees, die sich in den ersten Monaten des Aufstands bilden, haben mit Razan Zeitouneh ihr bekanntes Gesicht gefunden. Die blonde Anwältin mit den hellen Augen, die jahrelang politische Gefangene vor Gericht vertrat, taucht Ende April 2011 ab und wechselt regelmäßig ihr Versteck. Ich kenne sie als ernste, zurückhaltende und für syrische Verhältnisse fast unnahbare Person. Diese Eigenschaften helfen ihr vermutlich, die Existenz im Untergrund zu ertragen und dabei effektiv zu arbeiten.

Die 37-Jährige sitzt Tag und Nacht vor dem Computer, der ihr Fenster zur Welt geworden ist. Sie gibt ausländischen Fernsehsendern wie CNN Interviews per Skype, schreibt über ihre Erlebnisse und Ansichten in Printmedien wie der deutschen Wochenzeitung DIE ZEIT und postet auf Facebook die neuesten Nachrichten der Revolution. 2011 erhält sie den Sacharow-Preis für geistige Freiheit des EU-Parlaments. Weil die Sicherheitskräfte Razan Zeitouneh nicht zu fassen kriegen, verhaften sie an ihrer Stelle zeitweise ihren Mann und Mitstreiter Wael Hammada und dessen Bruder. Am 10. Dezember 2013 wird die Anwältin zusammen mit ihrem Mann und zwei weiteren Aktivisten in Douma, einem von der Opposition kontrollierten Vorort von Damaskus, entführt – wer dahinter steckt, ist zunächst unklar. Damit wird Razan Zeitouneh endgültig zu einer Ikone des Kampfes für Freiheit und Menschenrechte in Syrien, den sie nicht nur gegen das Assad-Regime, sondern auch gegen Extremisten in den Reihen der Opposition führt.

Die zweite Strömung vereint die links-nationalistisch-säkularen Kräfte im Land. Sie organisieren am 29. Juni 2011 eine Konferenz in Damaskus' Semiramis-Hotel – das erste öffentliche Treffen syrischer Regimekritiker seit Jahrzehnten. Ich sitze in Berlin am Computer, sehe mir den ungekürzten Mitschnitt der Veranstaltung an und erwische mich dabei, wie ich zwischendurch den Atem anhalte. Mehr als hundert überwiegend ältere Männer und Frauen drängen sich in einem Saal an langen Tischen, die Luft – das spüre ich selbst im fernen Deutschland – atmet Geschichte. Ich suche nach bekannten Gesichtern. Der Schriftsteller Louay Hussein eröffnet die Konferenz, Michel Kilo macht Vorschläge für einen demokratischen Übergang. Zwar sind überwiegend unabhängige Intellektuelle und nur wenige namhafte Oppositionelle gekommen, dennoch ist das Treffen historisch. Nach Jahrzehnten im Untergrund und Jahren im Gefängnis ganz offiziell in ein Hotel zu spazieren und das Ende der Diktatur zu fordern ist für Syriens Regimegegner eine Sensation.

Auf das Treffen folgen Monate der internen Diskussionen, bis sich am 18. September 2011 das Nationale Koordinierungskomitee für Demokratischen Wandel gründet. Es lehnt jegliche Intervention des Auslands ab und hält an einem friedlichen Übergang fest, wenn nötig auch in Verhandlungen mit dem Assad-Regime. Allerdings müsste dafür zunächst die Gewalt beendet werden, so die klare Bedingung der betagten Herren. Mit dabei sind neben mehreren linken, nationalistischen und kurdischen Parteien auch unabhängige Intellektuelle wie der Wirtschaftswissenschaftler Aref Dalila. Als Alawit wird dieser gerne als Beweis für den multikonfessionellen Charakter der syrischen Opposition angeführt. Dalila spielte im Damaszener Frühling 2001 eine führende Rolle und bekam deshalb mit zehn Jahren die längste Haftstrafe der damals Verurteilten.

Vorsitzender des Nationalen Koordinierungskomitees wird der über 80-jährige Hassan Abdulazim, ein Urgestein der syrischen Opposition. Mit seinem jahrzehntelangen Engagement in verschiedenen oppositionellen Bündnissen und seiner kritischen, aber nicht radikalen Haltung gegenüber dem Assad-Regime gilt er innerhalb Syriens als glaubwürdiger Ansprechpartner und potenzieller Vermittler zwischen den Fronten. Allerdings nutzt ihn das Regime zunehmend als Vorzeige-Oppositionellen. Während Abdulazim am 30. April 2011 noch für eine Woche verhaftet wird, darf er Monate später unbehelligt ins Ausland reisen und Interviews geben. Wann immer ausländische Gesandte der UN oder der Arabischen Liga in Damaskus mit der Opposition zusammentreffen möchten, ist Abdulazim ihr Gesprächspartner.

Angesichts der Brutalität, mit der andere Aktivisten verfolgt, verhaftet, gefoltert und getötet werden, betrachten viele Assad-Gegner das Nationale Koordinierungskomitee für Demokratischen Wandel als Pseudo-Opposition. Hassan Abdulazim und die übrigen Mitglieder ließen sich vom Regime dazu benutzen, Dialogbereitschaft und Reformwillen vorzuspielen, während es in Wahrheit zu keinerlei echter Veränderung oder Machtverzicht bereit ist, so der Vorwurf.

Als dritte Strömung entsteht außerhalb des Landes zunächst der Syrische Nationalrat, der als wichtigstes Oppositionsbündnis Ende 2012 von der Nationalen Koalition der syrischen Revolutions- und Oppositionskräfte abgelöst wird. Der Gründung des Nationalrats im Herbst 2011 gehen mehrere Konferenzen voraus, von denen vor allem die erste Anfang Juni 2011 im türkischen Antalya Erwähnung verdient. 300 Oppositionelle verschiedener politischer Lager treffen dort erstmals aufeinander. Manche haben sich Jahrzehnte nicht gesehen, manche sind sich noch nie begegnet. Kommunisten diskutieren mit Muslimbrüdern, Kurden mit arabischen Nationalisten, Aktivisten Mitte 20 tauschen sich mit über 70-jährigen Politikern aus. Die Exil-Opposition erweist sich also ebenso vielfältig wie die syrische Gesellschaft. Das ist einerseits erfreulich, andererseits erschwert diese Vielfalt einen Einigungsprozess. Unterschiedliche Interessen und Überzeugungen müssen berücksichtigt und auf einen Nenner gebracht werden, und das in einem Klima des gegenseitigen Misstrauens.

Der Syrische Nationalrat wird zum ersten großen Zusammenschluss der syrischen Opposition, alle gesellschaftlichen Gruppen sind darin vertreten: moderate Islamisten und säkulare Intellektuelle, Linke und Liberale, Kurden, Stammesführer und pragmatische Aktivisten. Dennoch steht das Bündnis in der Kritik. Für die westlichen Regierungen ist der Nationalrat zu uneinig und vielstimmig, für die Säkularen zu islamisch, für die Kurden zu arabisch und für die Demonstranten im Land einfach nur ineffektiv. Ein Jahr nach seiner Gründung gilt der Nationalrat als gescheitert, die Rufe nach einem glaubwürdigeren und repräsentativeren Gremium werden lauter. Dieses entsteht am 11. November 2012 in Qatars Hauptstadt Doha. Unter massivem internationalen Druck raufen sich Syriens Oppositionelle zur Nationalen Koalition der syrischen Revolutions- und Oppositionskräfte zusammen, der sich am Ende auch der Nationalrat anschließt.

Mit der Nationalen Koalition verbindet sich die Hoffnung, die Aktivisten im Land mit dem bewaffneten Widerstand und der Exil-Opposition zu vereinen und somit endlich die dringend benötigte Alternative zum Assad-Regime zu formieren. Ihre Führungsspitze besteht aus glaubwürdigen Persönlichkeiten, die den Kampf gegen das Regime über Jahre in Syrien führten und Damaskus erst im Verlauf der Revolution verlassen haben. Zum Vorsitzenden wird zunächst Mouaz Al Khatib ernannt, ein sunnitischer Geistlicher und studierter Geophysiker, den ich während meiner Zeit in Damaskus als überzeugende Integrationsfigur erlebt habe – bescheiden, klug, sympathisch. Seine Stellvertreter Riad Seif und die erwähnte Suheir Al Atassi kenne ich als mutige Vorkämpfer für Demokratie, beide genießen bei den Aktivisten und Regimegegnern im Land großes Ansehen.

Doch weil die Nationale Koalition es allen recht machen muss, ist sie zum Scheitern verurteilt. Hinter den Kulissen ziehen Qatar und Saudi-Arabien als wichtigste Geldgeber die Strippen und konkurrieren dabei um Einfluss. In den

USA und Europa möchte die Koalition stark, seriös und kompromissbereit auftreten, um sich die Unterstützung der Freunde des syrischen Volkes zu sichern – jener Gruppe von Staaten, die im Syrien-Konflikt auf der Seite der Assad-Gegner stehen. Gleichzeitig muss sie aufpassen, innerhalb Syriens nicht als Marionette des Westens wahrgenommen zu werden (wie Assad behauptet), sondern als Anwalt des syrischen Volkes. Und den bewaffneten Widerstand muss sie für sich gewinnen, um überhaupt Einfluss auf die Geschehnisse im Land zu haben.

Kurzum, die Koalition ist in einem Netz von Abhängigkeiten gefangen. Sie braucht die Aktivisten für die Glaubwürdigkeit, die Kämpfer für die Macht im Land, die Golf-Staaten für das Geld und den Westen für die internationale politische Anerkennung. Ihr erster Vorsitzender Mouaz Al Khatib erkennt schon bald, dass er diesen Kampf an mehreren Fronten gleichzeitig nur verlieren kann und erklärt im März 2013 seinen Rücktritt. Ihm folgt zunächst der Christ und Linke George Sabra nach bis bei Neuwahlen im Juli 2013 Ahmad Jarba, ein Führer des regional einflussreichen Shammar-Stammes, an die Spitze der Nationalen Koalition gewählt wird.

Auch wenn bislang keiner der Oppositionsführer die hohen Erwartungen der Syrer und des Auslands erfüllen konnte, lohnt sich ein Blick auf die politischen Figuren, die den Nationalrat und die Nationale Koalition nacheinander geprägt haben. Vom Säkularisten Burhan Ghaliun über den Kurden Abdel Baset Seida, den gemäßigten Muslim Moaz Al Khatib und den Christen George Sabra bis zum Stammesführer Ahmad Jarba – das ist die Vielfalt, die Syrien auszeichnet und die hoffentlich die Ära nach Assad prägen wird.

Die drei Strömungen der syrischen Opposition verfolgen alle dasselbe Ziel, nämlich das Ende der Assad-Diktatur und den Aufbau eines demokratischen Rechtsstaates. Über den Weg dorthin und die Ausgestaltung einer zukünftigen politischen Ordnung gibt es jedoch verschiedene Ansichten. Das ist nur natürlich und im Sinne einer pluralistischen Gesellschaft auch wünschenswert, aber inhaltliche Debatten sollten die Oppositionellen untereinander und nicht in der Öffentlichkeit führen.

Generell mangelt es den verschiedenen Bündnissen an politischer Erfahrung und Diskussionskultur. Sie sind voll guter Absichten, aber schlecht organisiert und mit den enormen Herausforderungen schnell überfordert. Was fehlt, sind ein gutes Management, eine klare Aufgabenteilung, eine effektive Umsetzung und gegenseitiges Vertrauen. Hinzu kommen persönliche Eitelkeiten und das Geschacher um Posten – die syrische Opposition ist zu sehr mit sich selbst beschäftigt und deshalb in ihrer Arbeit gelähmt.

Die syrischen Machthaber profitieren von dieser Schwäche ihrer politischen Gegner. Nach dem Prinzip »Teile und herrsche« betreibt das Regime schon seit Jahrzehnten eine effektive Strategie der Spaltung – oppositionelle Kräfte werden gegeneinander ausgespielt, ihre Zusammenarbeit verhindert. Was passiert, wenn verschiedene Teile der Opposition den Schulterschluss wagen, zeigt sich während meiner Zeit in Damaskus mehrmals sehr deutlich.

Im Mai 2005 führt der Versuch des Atassi-Forums, alle oppositionellen Stimmen hörbar zu machen, zur Schließung des Salons. Der Grund ist ein Tabubruch. Bei einem Treffen am 7. Mai verliest Journalist Ali Al Abdallah eine Erklärung des im Londoner Exil lebenden Vorsitzenden der verbotenen syrischen Muslimbrüder, Ali Sadr Aldin Al Bayanouni. Auf Mitgliedschaft und Unterstützung der Muslimbrüder steht in Syrien die Todesstrafe, seitdem deren Versuch, das Baath-Regime zu stürzen, Anfang der 1980er Jahre brutal niedergeschlagen wurde. Ali Al Abdallah, der Vorleser der Erklärung, Gastgeberin Suheir Al Atassi und die Mitglieder des Organisationskomitees des Atassi-Salons werden festgenommen und tagelang verhört. Die Botschaft ist klar: Solange säkulare Linke unter sich bleiben, werden sie in Ruhe gelassen. Wer sich aber den Islamisten annähert, muss mit Verhaftung rechnen.

Nach ihrer Freilassung treffe ich die äußerlich zarte, aber willensstarke Suheir Al Atassi zum Interview. Sie erzählt, wie man sie in unterirdische Zellen gesperrt habe, ohne Fenster, völlig verdreckt und voller Ungeziefer. »Ständig sollten wir uns entschuldigen«, sagt die Aktivistin, aber das habe sie sieben Tage lang abgelehnt. Das Erlebnis der Verhaftung gibt Al Atassi wie vielen politischen Gefangenen Auftrieb. Es habe ihr gezeigt, dass sich in Syrien nichts geändert hat, weder der Einfluss der Geheimdienste noch die Art, wie ihre Mitarbeiter denken, meint sie. Deshalb könne sie nicht anders als weitermachen.

EIN TOTER SCHEICH, EIN TOTER POLITIKER UND INTERNER ZWIST: DIE KURDEN ALS INNENPOLITISCHE HERAUSFORDERUNG

Noch deutlicher fällt die Botschaft des Regimes im Falle des kurdischen Scheichs Mohammed Mashuq Khaznawi aus. Der für seine Toleranz und gemäßigten Positionen bekannte und überaus populäre Imam wird, ebenfalls im Mai 2005, in Damaskus vom Geheimdienst verschleppt und am 1. Juni tot seiner Familie übergeben. Laut Aussagen seiner Söhne weist der Leichnam Spuren von Folter auf. Khaznawi vereinte in seiner Person die beiden für das Regime gefährlichsten innenpolitischen Kräfte: einen moderaten politischen Islam und die Kurden.

Der moderate politische Islam ist für das formal säkulare Assad-Regime ein Problem, da er viele Syrer anspricht und sich im Gegensatz zu radikalen Islamisten nicht so einfach bekämpfen lässt. Eine gemäßigte und zugleich liberale islamische Partei ähnlich der AKP in der Türkei würde in Syrien viele Anhänger finden, da die meisten syrischen Muslime sich als tolerant und modern verstehen, gleichzeitig aber konservative moralische Werte vertreten. Khaznawi war zu einem Wortführer dieser Strömung aufgestiegen, er kämpfte für eine Kultur der Toleranz gegenüber Andersgläubigen und setzte sich für die Gleichstellung der Frau ein – auch bei europäischen Diplomaten in Damaskus war er deshalb beliebt.

Gleichzeitig forderte Khaznawi mehr Rechte für die Kurden, zu denen der 47-Jährige selbst zählte. Die Kurden, die in Syrien etwa 10 Prozent der Bevölkerung stellen, leben vor allem im Norden und Osten des Landes entlang der türkischen und irakischen Grenze und gehören zu den ursprünglichen Bewohnern dieser Regionen. Als Folge des aggressiven arabischen Nationalismus der Baath-Ideologie werden sie als größte nicht-arabische Minderheit systematisch diskriminiert. Ihre Sprache ist in der Öffentlichkeit verboten, im Zuge einer Volkszählung 1962 wurde Tausenden Kurden die Staatsangehörigkeit entzogen, sodass bis zum Ausbruch der Revolution mehr als 150.000 Kurden als »Staatenlose« gelten. Sie können nicht studieren, nicht für den Staat arbeiten und kein Land erwerben, dem Gesetz nach dürfen sie nicht mal in einem Hotel übernachten.

Angesichts der wachsenden Autonomie ihrer Landsleute im Irak nach dem Sturz des Saddam-Regimes und der neu errungenen kulturellen Rechte der Kurden in der Türkei formiert sich auch unter Syriens Kurden Widerstand. Als es in der kurdisch geprägten Stadt Qamishli im Nordosten des Landes im März 2004 nach einem Fußballspiel zu Ausschreitungen zwischen arabischen und kurdischen Fans kommt, demonstrieren Zehntausende Kurden gegen Unterdrückung und für mehr Rechte – nicht nur in Qamishli, sondern auch in anderen Landesteilen. Die Sicherheitskräfte reagieren nervös, 30 Menschen sterben. Seitdem ist klar, dass die Kurden die am schnellsten zu mobilisierende Bevölkerungsgruppe in Syrien ist.

Scheich Khaznawi war in seiner Heimatstadt Qamishli ein Star, selbst weniger religiöse Kurden strömten zu seinen Predigten. Eine derart einflussreiche Integrationsfigur wurde für das Regime zunehmend zum Problem. Als sich der Scheich im Februar 2005 bei einer Europareise mit Bayanouni, dem Chef der syrischen Muslimbrüder, traf und damit eine offensichtliche Brücke zwischen kurdischer und islamischer Opposition schlug, überschritt er die rote Linie des Regimes endgültig. Drei Monate später war er tot. Der Mord an Khaznawi trieb die Menschen erneut auf die Straße, am 5. Juni 2005 demonstrierten in Qamishli Tausende Kurden. Mit massiver Geheimdienstpräsenz versucht die Führung in Damaskus seitdem, die Lage in Qamishli unter Kontrolle zu behalten.

Als ich im September 2005 zu Recherchen nach Qamishli reise, werde ich eine Woche lang auf Schritt und Tritt überwacht. Kurdische Oppositionelle, mit denen ich mich telefonisch verabredet habe, lassen mich bei meiner Ankunft an dem kleinen Flughafen von einem befreundeten Geschäftsmann abfangen. Der schnappt meinen Koffer, drängt mich in sein Auto und rast mit einem nervösen Blick in den Rückspiegel los – der Empfang gleicht einer Entführung. Warum, begreife ich erst, als ich in der Privatwohnung des Unternehmers sitze und dort verschiedene Oppositionsführer und zwei der insgesamt acht Söhne des ermordeten Khaznawi treffe. Wäre ich zuerst ins Hotel gefahren, hätte mich der Geheimdienst auf dem Schirm gehabt und eine solche Begegnung genauestens überwacht. Westlichen Journalisten Interviews zu geben bringt in Qamishli aber immer Ärger mit sich. Daher der ausgeklügelte Plan, mich in dem einzigen unbeobachteten Augenblick direkt nach meiner Ankunft mit den Kurdenführern zusammenzubringen.

Murad Khaznawi, der älteste Sohn des ermordeten Scheichs, ist Anfang 30, als er die Nachfolge seines Vaters als Prediger antritt. Mit dem schmalen weißen Turban und seiner ernsten, überlegten Art wirkt er jedoch viel älter. Im Laufe unseres Gesprächs macht er die Behörden für den Tod seines Vaters verantwortlich. Der Geheimdienst habe seinen Vater gewarnt, sagt Murad. Sollte er den Islam für den kurdischen Kampf benutzen, werde er dafür bezahlen.

Wenige Tage später fahre ich, wie immer mit zwei Spitzeln im Schlepptau, zum Haus von Mashaal Tammo. Der charismatische Politiker mit der dunklen Hornbrille ist Vorsitzender der Zukunftsbewegung, einer von mehr als einem Dutzend verbotenen kurdischen Parteien. Während meine Begleiter draußen auf der Straße auffällig unauffällig hin- und hermarschieren, treffe ich im Tammos Wohnzimmer weitere kurdische Aktivisten.

Wir diskutieren über die immer wieder aufflammenden Streitigkeiten zwischen Arabern und Kurden, die es früher nicht gab. Zu den 200.000 Einwohnern von Qamishli zählen neben Arabern und Kurden auch Assyrer und Armenier, sie alle haben immer friedlich zusammengelebt. Die Vielfalt sorgte für Toleranz, Qamishli war als kosmopolitische Kleinstadt bekannt. Inzwischen mache sich jedoch ein Klima der Feindseligkeit breit, sagt Ibrahim Al Youssef, ein kurdischer Intellektueller. »Araber, Assyrer und Kurden haben alle diese Stadt erschaffen und die Gegend geprägt«, erzählt er. Jetzt behaupte die Baath-Partei, es gebe hier nur eine Kultur und Zivilisation, nämlich die arabische. »Das muss ich als Kurde zurückweisen«, betont der Intellektuelle.

Al Youssef, der als Lehrer für den syrischen Staat arbeitet, fühlt sich unterdrückt. In der Schule dürfe er kein Kurdisch reden, als Journalist keine kurdischen Zeitungen lesen und als Schriftsteller nicht auf Kurdisch schreiben. Er fordert deshalb kulturelle Gleichberechtigung in Form von eigenen Medien und kurdischem Sprachunterricht in den Schulen. Mashaal Tammo will darüber hinaus politische Mitbestimmung. »Wir wollen spüren, dass Syrien auch unser Land ist«, sagt er. Bis heute habe er nicht das Gefühl, zu Syrien zu gehören, weil um ihn herum alles nur arabisch sei. »Die Sprache ist Arabisch, die Namen sind arabisch, die Syrische Arabische Republik, das arabische Vaterland, die arabische Einheit – da ist für mich als Kurde kein Platz«, meint der Vorsitzende der Zukunftsbewegung.

Tatsächlich ist der arabische Nationalismus in Syrien zum Problem geworden. Er lässt zwar religiöse und konfessionelle Unterschiede in den Hintergrund treten, wirkt dafür aber ausgrenzend auf andere ethnische Gruppen. Die Kurden entwickeln als Reaktion darauf ihren eigenen kurdischen Nationalismus, der die gesellschaftlichen Spannungen weiter verstärkt. Hinzu kommt das schmutzige Spiel der Geheimdienste. Sie versuchen, die im Untergrund arbeitenden kurdischen Organisationen zu radikalisieren und zu Gewalt zu provozieren. Denn jede Randale bedient in der Öffentlichkeit das Feindbild vom kurdischen Separatisten, der die nationale Einheit gefährdet. »Die Geheimdienste hetzen die Menschen gegeneinander auf«, sagt Mashaal Tammo. Und das leider mit Erfolg. Kurdische Proteste arten regelmäßig in Kämpfe zwischen Arabern und Kurden aus, es gibt zerstörte Geschäfte und Verletzte. »Statt uns wie früher zu verhaften, schicken die Sicherheitskräfte jetzt meinen Nachbarn, damit er mich verprügelt«, erklärt Tammo. Der Aktivist sieht darin ein Spiel mit dem Feuer, denn damit provoziere das Regime einen Bürgerkrieg zwischen Kurden und Arabern.

Das Thema Kurden entwickelt sich innenpolitisch zum Tabu. Im Jahr 2008 muss ich Recherchen für ein Radiofeature über Syriens Kurden abbrechen, es wird zu gefährlich. Kurdische Politiker wollen mich nicht mehr im streng überwachten Qamishli, sondern lieber in Damaskus treffen, doch selbst hier endet manches Interview abrupt.

Im russischen Kulturzentrum, einem angeblich neutralen, sicheren Ort, treffe ich einen kurdischen Journalisten und einen Aktivisten. Bald erregt das Mikrofon die Aufmerksamkeit zweier Herren am Nachbartisch. Als einer von ihnen zu seinem Handy greift und den Raum verlässt, raten meine Gesprächspartner zum Aufbruch. Kaum auf der Straße, sehen wir Uniformierte auf das Kulturzentrum zueilen. Die beiden Kurden flüchten in eine Nebenstraße, ich selbst winke ein Taxi heran und steige hektisch ein.

Beim Losfahren tritt ein Polizist vor das Auto und versucht, es zu stoppen, der Taxifahrer zögert einen Moment, folgt dann aber meiner Aufforderung, Gas zu geben und weiterzufahren. Mein Herz rast, der Fahrer schaut mich irritiert an. Ich gebe vor, keine Ahnung zu haben, was der Polizist wollte. Damit sich meine Spur verliert, lasse ich mich zu einem Einkaufszentrum fahren, einem harmlosen, viel frequentierten Ziel, das keinerlei Misstrauen erregt. Von dort nehme ich kurze Zeit später ein anderes Taxi nach Hause.

Der Ausbruch der Revolution 2011 vertieft die innere Spaltung der kurdischen Szene. Während sich in Orten wie Qamishli, Hasaka, Amuda sowie verschiedenen Stadtteilen von Damaskus und Aleppo viele junge Kurden den Protesten anschließen, zögern die kurdischen Parteien, die innerhalb

Syriens ohnehin nur wenige Mitglieder haben, sich an dem Aufstand zu beteiligen. Sie misstrauen sowohl dem Syrischen Nationalrat als auch dem Nationalen Koordinierungskomitee für Demokratischen Wandel, die sie als arabisch dominiert betrachten. Statt sich mit den übrigen Kräften der Revolution zu vereinen, gründen sie deshalb im Oktober 2011 mit dem »Kurdischen Nationalrat« ihr eigenes Bündnis.

Damit geht der syrischen Revolution ein großes Potenzial verloren, schließlich ruhten nach den Protesten im März 2004 auf den Kurden große Hoffnungen. Viele gingen davon aus, dass der Aufstand eine entscheidende Wende nehmen könnte, wenn sich die kurdische Opposition geeint dahinterstellen würde. Eine solche Dynamik fürchtete auch das Regime, deshalb machte Präsident Assad gleich zu Beginn der Proteste einen entscheidenden Schritt auf die kurdischen Parteiführer zu. Im April 2011 ließ er einen Großteil der staatenlosen Kurden einbürgern und erfüllte damit eine jahrelange Hauptforderung der kurdischen Opposition.

Der Kurdische Nationalrat knüpft eine Unterstützung der Revolution an bestimmte Bedingungen. Er fordert für die Zeit nach dem Sturz des Assad-Regimes eine Dezentralisierung der zukünftigen Regierung, eine verfassungsmäßige Garantie, dass die Kurden zu den ursprünglichen Bewohnern des syrischen Staatsgebietes gehören, die Abschaffung sämtlicher Formen der Diskriminierung sowie weitgehende Autonomie. So berechtigt und sinnvoll diese Forderungen auch sein mögen, für die Opposition sind sie schwierig zu erfüllen, da sie für derart weitreichende Entscheidungen nicht über die notwendige Legitimation verfügt. Selbst die Nationale Koalition, die sich als Vertreterin aller Gesellschaftsgruppen und politischen Strömungen in Syrien betrachtet und von Anfang an einen dritten Stellvertreter aus den Reihen der Kurden fordert, betont, nur ein gewähltes Gremium im

Land könne über staatliche Strukturen und Verfassungsrechte bestimmen.

Im September 2013 wird man sich dennoch einig. Die Nationale Koalition und der Kurdische Nationalrat unterzeichnen eine Vereinbarung, die in 16 Punkten die Lösung der kurdischen Frage skizziert. Dabei erkennt die Koalition die »nationale Identität und die Rechte des kurdischen Volkes« an – ein wichtiger Schritt für die Kurden, die seit Langem als eigenständiges Volk und nicht als Minderheit betrachtet werden wollen.

Die einzigen beiden kurdischen Parteien, die sich aus sehr unterschiedlichen Gründen dem Sonderweg des Kurdischen Nationalrats nicht anschließen, sind Mashal Tammos Zukunftsbewegung und die PYD, die Partei der Demokratischen Union. Letztere ist ein Ableger der türkischen PKK, sie kämpft deshalb für die Einheit aller Kurden über staatliche Grenzen hinweg (also der Kurden in der Türkei, im Irak, im Iran und in Syrien) und interessiert sich weniger für den gemeinsamen kurdisch-arabischen Kampf gegen die Machthaber in Damaskus.

Ab Herbst 2011 gelingt es der PYD mit Unterstützung oder zumindest Billigung des Regimes, ihren Einfluss in den kurdischen Gebieten Syriens massiv auszubauen. Mit Hilfe ihrer bewaffneten Volksverteidigungseinheiten (YPG) und ihres Sicherheitsdienstes Asayis geht sie dabei äußerst brutal vor, Kritiker werden eingeschüchtert, politische Gegner entführt, misshandelt oder sogar ermordet. Manch Bewohner in Qamishli spricht deshalb davon, dass auf die Baath-Diktatur jetzt eine PKK-Diktatur folgt. Gleichzeitig kümmert sich die PYD um soziale Belange, bietet kurdische Sprachkurse an und betreibt Kulturzentren – ein Engagement, das ohne Zustimmung der Behörden unmöglich wäre. Damit gewinnt sie zunehmend Rückhalt in der kurdischen Bevölkerung und die Kontrolle über die Kurdenregionen im Nordosten Syriens, in denen das Regime den PYD-Kadern freie Hand lässt. Als sich die staatlichen Truppen im Sommer 2012 aus dem Norden und Osten des Landes größtenteils zurückziehen, um die umkämpften Städte Damaskus und Aleppo zu sichern, nützt die PYD das Machtvakuum und hisst in mehreren kurdischen Orten ihre Fahne.

Der Versuch von Masud Barzani, dem Präsidenten der Autonomen Region Kurdistan im Nordirak, die PYD mit dem Kurdischen Nationalrat zu einem Hohen Kurdischen Komitee zu vereinen, erweist sich als schwierig. Formal einigt man sich beim Gründungstreffen am 11. Juli 2012 im nordirakischen Erbil darauf, dass die PYD und die Mitglieder des Kurdischen Nationalrats das sogenannte »Westkurdistan«, also den Nordosten Syriens, zu gleichen Teilen verwalten. Doch die Parteien bleiben zerstritten. Einig ist man sich nur in zwei Punkten: Die Kurden sollten sich nicht in den bewaffneten Kampf gegen das Assad-Regime hineinziehen lassen, schließlich haben sie Syriens Kurdengebiete schon jetzt weitgehend vom Einfluss Damaskus' befreit und leben dort im Vergleich zum Rest des Landes in relativer Sicherheit. Und den Einfluss radikal-islamischer Kämpfer gilt es mit allen Mitteln zu begrenzen.

In der Realität behält die PYD als einzige bewaffnete Kurdenpartei fast überall die Oberhand. Sie macht deutlich, dass sie in den von ihr dominierten Gebieten keine anderen Milizen dulden wird – folglich auch keine Mitglieder der Freien Syrischen Armee, die immer mehr Landesteile unter ihre Kontrolle bringen. Im November 2012 gibt es die ersten Auseinandersetzungen zwischen den Volksverteidigungseinheiten der PYD und der FSA in Ras Al Ain an der syrisch-türkischen Grenze. Trotz mehrfacher Waffenstillstandvereinbarungen ist die Lage dort monatelang angespannt.

Damit zeichnet sich Anfang 2013 eine unheilvolle Spaltung zwischen den kurdischen und den revolutionär befreiten Regionen ab. Eine eindeutige Solidarisierung der kurdischen Bevölkerung in den Provinzen Aleppo, Raqqa und Hasaka mit der Revolution bleibt aus, die Abneigung gegenüber der arabisch dominierten Opposition und den zunehmend islamisch auftretenden Rebellen überwiegt. Die Bemühungen verschiedener lokaler Koordinationskomitees im Nordosten des Landes, Araber und Kurden im Kampf gegen das Assad-Regime zu vereinen und gegen das wachsende Misstrauen auf beiden Seiten vorzugehen, laufen deshalb ins Leere.

Im Sommer 2013 stehen sich die Freie Syrische Armee und die Volksverteidigungseinheiten der PYD erneut gegenüber, dieses Mal in der Umgebung von Aleppo, die seit Langem von den Rebellen kontrolliert wird. In den Reihen der FSA finden sich auch kurdische Verbände wie die Saladin- oder die Azadi-Brigade – vereinzelt kämpfen also Kurden gegen Kurden. Im August 2013 schließen sieben FSA-Brigaden und das Hohe Kurdische Komitee schließlich ein Friedensabkommen. Die Auseinandersetzungen zwischen den Kämpfern der PYD und den beiden jihadistischen Gruppen Nusra-Front und Islamischer Staat im Irak und in der Levante (ISIS) entwickeln sich dagegen Ende 2013 zu einem offenen Krieg in Syriens Kurdengebieten.

Auch auf politischer Ebene vertiefen sich die Gräben. Den eigenen Machtausbau im Blick, organisiert, erlaubt und verbietet die PYD Demonstrationen, wie es ihr gefällt. Sie einigt sich mit dem Regime auf Kontrollpunkte, greift Aktivisten und deren Zentren an, erobert Grenzübergänge, sichert die Erdölförderung in Rumailan bei Qamishli und erhält dafür vom syrischen Ölministerium einen Anteil der Einnahmen aus dem Erdölgeschäft. Im November 2013 gründet sie schließlich am Kurdischen Nationalrat vorbei eine Lokalverwaltung für Westkurdistan. Ein Schritt, der bei der Nationalen Koalition auf großen Widerstand stößt, da er einseitig und ohne vorherige Abstimmung erfolgt. Eine durchaus sinnvolle und notwendige Übergangsverwaltung in den kurdischen Gebieten, wie sie der Kurdische Nationalrat gemeinsam mit der Nationalen Koalition aushandeln könnte, wird dadurch erschwert.

Bei aller Kritik an der PYD muss man anerkennen, dass der von ihr dominierte Nordosten des Landes bislang von Raketenangriffen des Regimes verschont blieb und die Menschen in Qamishli und Umgebung in relativer Sicherheit leben. Tausende Syrer aus anderen Regionen, vor allem aus den Provinzen Homs, Hama und Deir Al Zor, haben in Qamishli Zuflucht gefunden. Dass kurdische Familien dabei arabischen Flüchtlingen aus Homs ihre Häuser zur Verfügung stellen, ist noch immer selbstverständlich und zeigt, dass sich die Syrer ihre Solidarität und ihren Zusammenhalt im Alltag bewahrt haben – aller Feindseligkeiten und Propaganda zum Trotz.

Das Thema der Kurden wird das kommende Jahrzehnt prägen. Überall dort, wo Kurden leben – in der Türkei, in Syrien, im Irak und im Iran – müssen Wege gefunden werden, die ihnen Gleichberechtigung, Anerkennung und eine selbstbestimmte, möglichst autonome Existenz sichern. Die Entwicklung in Syrien könnte dabei wegweisend sein. Entweder werden die Kurden dort zu einer starken stabilisierenden Kraft eines zukünftigen demokratischen Staates. Oder sie nutzen den Krieg und das Chaos, um nationale Interessen zu verfolgen und in Westkurdistan Tatsachen zu schaffen, die im Nachhinein schwer zurückzunehmen sind. Der Zwist der Kurden untereinander und ihre komplizierten Seilschaften mit internen und externen Akteuren zeigen schon jetzt, dass die rechtliche Anerkennung der syrischen Kurden und ihre aktive Beteiligung an der politischen Neugestaltung Syriens für die Stabilisierung des Landes unabdingbar sind. Die Kurdenfrage könnte zur ersten großen Belastungsprobe für das Post-Assad-System werden.

Die zweite Partei, die sich dem Kurdischen Nationalrat nicht anschließt, ist die Zukunftsbewegung. Sie stellt sich im Gegensatz zur PYD von Anfang an auf die Seite der Demonstranten. Mashaal Tammo, der bereits von 2008 bis 2010 inhaftiert war, sitzt Anfang März 2011 erneut in Damaskus' Zentralgefängnis Adra, wo er sich an dem erwähnten Hungerstreik beteiligt. Gleich nach seiner Freilassung schließt sich der 53-jährige Familienvater der Revolution an. Er ruft als einer der wenigen bekannten Oppositionellen innerhalb Syriens offen zum Sturz des Regimes auf und wird Anfang Oktober Mitglied im Exekutivkomitee des Syrischen Nationalrates. Wieder einer, der den Schulterschluss wagt, und wieder einer, der dafür einen hohen Preis bezahlt.

Am 7. Oktober 2011 erstürmen vier schwarz maskierte Männer seine Wohnung und erschießen Mashaal Tammo vor den Augen seiner Familie. Ein Sohn und eine Tochter werden dabei verletzt. Ich bin schockiert. Tammo ist das erste Todesopfer der Revolution, das ich persönlich kannte. Genau dort, wo wir vor sechs Jahren diskutierten – im Wohnzimmer –, wird Tammo nun niedergeschossen.

Der Trauerzug durch Qamishli wird am Tag darauf zur Massendemonstration. Zehntausende erweisen dem kurdischen Politiker die letzte Ehre und fordern dabei den Sturz des Regimes, Sicherheitskräfte feuern in die Menge und erschießen fünf Trauergäste. Oppositionelle aller Fraktionen verurteilen den Mord. Während die meisten das

Regime dafür verantwortlich machen, geben PYD und PKK der Türkei die Schuld. Unter den Kurden wächst indes der Verdacht, dass der Mord an Tammo zwar im Auftrag und mit Unterstützung der syrischen Geheimdienste erfolgte, aber von Mitgliedern der PYD ausgeführt wurde. Anschuldigungen, die die kurdische Arena weiter entzweien.

Mit Mashaal Tammo stirbt der erste prominente Oppositionelle in Syrien. Und eine Führungsfigur, die bei der Einigung von arabischer und kurdischer Opposition eine wichtige Rolle hätte spielen können und der mit seinen Überzeugungen und seiner Ausstrahlung zum Aufbau eines demokratischen, pluralistischen und säkularen Systems beigetragen hätte. Wie schon im Falle von Scheich Khaznawi zeigt sich, dass Brückenbauen in Syrien tödlich enden kann.

VOR GERICHT, HINTER GITTERN, UNTER BEOBACHTUNG: DER KAMPF GEGEN GEMÄSSIGTE DISSIDENTEN

Besonders gefährlich sind für Syriens Oppositionelle Kontakte ins Ausland – egal ob zu befreundeten Intellektuellen in Beirut, zu europäischen Diplomaten in Damaskus oder amerikanischen Politikern in Washington. Im Frühjahr 2007 stehen vier bekannte Regimekritiker in Damaskus vor Gericht: Kamal Labwani wegen seines Besuchs im Weißen Haus, der Rechtsanwalt Anwar Al Bunni, weil er über Folter in syrischen Gefängnissen berichtete und ein von der EU finanziertes Zentrum zur Förderung der Zivilgesellschaft ohne Genehmigung eröffnete. Außerdem Michel Kilo und der Übersetzer Mahmoud Issa, die beide die Beirut-Damaskus-Erklärung unterschrieben haben, in der libanesische und syrische Intellektuelle eine Normalisierung des Verhältnisses zwischen den beiden Nachbarländern fordern. Weil das

Dokument angeblich von Syriens Feinden im Libanon initiiert wurde, bestraft das Regime stellvertretend einige Prominente unter den etwa 500 Unterzeichnern.

Das Oberste Strafgericht tagt im Justizpalast, einem imposanten Gebäude im Zentrum der Hauptstadt. Über dem hohen Eingangsportal – dort, wo man normalerweise Justitia mit einer Waage als Symbol für Gerechtigkeit suchen würde – hängt zwischen syrischen Fahnen ein Porträt des früheren Präsidenten Hafiz Al Assad. Durch eine Sicherheitsschleuse, die ununterbrochen piept, ohne dass sich die danebenstehenden Polizisten dafür zu interessieren scheinen, drängen Besucher ins Innere des Gerichts. Ich bin die einzige Journalistin und mische mich unauffällig unter die europäischen Botschaftsvertreter, die für die Europäische Union über die Prozesse berichten.

Im ersten Stock ist besonders viel los. Wer in der syrischen Opposition etwas auf sich hält, kommt zu den Verhandlungen. Riad Turk zum Beispiel, der Grandseigneur der politischen Linken, ein kleiner alter Herr mit Hörgerät und wachen Augen, der 22 Jahre seines Lebens in syrischen Gefängnissen verbrachte und dessen sanftmütige Art ihn zum Nelson Mandela von Syrien machte. Oder Riad Seif, der ehemalige Parlamentsabgeordnete, der wegen seiner Aktivitäten während des Damaszener Frühlings im gleichen Gerichtssaal verurteilt wurde und seit seiner Freilassung vor einem Jahr rund um die Uhr vom syrischen Geheimdienst überwacht wird.

Bizarrerweise können sich die Aktivisten nirgendwo in Syrien so einfach treffen wie im Justizpalast. Denn während der Sicherheitsapparat private Versammlungen jederzeit torpediert, kann er die Teilnahme an öffentlichen Prozessen nicht verhindern. So gerät ausgerechnet der Ort, an dem Oppositionelle zu Gefängnisstrafen verurteilt werden, zu einem wichtigen Treffpunkt der politischen Szene. Umarmungen, Schulterklopfen, vielsagendes Nicken. Man kennt sich und freut sich über die Gelegenheit zum gedanklichen Austausch. Natürlich wimmelt es von Spitzeln, aber davon lässt sich niemand aus der Ruhe bringen. Wann immer eine verdächtige Gestalt den Aktivisten zu nahe kommt, wandern sie ein paar Meter weiter und nehmen ihr Gespräch wieder auf.

Als sich die weiße Gittertür öffnet, schiebt sich die Menschentraube grüppchenweise in den Gerichtssaal. Der Sicherheitsbeamte an der Tür folgt einer eindeutigen Rangordnung: Diplomaten und europäisch aussehende Menschen haben Vorrang. Die Familien der Häftlinge ertragen es geduldig – sie wissen, dass die Ausländer mit ihrer bloßen Anwesenheit den Angeklagten helfen. Es folgen Anwälte, Angehörige, Freunde und Aktivisten. Vor den drei Richtern liegt eine lange Reihe dicker Akten. Darunter die von Anwar Al Bunni und Kamal Labwani. Angesichts der vielen bekannten Gesichter im Saal lächeln sie und heben zum Gruß ihre mit Handschellen aneinandergeketteten Hände.

Im Gegensatz zu Kamal Labwani, der für zwölf Jahre hinter Gitter muss, verfolgt Anwar Al Bunni keine politische Agenda. Dem Anwalt geht es um Gerechtigkeit. Er sagt Sätze wie »Wenn die Baath-Partei ab morgen Menschenrechte respektiert und dem syrischen Volk seine Freiheit gibt, habe ich kein Problem mit ihr«. Diese Einstellung bewahrt ihn lange vor einer Verhaftung, doch am Ende geht sein unermüdliches Engagement den Geheimdiensten zu weit. Al Bunni versorgt ausländische Medien und Botschaften regelmäßig mit Informationen zu politischen Prozessen, trifft sich mit westlichen, auch amerikanischen, Politikern und Diplomaten. Der schmächtige Mann mit dem Schnurrbart, den fröhlichen Augen und dem breiten Lachen entwickelt sich zum Hans Dampf der syrischen Menschenrechtsszene – rastlos, rebellisch, stets auf dem Sprung.

Der kämpferische Geist liegt in der Familie: Drei Brüder und eine Schwester des Anwalts saßen jahrelang wegen politischer Aktivitäten im Gefängnis, insgesamt kommt die Familie Al Bunni auf mehr als 50 Jahre Haft. Im April 2007 wird Anwar Al Bunni zu fünf Jahren verurteilt. Noch während seiner Zeit im Gefängnis erhält er im Dezember 2009 den Menschenrechtspreis des Deutschen Richterbundes. Im Mai 2011 kommt der Vater von drei Kindern frei.

Hinter den Urteilen steckt 2007 aber noch mehr. Die Anklagen, die das Oberste Strafgericht gegen die vier Regimekritiker erhebt, veranschaulichen, wovor Syriens Machthaber sich fürchten. Die Vorwürfe reichen von der »Verbreitung falscher Informationen« über die »Schwächung nationaler Gefühle« und die »Anstiftung zu sektiererischen Unruhen« bis zur »Aufforderung eines ausländischen Staates zu einem aggressiven Akt gegen Syrien«. Übersetzt bedeutet das: »Achtung, die nationale Einheit Syriens ist in Gefahr, ausländische Mächte wollen über uns bestimmen, ethnische und konfessionelle Konflikte wie im benachbarten Irak müssen wir um jeden Preis verhindern.« Wie, steht auf Zehntausenden Plakaten, die im Frühjahr 2007 Straßen und Plätze im ganzen Land zieren: der Präsident vor der syrischen Fahne, darunter Slogans wie »Syrien ist das Herz des Arabismus und Bashar das Herz Syriens«, »Wir sagen ja zum Führer Bashar, der das Vaterland beschützt« oder einfach nur »Wir lieben dich«. Die Mobilmachung hat einen Grund: Bashar Al Assad lässt sich am 27. Mai 2007 im Amt bestätigen – in einem Referendum ohne Gegenkandidaten.

Kritische Töne wie die der verurteilten Oppositionellen stören den nationalistischen Taumel, in dem sich Syrien seit der Krise im Libanon vor zwei Jahren befindet. Drohgebärden, Sanktionen und Isolationsversuche des Westens haben die Syrer im Inneren zusammengeschweißt – wer nicht mit taumelt, gilt schnell als Kollaborateur des Auslands. Der Menschenrechtsanwalt Al Bunni, der Arzt und Maler Labwani, der Autor Kilo und der Übersetzer Issa – allesamt Vaterlandsverräter? Keineswegs. Sie sind überzeugte Syrer, sie glauben an ihr Land und ihr Volk und wünschen sich gerade deshalb mehr Freiheit und Rechte für ihre Landsleute.

Doch Syriens Herrscher haben Angst, und Angst macht misstrauisch und irrational. Sie fühlen sich von Feinden umstellt: amerikanische Truppen im Irak, eine anti-syrische Regierung in Beirut und das militärisch übermächtige Israel seit 40 Jahren auf dem syrischen Golan. Da löst jede Annäherung zwischen inländischen Oppositionellen und ausländischen Widersachern Alarm aus. Eine durchaus nachvollziehbare Reaktion angesichts der Erfahrungen im Irak und in Afghanistan, wo Gegner der dortigen Regime den amerikanischen Truppen den Weg nach Bagdad und Kabul ebneten. Doch die syrischen Chalabis und Karzais sitzen nicht in Damaskus, sondern, wenn überhaupt, in Washington oder Paris.

Mit der einheimischen Opposition hat Präsident Assad ein Glück, das er nie begriffen hat und folglich nicht zu nutzen wusste. Säkulare Linke, Sozialdemokraten, Liberale, sogar Kurden und Vertreter eines politischen Islam fordern jahrelang friedliche, schrittweise Veränderungen von innen und lehnen jede ausländische Einmischung ab. Was will ein autoritäres Regime mehr als solch gemäßigte Gegner? Für eine Demokratisierung auf Raten braucht es aus Sicht der Opposition zwei grundlegende Entscheidungen: Ein neues Parteiengesetz muss unabhängige Parteien zulassen, die nach jahrzehntelangem Baath-Sozialismus den gesellschaftlichen Diskurs wiederbeleben und ein politisches Bewusstsein in der Bevölkerung schaffen. Und der Ausnahmezustand, der seit 1963 Jahren Syriens verfassungsmäßige Gesetze aushebelt und juristische Willkür erlaubt, muss abgeschafft werden.

Im Zuge der Revolution erfüllt Assad formal beide Forderungen. Allerdings ändert die Aufhebung des Ausnahmezustands im April 2011 nichts an der Allmacht der Geheimdienste und der staatlichen Gewalt, und auf der Grundlage des neuen Parteiengesetzes werden zu den Parlamentswahlen im Mai 2012 nur regimekonforme und folglich nicht wirklich oppositionelle Parteien zugelassen.

Nach den Urteilen von 2007 sinkt die Stimmung unter Syriens Oppositionellen auf einen neuen Tiefpunkt. Eine Art Fatalismus macht sich breit. Jahrelang hatten Leute wie Michel Kilo versucht, an den Reformwillen Bashar Al Assads zu glauben. In offenen Briefen forderten sie ihn zu einer Einbeziehung aller gesellschaftlichen Kräfte auf, um Syrien gegen Gefahren von außen zu schützen. Vergebens. »Nicht wir sind die Verbrecher, dieses Urteil ist ein Verbrechen«, ruft Kilo dem Richter zu, nachdem dieser ihn und Mahmoud Issa zu drei Jahren verurteilt hat. Statt wohlmeinende Kritiker und kluge Köpfe in einen überfälligen Reformprozess miteinzubeziehen, bringen Syriens Machthaber auch die gemäßigten Oppositionellen gegen sich auf.

Wer nicht inhaftiert wird, erhält ein Ausreiseverbot. Keine Kontakte zum Ausland, lautet die klare Ansage an die Opposition. Sie gilt selbst in medizinischen Härtefällen wie dem von Riad Seif. Im August 2007 besuche ich den prominenten Politiker zu Hause. Nach seiner Entlassung im Januar 2006 ist Seif in eine der anonymen Neubausiedlungen vor den Toren von Damaskus gezogen. Doch angesichts der 24-Stunden-Überwachung durch den Geheimdienst fühlt er sich auch hier nicht wirklich frei.

Ein geräumiges Wohnzimmer, Rauchschwaden hängen in der Luft. Riad Seif sitzt auf dem Sofa und steckt sich die nächste Zigarette an. Zwei Feinde habe er, sagt der breitschultrige Mann mit einem entschuldigenden Lächeln: das syrische Regime und das Rauchen. Letzteres hatte er während seiner viereinhalb Jahre im Gefängnis bereits besiegt. Doch die Schikanen der Geheimdienste hätten ihn wieder zum Kettenraucher gemacht, sagt der Regimekritiker.

Seit Mai 2007 hat Riad Seif einen dritten Feind: Prostatakrebs in fortgeschrittenem Stadium. Der 60-Jährige beantragt die Ausreise zur medizinischen Behandlung in Europa, aber der Staatssicherheitsdienst lehnt ab mit der Begründung, Seif könne sich auch in Syrien behandeln lassen. Dort stehen allerdings nur ältere Methoden zur Verfügung, während moderne Formen der Krebstherapie in Seifs Fall gute Heilungschancen versprechen. »Jeder syrische Politiker würde sich in dieser Lage im Ausland behandeln lassen«, betont der Oppositionelle, der 2003 den Menschenrechtspreis der Stadt Weimar erhielt.

Der wahre Grund für das Ausreiseverbot ist offensichtlich: Syriens Machthaber fürchten, Seif könnte in Europa politisch arbeiten und sich mit Vertretern der Exilopposition treffen. Sie sehen in Riad Seif einen besonders gefährlichen Widersacher – er ist unbeugsam, kompromisslos und populär.

Der Sohn eines Zimmermanns arbeitete sich einst aus eigener Kraft zum erfolgreichen Textilunternehmer hoch. In den 1990er Jahren ging er in die Politik und kämpfte als unabhängiger Parlamentsabgeordneter für Reformen. Als Bashar Al Assad im Sommer 2000 das Präsidentenamt von seinem verstorbenen Vater übernahm, wurde Seif zu einer der Leitfiguren des Damaszener Frühlings, in seiner Wohnung versammelten sich 2001 Hunderte Aktivisten. Daraufhin hob das Regime Seifs Immunität als Parlamentarier auf und ließ ihn zu fünf Jahren Haft verurteilen.

Obwohl sein politischer Kampf seit 2006 auch ein Überlebenskampf ist, macht Seif weiter. Das verrauchte Wohnzimmer, in dem wir sitzen, wird wenige Monate später Schauplatz eines Coups der Opposition. Am 1. Dezember 2007 treffen sich dort 163 Aktivisten, um die »Damaszener Erklärung«, eine oppositionelle Plattform, neu zu beleben. Die Erklärung stammt aus dem Oktober 2005, sie entwirft erstmals in schriftlicher Form einen Plan für den demokratischen Wandel in Syrien und ist der bis zum Beginn der Revolution wichtigste Versuch, Syriens Oppositionskräfte zu vereinen. Neben linken, nationalistischen, säkularen und kurdischen Parteien schließen sich Menschenrechtsgruppen, eine zivilgesellschaftliche Bewegung und eine Reihe von bekannten unabhängigen Persönlichkeiten dem Bündnis an. Aus dem Ausland erklären auch die Muslimbrüder ihre Zustimmung zur dem Kompromisspapier.

Bei dem Treffen am 1. Dezember 2007 wählt der Nationalrat der Damaszener Erklärung eine neue Führungsspitze mit der Ärztin Fida'a Horani als Ratspräsidentin und Riad Seif als Vorsitzendem des Generalsekretariats. Mehr als zwölf Stunden tagen die Aktivisten, viele sind überrascht, dass der Geheimdienst sie überhaupt gewähren lässt. Aber die Antwort lässt nicht lange auf sich warten. In den Wochen danach werden Dutzende Teilnehmer des Treffens und fast der gesamte Vorstand der Damaszener Erklärung verhaftet.

Zehn Aktivisten werden wochenlang in einem Verhörzentrum der Staatssicherheit festgehalten, ohne dass ihre Angehörigen etwas von ihnen wissen. Anwältin Razan Zeitouneh, die die Angeklagten juristisch vertritt, sieht ihre Mitstreiter erst, als sie im Januar 2008 dem Untersuchungsrichter vorgeführt werden. Die Oppositionellen berichten von Schlägen und widerrufen Aussagen, zu denen sie unter Folter gezwungen wurden. Zeitouneh, die seit Jahren im Bereich Menschenrechte arbeitet, ist bei ihrem Anblick schockiert. »Sie sind mit ihren Kräften am Ende, müde und abgemagert«, erzählt sie mir.

Im Oktober 2008 stehen insgesamt zwölf führende Vertreter der Damaszener Erklärung vor dem Obersten Strafgericht, darunter Riad Seif und Ali Al Abdallah. Wieder trifft sich die Opposition im ersten Stock des Justizpalastes. Etwa 70 Leute – Angehörige, Aktivisten, Menschenrechtsvertreter und Diplomaten – drängen sich im Gerichtssaal vor einem Käfig, in dem die Angeklagten auf ihr Urteil warten. Die Männer strecken ihre Hände durch die Gitterstäbe, um Verwandte und Freunde zu begrüßen, ein vertrautes Nicken hier, ein verzweifeltes Winken dort. Auf einem Stuhl außerhalb des Käfigs sitzt Fida'a Horani, die einzige weibliche Angeklagte.

Die zwölf Oppositionellen sehen erschöpft aus, wirken aber gefasst. Für die »Verbreitung falscher Nachrichten« und das »Schüren ethnischer und konfessioneller Konflikte« bekommen sie drei Jahre Haft, die auf zweieinhalb Jahre reduziert werden. Die elf Männer fassen sich an den Händen und strecken sie in die Luft, eine Geste des Zusammenhalts, die zeigen soll, wie ungebrochen ihr Wille ist. Applaus bricht aus und die Sicherheitsbeamten bemühen sich, den Saal so schnell wie möglich zu räumen.

Vor der Tür diskutieren Verwandte, Menschenrechtler und Anwälte über das Urteil. Resignation macht sich breit. Aref Dalila, der groß gewachsene Wirtschaftsprofessor mit den markanten Gesichtszügen, der während des Damaszener Frühlings einer der charismatischsten Redner war, erscheint müde. »Wir äußern unsere Meinung öffentlich und friedlich, wir wollen einen Dialog, der zu Veränderungen führt«, sagt er mit ruhiger Stimme. Doch genau das versuche das Regime zu verhindern aus Angst, mehr Meinungsfreiheit könne zu mehr Protesten führen und am Ende das ganze Volk mobilisieren, erklärt Dalila. Worte, die im Oktober 2008 wie naives Wunschdenken klingen.

Dreieinhalb Jahre später erleben diese Oppositionellen die Erfüllung ihres Traumes. Die Syrer erwachen aus dem politischen Dämmerschlaf, befreien sich aus einer jahrzehntealten Angststarre. Aber weil die Vertreter der Damaszener Erklärung in der jungen syrischen Bevölkerung wenig Rückhalt und keinen rechten »Draht« zur Straße haben, sitzen sie bei der Revolution zunächst als Zuschauer am Rande.

Einer der wenigen, der sich ab April 2011 an den friedlichen Protesten beteiligt, ist Riad Seif, inzwischen 65 Jahre alt und seit 2010 wieder auf freiem Fuß. Von den jungen Aktivisten wird er dafür auf Händen getragen. »Obwohl ich Krebs habe, genieße ich es sehr, jeden Freitag mit diesen jungen Leuten demonstrieren zu gehen«, sagt Seif einer britischen Kollegin im Sommer 2011. In ihnen sehe er die Zukunft Syriens.

Im Mai 2011 wird der prominente Regimegegner erneut für kurze Zeit verhaftet, im Oktober dann bei einem Protest in Damaskus gezielt von syrischen Sicherheitskräften zusammengeschlagen. Prellungen und ein gebrochener Arm sind die letzte eindeutige Warnung des Regimes an Riad Seif, der sich daraufhin zurückhält und im Frühsommer 2012 ins Ausland flieht. Dort bemüht er sich um eine Einigung oppositioneller und revolutionärer Kräfte. So weit es seine Gesundheit erlaubt, reist er zwischen Istanbul, Kairo und Doha, zwischen Paris, Berlin und Washington hin und her, um zu vermitteln und zu einen. Im November 2012 wird er neben Mouaz Al Khatib und Suheir Al Atassi ins Führungstrio der neu gegründeten Nationalen Koalition gewählt.

»Mein größter Wunsch ist es, Syrien als freies Land zu sehen, bevor ich sterbe«, sagt Seif, der inzwischen in Berlin lebt und ärztlich behandelt wird. Dafür habe er schließlich jahrelang gekämpft. Je schneller das Assad-Regime stürzt, desto besser – das gilt für die gesamte syrische Opposition, aber für den krebskranken Riad Seif gilt es auch persönlich.

4. Unterwegs auf dem Golan: von Blauhelmen, Schafhirten, Studenten und Bräuten

Wer von UN-Beobachtern in Syrien hört, denkt wahrscheinlich als erstes an Chemiewaffen. Ende August 2013 untersuchen Inspektoren der Vereinten Nationen den Giftgasangriff am Stadtrand von Damaskus, ihr Bericht bestätigt den Einsatz von Sarin. Einen Monat später einigt sich der Weltsicherheitsrat erstmals seit Beginn des Konflikts auf einen bindenden Beschluss – Resolution 2118 sieht die Zerstörung der syrischen Chemiewaffenbestände vor. Gemeinsam mit den Experten der Organisation für das Verbot chemischer Waffen (OPCW) kümmern sich UN-Beobachter ab Oktober 2013 um die Vernichtung chemischer Kampfstoffe und die Zerstörung von Produktionsanlagen in Syrien. Während dieser Chemiewaffen-Einsatz von Anfang an durchaus erfolgreich verläuft, sind die Vereinten Nationen in Syrien ansonsten kläglich gescheitert.

Im Frühsommer 2012 versuchen 300 unbewaffnete UN-Beobachter, einen nicht existierenden Waffenstillstand zu kontrollieren. Auf den Blauhelmen ruhen große Hoffnungen, denn sie sollen bei der Umsetzung des Sechs-Punkte-Plans von Kofi Annan helfen, dem ersten Sondergesandten zu Syrien.

Aber der Einsatz misslingt. Die UN-Vertreter können die Gewalt gegenüber Zivilisten nicht stoppen (was ohnehin nur eine vage Hoffnung war), sie können sie schon bald nicht einmal mehr beobachten, sondern nur noch die Folgen brutaler Übergriffe dokumentieren. Die Blauhelme reisen von Massaker zu Massaker, zählen Tote, betrachten Granateinschläge, Blutlachen, Einschusslöcher und Panzerspuren. Sie sichern

Beweise in einem Konflikt, in dem es kaum unabhängige gesicherte Informationsquellen gibt. Damit leisten sie einen wichtigen Beitrag für die spätere Aufarbeitung diverser Kriegsgräuel – gegen die eskalierende Gewalt können sie jedoch nichts tun.

Ab Mitte Juni sitzen die Beobachter dann »aus Sicherheitsgründen« in ihren Hotels (in Damaskus, Homs, Aleppo und anderswo), während wenige Kilometer weiter Wohngebiete bombardiert, Demonstranten erschossen und medizinische Helfer (Ärzte, Sanitäter) hingerichtet werden. Der Versuch, die Mission im Juli 2012 zu erweitern und mit einem robusteren Mandat auszustatten – sprich mehrere Tausend bewaffnete UN-Soldaten nach Syrien zu entsenden – scheitert an Russland und China, den beiden Veto-Mächten im Weltsicherheitsrat. Ab Ende Juli ziehen sich die Beobachter aus Syrien zurück.

Der Verlauf dieses Einsatzes ist umso tragischer, wenn man bedenkt, dass zeitgleich auf dem Golan mehr als 1000 bewaffnete Blauhelmsoldaten stationiert sind und mitansehen müssen, wie ihre unbewaffneten Kollegen von verzweifelten Demonstranten bestürmt, von Regime-Truppen beschossen und von wild gewordenen Assad-Anhängern an ihrer Arbeit gehindert werden. Diese UN-Truppen überwachen seit 40 Jahren den Waffenstillstand zwischen Israel und Syrien. Die Vereinten Nationen haben also jahrzehntelange Erfahrung mit dem syrischen Regime. Trotzdem lassen sie sich von den Machthabern in Damaskus vorführen.

Der im Südwesten Syriens gelegene Golan ist von den Zentren der Proteste und Kämpfe weit weg, deshalb bleibt es für die Blauhelme dort zunächst ruhig. Ende 2012 jedoch greifen Rebellen syrische Armeestellungen auf dem Golan an, nahe der von den UN kontrollierten Zone kommt es regelmäßig zu Gefechten. Die UN-Soldaten geraten zwischen die Fronten, sie werden entführt und beschossen, Granaten schlagen neben ihren Beobachtungsposten ein. Vier Staaten ziehen ihre Soldaten daraufhin vom Golan ab – Japan, Kanada, Kroatien und im Sommer 2013 auch Österreich, das 39 Jahre lang das Rückgrat der UN-Friedenssicherung auf dem Golan war und das größte Kontingent an Soldaten stellte.

Seitdem wird die Mission durch Einheiten der Fiji-Inseln, der Philippinen, Indien, Nepal, Irland und den Niederlanden aufrechterhalten. Sie gilt inzwischen als sensibel und gefährlich, denn die Blauhelme sichern ein Gebiet, das zwischen Syrern umkämpft ist und von Israel mit großer Nervosität beobachtet wird. Regelmäßig fliegen Raketen versehentlich oder gezielt über die Waffenstillstandslinie und versetzen die UN-Truppen in Alarmbereitschaft. Dabei ist es noch gar nicht lange her, dass UN-Soldaten auf dem Golan vor allem gegen die eigene Langeweile ankämpften.

ABWARTEN UND TEE TRINKEN

Ein rot-weißer Schlagbaum, in der Mitte hängt die syrische Fahne. Etwa hundert Meter weiter steht ein massives gelbes Eisentor. Ich kneife die Augen zusammen und lese die Schrift darüber: »Welcome to Israel«. Der Willkommensgruß ist in Wirklichkeit eine Provokation, sagt der UN-Offizier neben mir. Denn hinter dem gelben Tor liegt nicht Israel, sondern Syrien, genauer gesagt israelisch besetztes syrisches Staatsgebiet.

Wir sind auf dem Golan, jenem 60 Kilometer langen und 25 Kilometer breiten Höhenzug zwischen Damaskus und dem See Genezareth, um den sich Syrien und Israel streiten.

Im Gegensatz zu anderen Konflikten im Nahen Osten sind die territorialen Verhältnisse hier eindeutig: Der Golan gehört zu Syrien. Zwar hat Israel das Gebiet im Sechstagekrieg 1967 erobert, im Jom-Kippur-Krieg 1974 verteidigt und 1981 annektiert. Aber nach internationalem Völkerrecht zählt auch der westliche, von Israel besetzte Teil bis heute zu Syrien. Kein Staat der Welt – nicht einmal die USA – haben die Annektierung anerkannt, die auch der Weltsicherheitsrat für »null und nichtig« erklärte. Das Golan-Problem ist folglich keine Grenzstreitigkeit. Es geht nicht um die Frage, wer welches Gebiet bekommt, sondern nur darum, unter welchen Bedingungen Israel zur Rückgabe bereit ist.

Ich besuche die United Nations Disengagement Observer Force, kurz UNDOF, die zweitälteste UN-Mission der Welt (die älteste besteht seit 1964 auf Zypern). Seit dem 31. Mai 1974 kontrollieren mehr als 1000 Blauhelmsoldaten auf dem Golan den Waffenstillstand zwischen Syrien und Israel. Das Gebiet gilt als die sicherste Außengrenze Israels, zumindest bis zum Mai 2011, als Demonstranten von Syrien aus die israelischen Absperrungen überwinden und völlig verblüffte israelische Soldaten irgendwann in die Menge schießen. Doch dazu später.

Ansonsten herrscht auf dem Golan jahrzehntelang Ruhe. So viel Ruhe, dass man sich im Sommer 2003 über den Besuch einer deutschen Journalistin freut. Der UNDOF-Pressevertreter, damals ein Österreicher, und verschiedene andere Offiziere begleiten mich. Während wir durch die steinige Hügellandschaft fahren und vor uns der schneebedeckte Berg Hermon auftaucht, wird mir klar, warum die Israelis den Golan nicht mehr hergeben wollen. Er hat sowohl strategisch als auch wegen seiner Wasservorkommen eine existenzielle Bedeutung. Wer auf dem 2814 Meter hohen Berg Hermon sitzt, kontrolliert den Feind. Im Nordosten ist

Damaskus zu sehen, im Süden lässt sich Jerusalem erahnen – hier oben steht die Sicherheit beider Hauptstädte auf dem Spiel. Außerdem sorgen die vergleichsweise hohen Niederschläge des Gebietes für genügend Wasser im Jordan und im See Genezareth und sichern dadurch einen großen Teil der israelischen Trinkwasserversorgung.

Israel tut deshalb alles, um den Golan so israelisch wie möglich zu machen. Während und nach der Eroberung 1967 sind mehr als 100.000 Araber von dort geflohen, einige Tausend wurden durch die israelische Armee vertrieben. Die 20.000 Syrer, die blieben, zählen fast alle zur religiösen Minderheit der Drusen und leben in vier Dörfern im nördlichen Golan weitgehend unter sich. Das Angebot, die israelische Staatsangehörigkeit anzunehmen, lehnten die meisten von ihnen ab und blieben dadurch jahrzehntelang ohne gültige Ausweispapiere. Um ihren Status zu verbessern, beschloss die syrische Regierung im Oktober 2011, den Syrern auf der israelisch besetzten Seite neue Pässe auszustellen.

Daneben wohnen 18.000 israelische Siedler auf dem westlichen Golan – zwar keine religiösen Siedler wie im Westjordanland, aber dennoch Leute, die aus wirtschaftlichen Gründen hierher zogen und deren langjährige Verwurzelung eine Rückgabe des Gebietes an Syrien erschwert.

Auch die Syrer haben den Golan als Wirtschaftsstandort entdeckt und fördern die Region seit einigen Jahren mit gezielten Maßnahmen. Vielerorts werden Wohnungen gebaut und Straßen erneuert, um die Infrastruktur zu verbessern. Im Februar 2010 eröffnet die staatliche Investitionskommission dort eine eigene Filiale, um Investoren anzulocken. Viele der ehemals vertriebenen Syrer sind inzwischen in ihre Heimat zurückgekehrt. Laut UNDOF leben heute mehr als 50.000 Menschen auf der syrischen Golanseite.

Damit hat sich die Einwohnerzahl seit 1974 verzehnfacht, sagt mein Presseoffizier. Der Österreicher sieht darin auch einen Vertrauensbeweis in die Präsenz der Friedenstruppen. Keiner weiß, was ohne die UNO auf dem Golan los wäre.

Wir kommen nach Quneitra – einst die größte Stadt des Golan. Rechts und links zerstörte Gebäude, eingestürzte Häuser, zerschossene Fassaden, eine ausgebrannte Kirche. Quneitra ist ein Mahnmal des Krieges, ein Freilichtmuseum der Zerstörung. Als sich die israelische Armee 1973 hinter die ausgehandelte Waffenstillstandslinie zurückzog, legte sie die bis dahin vom Krieg unversehrte Stadt in Schutt und Asche. So die syrische Darstellung der Ereignisse, die auch meine UN-Begleiter für glaubhaft halten. Sie führen mich zu einem der wenigen Gebäude, das in Quneitra noch steht, dem massiv gebauten Krankenhaus. Dort zeigen sie auf eine pockennarbige Wand. »Diese Einschläge finden sich nur hier«, sagt einer der UNDOF-Soldaten und geht mit mir um die Ecke. Auf der östlichen Seite sind die Außenwände des Krankenhauses so gut wie nicht beschädigt. »Ein Hinweis darauf, dass die Stadt nicht Schauplatz militärischer Auseinandersetzungen war, sondern tatsächlich erst im Laufe des Rückzugs von den Israelis zerstört wurde«, meint der Offizier.

Sobald wir Quneitra verlassen, bleibt mein Blick an rotweißen Fässern hängen, die scheinbar wahllos in der Landschaft stehen. Tatsächlich handelt es sich dabei um wichtige Markierungen, lerne ich, sie kennzeichnen auf der syrischen Seite die »Bravolinie« und auf der israelischen Seite die »Alphalinie«. Dazwischen liegt die »Area of Separation«, eine 75 Kilometer lange entmilitarisierte Zone, in der sich weder syrische noch israelische Truppen aufhalten dürfen und lediglich UN-Soldaten Waffen tragen. An ihrer schmalsten Stelle im Süden ist sie nur 200 Meter breit, in der Mitte trennen Syrer und Israelis etwa 10 Kilometer. Die Position der rot-weißen Fässer zu überprüfen ist eine der Aufgaben der UNDOF-Soldaten.

Wie alle UN-Mitarbeiter auf dem Golan bezeichnet mein Presseoffizier Israel als »Alphaseite« und Syrien als »Bravoseite«. Das klingt neutraler und ist politisch in jedem Fall korrekt. Die Blauhelmsoldaten wollen sich nicht angreifbar machen, schließlich wandeln sie auf dem Golan nicht nur zwischen zwei Welten, sondern auch auf einem schmalen Grat. Bis heute herrscht zwischen Israel und Syrien Krieg. Seit fast 40 Jahren ein kalter Krieg ohne Kampfhandlungen und ohne Kontakte. Die Vereinten Nationen sind auf dem Golan deshalb nicht nur Puffer, sondern auch Bindeglied.

Was nach all den Jahren wie eine Grenze aussieht, ist also in Wirklichkeit eine Waffenstillstandslinie. Mit Stacheldraht, Niemandsland, Minenfeldern und einem technischen Zaun, den die Israelis gezogen haben, erinnert sie auf den ersten Blick an die frühere innerdeutsche Grenze. Doch im Gegensatz zu DDR und BRD herrscht zwischen Israel und Syrien totale Funkstille. »Diese Waffenstillstandslinie ist in beide Richtungen dicht«, sagt mein Begleiter, es gebe keine direkten Kontakte und keine Fluchtversuche. Kein Todesstreifen, sondern ein toter Streifen, denke ich.

Belebt wird die Waffenstillstandslinie ausschließlich von den UN-Soldaten, die teils auf syrischer, teils auf israelischer Seite stationiert sind. Zwischen den beiden Ländern hin- und herpendeln können sie nur an dieser einen Stelle, zwischen dem rot-weißen Schlagbaum der Syrer und dem gelben Eisentor der Israelis. Auf halbem Weg dazwischen steht der sogenannte Checkpoint Charlie, ein kleines weißes Häuschen mit der Aufschrift UN. Alle paar Minuten kommt ein Fahrzeug vorbei. Ein Offizier muss ins syrische Hauptquartier, ein LKW bringt Lebensmittel, ein Soldat will seine freien Tage in Israel verbringen. Beim Überqueren müssen sich die UN-Angestellten an bestimmte Vorschriften halten, erklärt der Presseoffizier. Von Syrien nach Israel dürfen sie keine offenen Lebensmittel mitnehmen, von Israel nach Syrien keine israelischen Produkte. Die Kontrollen seien streng, sagt der Österreicher und erzählt von Fällen, in denen israelische Soldaten eine unter dem Sitz vergessene Banane finden und daraufhin eine offizielle Beschwerde eingeht.

Beschwerden über vergessene Bananen zählen zu den besonderen Vorkommnissen der UNDOF-Mission. Grundsätzlich ist die Friedensicherung auf dem Golan nämlich eine recht unspektakuläre Angelegenheit. »Tense but stable«, »angespannt, aber stabil« heißt das im offiziellen UN-Jargon. Inoffiziell bezeichnen manche Blauhelme ihre Mission auch als »looking and cooking«, was sich mit »abwarten und Tee trinken« übersetzen lässt.

Abwarten und Tee trinken ist eine treffende Beschreibung des Alltags auf Position 16, einem UNDOF-Außenposten. Acht Soldaten, damals Slowaken, beobachten hier die Waffenstillstandslinie und die dahinter liegende israelisch kontrollierte Seite. Der stellvertretende Kompaniechef sitzt auf dem Ausguck und zeigt auf einen Berg gegenüber. »Das ist ein Bunkerhügel, den die Israelis aufgeschüttet haben, um eine Polizeistation darauf zu bauen«, sagt er und reicht mir das Fernglas. Ich sehe israelische Soldaten, die uns beobachten. Der Slowake warnt mich, nicht in diese Richtung zu fotografieren. Die israelische Armee könne darauf »empfindlich« reagieren.

Unterhalb von Position 16 liegt eine scheinbar verlassene Tribüne. Jahrelang füllte sie sich freitags mit Leben, wenn sich Verwandte und Freunde auf beiden Seiten des Zaunes versammelten und sich über das Tal hinweg Neuigkeiten zuriefen. »Shouting valley« heißt der Ort deshalb bis heute. In Zeiten von Internet und Mobilfunk hat die Kommunikation per Megafon allerdings an Bedeutung verloren, und so sind es nur noch wenige, die sich an besonderen Feiertagen wie dem Muttertag zum Familienplausch am Zaun treffen.

Ab und zu machen die Slowaken einen Ausflug nach Hadar. In dem drusischen Dorf gibt es zwei Krämerläden und einen Falafelverkäufer. Die Soldaten kaufen ein, trinken Tee und tauschen mit Händen und Füßen ein paar Freundlichkeiten aus. Wie überall auf dem Golan sind die UN-Leute auch in Hadar gern gesehen. Das erfahre ich von einem alten Mann, den ich nichtsahnend interviewe, schließlich habe ich für meine Recherche eine Genehmigung des Informationsministeriums. Doch mein Mikrofon alarmiert den Geheimdienst. Ein weißer Peugeot braust heran – das inoffizielle Dienstauto der Geheimdienste – und nach einigem Hin und Her wird klar, dass meine Genehmigung nur für Interviews mit UN-Vertretern gilt, nicht aber für Gespräche mit Golanbewohnern. Ich versichere, mit dem armen alten Mann nur darüber geplaudert zu haben, wie nett diese UN-Soldaten doch seien, und verspreche, keine Syrer mehr zu befragen. Nach meiner Rückkehr kriege ich im Informationsministerium noch einen Rüffel, damit ist die Sache erledigt.

Ich halte mich also an die Blauhelme, die auf dem Golan in Wahrheit Blaukappen sind – wozu einen Helm tragen, wenn ohnehin nichts passiert –, und steige wenig später mit drei österreichischen Soldaten in einen weißen UN-Panzer. Auf einem schmalen Schotterweg patrouillieren wir auf der syrischen Seite des technischen Zauns. Wir schieben unsere Oberkörper aus den runden Öffnungen im Panzerdach und blicken uns um. Braunes vertrocknetes Gras, Steine, ein paar

Büsche. Öde und harmlos sieht die Landschaft aus, aber der Schein trügt. Links und rechts des Weges liegen noch massenweise Minen vergraben, sagt einer der Österreicher. Die alteingesessenen Golanbewohner kümmern sich nicht darum und nutzen das Gebiet trotz der Gefahr als Weideland, erzählt er. Alle paar Jahre gäbe es deshalb Unfälle, bei denen sich Leute verletzten oder sogar getötet würden.

Wenig später kommen wir tatsächlich an einer Schafherde vorbei, der Schäfer winkt uns von Weitem zu. Er darf sich der Waffenstillstandslinie nur bis auf hundert Meter nähern, erklärt der UN-Offizier, sonst könnten die israelischen Soldaten auf der anderen Seite nervös werden. Neben den Schafhirten sind es vor allem die Pilzsammler, die den UNDOF-Soldaten Ärger machen, erfahre ich. Versunken in ihre Suche nähern sie sich unbekümmert dem Zaun, was manch israelischen Soldaten in Panik versetzt, vor allem wenn er zuvor in den palästinensischen Gebieten eingesetzt war. Dann könne es schon mal vorkommen, dass in die Luft geschossen wird, sagt der Pressevertreter. Um das zu verhindern, müssen die UN-Soldaten die Schafhirten und Pilzsammler rechtzeitig zurückholen, entweder indem sie arabische Plakate mit entsprechenden Aufforderungen hochhalten, oder mithilfe eines syrischen Verbindungsoffiziers, der Arabisch und Englisch spricht.

SCHÜSSE AUF DEMONSTRANTEN UND EIN UNEINGELÖSTES VERSPRECHEN

An diese Panzerfahrt entlang des technischen Zaunes muss ich denken, als ich am 15. Mai 2011 vor meinem Computer in Berlin sitze und im Internet verfolge, wie sich mehrere Hundert Menschen eben diesem Zaun nähern. Es ist der

Tag der »Nakba«, der Katastrophe, an dem die Palästinenser an ihre Vertreibung bei der Gründung des Staates Israel erinnern. Unerschrocken marschieren palästinensische und syrische Demonstranten minutenlang durch die entmilitarisierte Zone in Richtung israelisch besetztes Gebiet – und niemand hält sie auf. Der Mann, der das Geschehen filmt, steht auf der israelischen Seite, um ihn herum werden Rufe laut. »Achtung, Landminen!«, »Haltet an, nicht weiterlaufen!« Doch die Männer lassen sich nicht beirren, sie gehen einfach weiter. Wo ist die UNO?, denke ich. Wo sind die UNDOF-Soldaten, die sonst wegen jedem Schäfer ausrücken? Warum halten sie einzelne Pilzsammler auf, nicht aber Hunderte junger Männer? Warum tun sie nichts, um eine Eskalation zu verhindern?

Es kommt, wie es kommen muss. Die Aktivisten klettern über die Absperrung, fallen ihren staunenden Landsleuten auf der anderen Seite in die Arme und lassen sich zunächst feiern. Dann kommt die erste israelische Patrouille, die Soldaten rufen, warnen, feuern in die Luft, bekommen die Lage jedoch nicht in den Griff. Von der UNDOF fehlt noch immer jede Spur. Sichtlich überfordert schießen die israelischen Sicherheitskräfte am Ende in die Menge und töten 13 Demonstranten. Drei Wochen später eskaliert die Lage erneut. Am 5. Juni 2011 wollen Syrer und Palästinenser an den Beginn des Sechstagekriegs 1967 erinnern und nähern sich erneut der Waffenstillstandslinie. Dieses Mal reagieren die israelischen Soldaten früher. Sie setzen Tränengas ein und schießen auf die Demonstranten, bevor diese den Sperrzaun erreichen, 23 Menschen sterben, mehr als 300 werden verletzt.

Natürlich könnte die syrische Regierung eine solche Demonstration von vornherein unterbinden, schließlich ist der Zugang zum Golan reglementiert und dem Geheimdienst entgeht keine Bewegung in dem Gebiet, geschweige denn der Aufmarsch Hunderter Demonstranten. Doch dem im Sommer 2011 stark in Bedrängnis geratenen Regime in Damaskus kommt die Eskalation ganz gelegen. Eine außenpolitische Konfrontation mit dem Erzfeind lenkt von der innenpolitischen Krise ab und führt dem Westen vor Augen, womit Israel im Falle eines Regime-Sturzes rechnen müsste.

Tatsächlich ist Israel mit den Assads gut gefahren. Der »Alte«, Hafiz Al Assad, war außenpolitisch ein kühler Stratege und damit auch zeitweise ein Verhandlungspartner gewesen, der »Junge«, Bashar Al Assad, widmete sich vor allem der wirtschaftlichen Öffnung und Modernisierung des Landes und blieb über Jahre ein berechenbarer Feind. Dass es seit 1973 nicht zu einem Friedensschluss zwischen Syrien und Israel gekommen ist, liegt nicht in erster Linie an den Assads, sondern an Israels mangelnder Bereitschaft, Land für Frieden zu tauschen.

Aus israelischer Sicht könnte es jedoch ein Fehler gewesen sein, sich nicht mit dem lange Zeit allmächtigen und stabilen Herrscherhaus der Assads geeinigt zu haben. Denn während Diktatoren unpopuläre Entscheidungen auch gegen den Willen des Volkes durchsetzen können, müssen demokratisch gewählte Regierungen sehr wohl auf die Stimmung in der Bevölkerung hören – und die könnte sich im Falle Syriens gegen ein Abkommen mit Israel richten, zumindest solange der Konflikt mit den Palästinensern nicht gelöst ist. Sollten gar extremistische Kräfte in Damaskus das Sagen haben oder das Land in verschiedene schwer kontrollierbare Einflusszonen zerfallen, wäre das für Israel eine Bedrohung. Ein Sturz des Assad-Regimes birgt für Israel deshalb nicht nur Chancen, sondern auch Risiken.

Dabei wäre eine Einigung in der Golanfrage in der Vergangenheit durchaus möglich gewesen. Nachdem sich Syrien

1991 an der Madrider Friedenskonferenz beteiligt hatte, folgten unter amerikanischer Vermittlung indirekte und zum Teil direkte Gespräche zwischen Damaskus und Jerusalem, die Mitte der 1990er Jahre erste Erfolge zeigten. Während Syrien auf die volle Wiedergewinnung des Golan bestand, ging es Israel um die eigene Sicherheit, die Wasserversorgung sowie die Normalisierung der zwischenstaatlichen Beziehungen.

1994 kam es zu einem bedeutsamen Versprechen. Israels Ministerpräsident Yitzhak Rabin sicherte dem syrischen Präsidenten Hafiz Al Assad zu, dass Israel grundsätzlich zu einem vollen Rückzug bis zu den Linien vor Ausbruch des Junikrieges 1967 bereit sei, wenn alle anderen Fragen in einem Abkommen zufriedenstellend gelöst seien. Im gleichen Jahr erhielt Rabin zusammen mit seinem damaligen Außenminister Schimon Perez und Palästinenserführer Yasir Arafat den Friedensnobelpreis, ein Jahr später war er tot – ermordet von einem jüdischen Fundamentalisten am 4. November 1995 in Tel Aviv. Rabins Rückzugs-Äußerung wurde zu einem historischen Versprechen, auf das sich jede syrische Regierung berufen wird, wenn es um die Lösung der Golanfrage geht. Territoriale Zugeständnisse sind von Damaskus nicht zu erwarten.

Kern des Streits ist ein schmaler Streifen Land, das nordöstliche Ufer des See Genezareth, den die Israelis nicht hergeben wollen und auf dessen Rückgabe die Syrer bestehen, da sie ansonsten keinen Zugang zum See haben. War man sich im Januar 2000 in allen anderen Fragen weitgehend einig geworden – die Syrer hatten dem Aufbau von Wirtschaftsbeziehungen, der Einrichtung einer gemeinsamen Wasserbehörde und einer internationalen Frühwarnstation auf dem Golan zugestimmt –, scheiterten die Verhandlungen zwischen der israelischen Regierung unter Ministerpräsident

Ehud Barak und den Machthabern in Damaskus zwei Monate später an der mangelnden Bereitschaft der Israelis, Rabins Versprechen einzulösen und sich bis zu den Linien des 4. Juni 1967 zurückzuziehen.

Ein tragisches Ende, vor allem für den damals schon schwer kranken Hafiz Al Assad, der im März 2000 zu seiner letzten Auslandsreise nach Genf aufbricht, um US-Präsident Bill Clinton zu treffen. Wie Volker Perthes in seinem Buch »Geheime Gärten« schildert, erfüllt sich Assads Hoffnung, Clinton könne die entsprechende Zusage Baraks im Gepäck haben, nicht. Stattdessen schlägt dieser vor, das gesamte Ufer des See Genezareth weiterhin unter israelischer Kontrolle zu belassen. Der düpierte Assad soll daraufhin geantwortet haben, er selbst habe als junger Mann im See gebadet und am Ufer Fische gegrillt – ohne einen vollständigen israelischen Rückzug werde es kein Abkommen geben.

In der internationalen Wahrnehmung wurde Assad der Schwarze Peter für das Scheitern der Verhandlungen zugeschoben. In Wahrheit war es jedoch die israelische Führung, die eine historische Chance auf Frieden verspielte. Syrien war auf alle sensiblen Punkte der Israelis eingegangen, hatte in Fragen der Sicherheit, der Wasserversorgung und der Normalisierung der Beziehungen Kompromissbereitschaft und Weitsicht bewiesen. Zu erwarten, dass Damaskus am Ende auch noch territoriale Abstriche machen würde und auf den eigenen Zugang zum See Genezareth verzichten würde, war naiv und realitätsfern. Denn für arabische Politiker geht es bei Verhandlungen mit Israel bis heute um die Formel »Land für Frieden«, nach der schon Ägyptens Präsident Anwar al-Sadat 1979 die vollständige Rückgabe der erdölreichen Sinai-Halbinsel gefordert und im Gegenzug für ein Friedensabkommen auch bekommen hatte.

Am 10. Juni 2000 stirbt Hafiz Al Assad, wann und zu welchen Bedingungen nun eine friedliche Lösung des Golanproblems möglich sein wird, ist fraglich. Während in Damaskus Hafiz' Sohn Bashar Al Assad die darauffolgenden Jahre damit verbringt, die eigene Macht zu konsolidieren und die syrische Wirtschaft zu öffnen, bleibt auf dem Golan alles wie gehabt. Der rot-weiße Schlagbaum der Syrer, das gelbe Eisentor der Israelis, eine tote Waffenstillstandslinie und mittendrin die UNDOF-Soldaten, die sich mit vergessenen Bananen, rot-weißen Fässern und Schafhirten herumschlagen. Doch das ist nur der eine Teil ihrer Aufgabe, der des Puffers. Der andere Teil ist aufregender, denn dabei geht es um menschliche Kontakte – um Studierende, Pilger, Bräute und Äpfel.

TRÄNEN AM SCHLAGBAUM UND EINE LÖSUNG IN DER SCHUBLADE

Im Frühjahr 2004 stehe ich wieder einmal mit einem Presseoffizier der Vereinten Nationen am rot-weißen Schlagbaum, dem einzigen Übergang zwischen israelischer und syrischer Seite. Dieses Mal sind wir jedoch nicht allein, sondern umgeben von jungen Leuten in Jeans und T-Shirt, mit Rucksäcken über der Schulter und Plastiktüten in der Hand. Sie sind Studierende, die vom israelisch besetzten Golan stammen und in Damaskus studieren. Heute kehren sie in ihr Heimatdorf auf der israelischen Seite zurück, manche für den Sommer, manche für immer. Diese sogenannten »student crossings« finden zweimal im Jahr statt, sie werden vom Internationalen Komitee des Roten Kreuzes (IKRK) organisiert und von den Vereinten Nationen überwacht. Ohne die beiden Organisationen wäre ein solcher Austausch undenkbar, da die Regierungen in Syrien und Israel ja nicht miteinander reden.

Für Ahmad ist das Passieren der Kontrollen inzwischen Routine. Sieben Jahre lang hat er in Damaskus Ingenieurwissenschaften studiert, die Sommer hat er stets drüben bei seiner Familie verbracht. Früher kannte er Syrien nur aus dem Fernsehen, jetzt fühlt er sich seinem Land und seiner Kultur näher. Außerdem habe er die Bindungen zwischen Syrien und dem besetzten Golan gestärkt, meint Ahmad.

Der 28-Jährige hat die Zeit in Damaskus genossen. Vor allem das gesellschaftliche Leben, die Herzlichkeit und Offenheit der Menschen haben ihm gefallen. Heute geht der junge Mann für immer zurück. Sein Studium ist abgeschlossen, er hat aus Sicht der israelischen Behörden also keinen ausreichenden Grund mehr, in Zukunft nach Syrien zu kommen. Der Abschied von den Freunden in Damaskus ist ihm schwergefallen, trotzdem hat er keinen Moment gezögert. Gerade weil er Syrer sei, müsse er auf der israelisch besetzten Seite ausharren, bis der Golan befreit werde, argumentiert der junge Mann. »Wenn jetzt jeder, der in Syrien studiert, hier bleibt, ist drüben irgendwann keiner mehr, der den Golan als syrisches Land verteidigt«, sagt Ahmad.

Es geht los. Der rot-weiße Schlagbaum öffnet sich. Ahmad verabschiedet sich von seinen syrischen Freunden. Sie umarmen sich, klopfen einander auf die Schulter, küssen sich auf die Wangen. Feisa, eine schlanke junge Frau, klammert sich an ihre Freundin Salam. Die beiden haben jahrelang in Damaskus zusammen gewohnt, ihre Gesichter sind tränenüberströmt. Behutsam löst Ahmad seine Kommilitonin aus der Umarmung und zieht sie mit sich in Richtung des gelben Eisentors. Ein LKW der Vereinten Nationen transportiert ihr Gepäck.

Nach etwa 50 Metern dreht Feisa sich plötzlich um und kommt zurückgerannt. Bitterlich weinend fällt sie Salam um den Hals. Die Körper der beiden zucken unter Tränen, zwischen ihnen der rot-weiße Schlagbaum. Seit Jahrzehnten spielen sich hier die gleichen Szenen ab, solange der Krieg nicht endet, gehen auch die menschlichen Tragödien weiter. Haben die Vereinten Nationen auf dem Golan versagt? Mein Presseoffizier denkt einen Moment nach. Politisch sei der UN-Einsatz ein Misserfolg, weil seit 40 Jahren kein Friedensschluss zustande gekommen ist, sagt er. Militärisch sei er jedoch ein Erfolg, weil in all diesen Jahren kein Krieg stattgefunden hat. »Wo die UNO ist, da ist eben nicht alles im Lot«, fügt er hinzu. »Denn wo alles im Lot ist, da braucht sie nicht zu sein.« Wohl wahr.

Der UN-verwaltete Dauerkriegszustand ist umso tragischer, als dass kreative Lösungen des Golanproblems längst in der Schublade bereitliegen. Sie sind das Ergebnis von Geheimgesprächen, die Vertreter beider Seiten zwischen September 2004 und Juli 2006 in Europa führen. Laut der israelischen Zeitung Haaretz, die das geheime Grundsatzpapier im Januar 2007 enthüllt, gab die Türkei den Impuls für die Kontakte, nachdem Bashar Al Assad im Januar 2004 bei seinem ersten Staatsbesuch in Ankara den türkischen Ministerpräsidenten Erdogan gebeten hatte, die syrisch-israelischen Kanäle »vom Rost zu befreien«.

Daraufhin treffen sich Alon Liel, ehemaliger Generaldirektor im israelischen Außenministerium, Geoffrey Aronson von der Washingtoner Stiftung für Frieden in Nahost, und Ibrahim Suleiman, ein syrisch-amerikanischer Geschäftsmann mit gutem Draht zu den Assads, insgesamt acht Mal zu diskreten Gesprächen, in denen diejenigen Probleme auf den Tisch kommen, die bislang einen Frieden verhinderten. Während Haaretz behauptet, beide Regierungen wären in die Geheimverhandlungen eingeweiht gewesen, bestreiten sowohl Damaskus als auch Jerusalem, davon gewusst zu haben.

Egal wie offiziell oder privat die Kontakte letztlich waren – die drei Gesprächspartner liefern mit ihrem Grundsatzpapier wenn nicht die Blaupause, so doch zumindest die Basis für ein zukünftiges Abkommen. Nach Darstellung von Haaretz sieht es vor, dass Israel sich schrittweise bis zu den Grenzen vom Juni 1967 zurückzieht. Das umstrittene Gebiet am Ostufer des See Genezareth soll in einen Naturpark umgewandelt werden, den die Syrer alleine managen, den aber sowohl Syrer als auch Israelis tagsüber besuchen dürfen. Auf beiden Seiten entstehen demnach entmilitarisierte Zonen, für jeden israelischen Quadratkilometer sollen vier syrische entmilitarisiert werden. Haaretz berichtet außerdem über die Bereitschaft Syriens, im Falle eines Friedensprozesses mit Israel seine Unterstützung für die libanesische Hisbollah und die palästinensische Hamas einzustellen. Damit wäre eine der Hauptforderungen der Israelis erfüllt, die in den beiden israelfeindlichen Parteien Terrorgruppen sehen.

Die Geheimgespräche brechen im Sommer 2006 ab, angeblich weil die syrische Seite die Treffen auf Vizeminister-Ebene weiterführen will, was Israel ablehnt. Hinzu kommt der Libanonkrieg der Israelis im Juli/August 2006, der in der gesamten arabischen Welt große Empörung auslöst, und die Tatsache, dass sich Damaskus seit der Ermordung des früheren libanesischen Ministerpräsidenten Hariri im Februar 2005 US-amerikanischen Bedrohungen und einer europäischen Isolationspolitik ausgesetzt sieht. Mitte 2006 hat deshalb außer den Syrern niemand ein echtes Interesse an einem Friedensprozess zwischen Damaskus und Jerusalem.

Neue Hoffnung, die Dinge auf dem Golan ins Lot zu bringen, keimt erst zwei Jahre später im Mai 2008 auf, als Syrien und Israel offiziell bestätigen, indirekte Gespräche unter türkischer Vermittlung zu führen. Israels Ministerpräsident Ehud Olmert spricht von »unvoreingenommenen Verhandlungen in offener Atmosphäre«, das syrische Außenministerium von einem »ernsthaften dauerhaften Dialog«. Beide nennen als Ziel einen »umfassenden Friedensvertrag auf Grundlage der Madrider Friedenskonferenz von 1991«. Doch die schönen Worte laufen ins Leere. Im Dezember 2008 beginnt Israel seine Militäroffensive in Gaza, Damaskus und Ankara setzen die Gespräche daraufhin aus mit dem Argument, Israel könne nicht mit Syrien Frieden schließen und gleichzeitig gegen die Palästinenser Krieg führen.

Seitdem ist eine Vermittlerrolle der Türkei undenkbar geworden. Nicht nur, weil die freundschaftlichen Beziehungen zwischen Erdogan und Assad im Zuge des Syrien-Krieges in offene Feindschaft umgeschlagen sind. Sondern auch, weil sich das Verhältnis zwischen Ankara und Jerusalem abgekühlt hat. Hauptgrund dafür ist der Angriff israelischer Sicherheitskräfte auf eine Gaza-Hilfsflotte im Mai 2010. Eine internationale Gruppe von Aktivisten versucht damals, die seit 2007 bestehende israelische Seeblockade des Gazastreifens zu durchbrechen, um 10.000 Tonnen Hilfsgüter nach Gaza zu bringen, wird jedoch vom israelischen Militär gewaltsam daran gehindert. Bei der Erstürmung der Boote töten israelische Soldaten neun Aktivisten – acht türkische Staatsbürger und einen US-Bürger türkischer Herkunft. Der seit März 2009 amtierende israelische Ministerpräsident Benjamin Netanjahu weigert sich zunächst, sich für den Vorfall zu entschuldigen und die Opfer zu entschädigen. Daraufhin weist Ankara im September 2011 den israelischen Botschafter aus. Erst eineinhalb Jahre später nähern sich Jerusalem und Ankara angesichts des ausufernden Syrienkonfliktes wieder an. Im März 2013 entschuldigt sich Netanjahu für den Tod der neun Aktivisten und kündigt Entschädigungszahlungen an.

Gespräche zur Lösung der Golanfrage stehen angesichts der Zustände in Syrien derzeit auf keiner Agenda. Der Plan für einen Naturpark, in dem Syrer und Israelis am Ufer des See Genezareth Seite an Seite picknicken, bleibt deshalb bis auf Weiteres ein Traum. Dabei wäre er für Nashua und Jaber ein großartiges Geschenk, ein Wendepunkt in ihrem Leben, für Nashua auch das Ende ihres persönlichen Leids. Denn dann könnte die junge Frau all den Menschen um den Hals fallen, denen sie vor Jahren an dem rot-weißen Schlagbaum auf dem Golan Lebewohl gesagt hat.

Es ist der Tag des »student crossing«, unter die Studierenden mischen sich immer mehr festlich gekleidete Leute. Sie sind Hochzeitsgäste, die zum Feiern gekommen sind, aber nicht gerade fröhlich wirken. Nashua, die Braut, sitzt in ihrem weißen fein bestickten Brautkleid vor dem rot-weißen Schlagbaum auf einem Plastikstuhl. Müde, den Kopf zur Seite geneigt, die Augen halb geschlossen. Etwa hundert Meter weiter steht hinter dem massiven gelben Eisentor Jaber in dunklem Anzug und weißem Hemd, die nervösen Hände in den Taschen vergraben. Nashua und Jaber feiern ihre Hochzeit auf der Waffenstillstandslinie, weil Jaber vom israelisch besetzten Golan und Nashua aus Damaskus stammt. Der syrische Schlagbaum und das israelische Eisentor öffnen sich für Nashua nur einmal, Syrien wird sie nicht wieder betreten können. Ihre Hochzeit ist ein Abschied für immer.

Nashua hat sich diesen Schritt lange überlegt. Vor vier Jahren lernte sie Jaber in Damaskus kennen, als dieser dort studierte. Die beiden verliebten und verlobten sich, und als sie beschlossen zu heiraten, war für Nashua klar, dass sie mit ihm gehen würde – in sein Heimatdorf Majdal Shams auf der israelisch besetzten Golanseite. Keine 80 Kilometer trennen sie dort von ihrem Elternhaus, dennoch ist ungewiss, ob und wann sie ihre Familie wiedersieht. Ein solches Treffen müsste auf neutralem Boden stattfinden, zum Beispiel in Jordanien. Aber eine israelische Ausreisegenehmigung zu bekommen ist für Golanbewohner keineswegs selbstverständlich.

Als Syrerin auf den israelisch besetzten Golan zu ziehen empfindet die 21-Jährige fast als eine politische Tat, schließlich macht ihr Zuzug den Golan wieder ein bisschen syrischer. Schon die Hochzeit ist ein kleiner Sieg für den syrischen Patriotismus, weil dabei die Waffenstillstandslinie überwunden wird. In diesem Moment sieht Nashua allerdings nicht aus wie eine Siegerin, ihr Gesichtsausdruck ist gequält, als leide sie Schmerzen. Sie sei traurig, weil sie ihre Familie heute zum letzten Mal sehe, sagt sie, aber Angst habe sie nicht. »Ich vertraue auf Gott und hoffe einfach, irgendwann wiederkommen zu können.« Nashuas Stimme bricht, schnell schluckt sie den Kloß im Hals hinunter. Drei Tage und Nächte habe sie nicht geschlafen, erzählt sie. Das sorgfältig aufgetragene Make-up kann ihre rotgeweinten Augen nicht verbergen.

Neben Bräuten und Studierenden hilft das Internationale Komitee des Roten Kreuzes auch drusischen Pilgern bei der Überquerung der Waffenstillstandslinie. In regelmäßigen Abständen dürfen Gruppen religiöser Drusen für einige Tage nach Syrien reisen, um dort heilige Stätten zu besuchen. Rein logistisch gesehen ist das Hin- und Herpendeln von Menschen ein Spaziergang – im wahrsten Sinne des Wortes, da die Golanbewohner die hundert Meter zwischen Schlagbaum und Eisentor in der Regel zu Fuß zurücklegen. Für die beiden Vermittler IKRK und UNDOF viel komplizierter ist der groß angelegte Apfelexport aus dem besetzten Golan, der seit 2005 jedes Jahr stattfindet.

Syrien kauft dabei den drusischen Apfelbauern auf der israelischen Seite ihre Ernte ab, die sie in Israel oft nicht

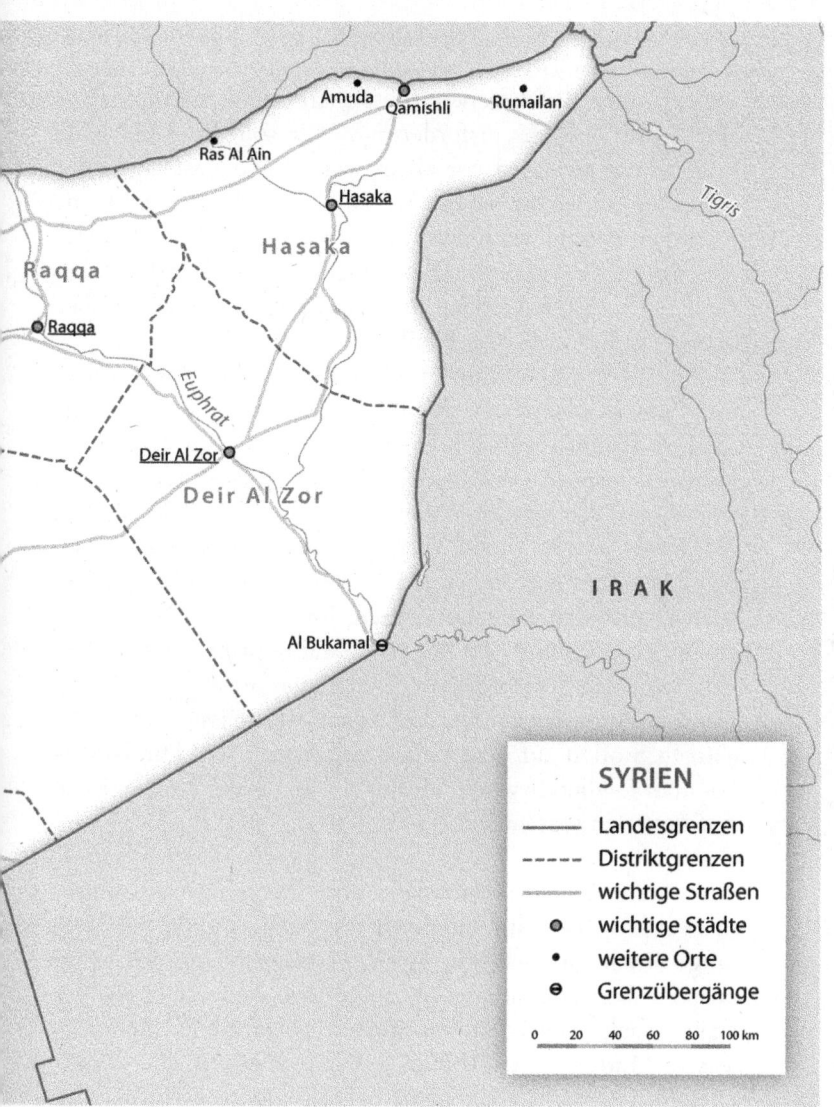

Amuda

Qamishli

Rumailan

Ras Al Ain

Hasaka

Hasaka

Tigris

Raqqa

Raqqa

Euphrat

Deir Al Zor

Deir Al Zor

IRAK

Al Bukamal

SYRIEN

— Landesgrenzen

- - - Distriktgrenzen

— wichtige Straßen

⊙ wichtige Städte

• weitere Orte

⊖ Grenzübergänge

0   20   40   60   80   100 km

loswerden – so wird syrisches Obst, das unter israelischer Besatzung wächst, gewissermaßen repatriiert. Die bis zu zehn Tonnen Äpfel stellen die Organisatoren allerdings vor eine logistische Herausforderung. Wer soll die Äpfel nach Syrien bringen? Und vor allem worin? Die Lastwagen der Golanbauern haben israelische Nummernschilder und kommen damit nicht nach Syrien, das Gleiche gilt umgekehrt für syrische Fahrzeuge. Die Einfuhr israelischer Produkte nach Syrien ist außerdem streng verboten, ein hebräischer Schriftzug löst in Syrien Panik aus.

Beim ersten Apfeltransfer im Mai 2005 wird das Obst deshalb in unbeschriftete weiße Kisten verpackt, die von kenianischen Fahrern auf der israelischen Seite auf sechs Rot-Kreuz-Transporter aufgeladen und ein paar Hundert Meter weiter auf der syrischen Seite wieder abgeladen werden. Neutraler geht es nicht. Wie tief das Misstrauen zwischen den Nachbarn sitzt, zeigt das weitere Vorgehen. Bevor die Kisten auf syrischen Lastwagen landen, werden sie mit einem Geigerzähler auf Radioaktivität geprüft – laut Informationen der Internationalen Atomenergiebehörde gibt es nämlich Hinweise darauf, dass Israel 1500 Fässer mit radioaktiven Stoffen auf dem Golan eingelagert hat. Die Israelis könnten folglich bewusst oder unbewusst versuchen, syrische Apfelesser zu verseuchen.

Organisatorisch einfacher, dafür aber menschlich umso dramatischer verläuft die Hochzeit von Nashua und Jaber. Die junge Braut hat sich von ihrem Plastikstuhl erhoben. Ihre engsten Verwandten werden aufgerufen und schlüpfen der Reihe nach unter dem rot-weißen Schlagbaum hindurch. Vater, Mutter, zwei Brüder, zwei Schwestern, die Großeltern – insgesamt zehn Leute darf sie mit zum Checkpoint Charlie nehmen. Dort, an dem kleinen weißen UN-Häuschen zwischen syrischen und israelischen Kontrollposten, treffen sich Braut und Bräutigam zur offiziellen Hochzeitszeremonie. Der Vertrag wird unterschrieben, die Ringe werden getauscht. Eine halbe Stunde dürfen die beiden Familien zusammen feiern, dann geht Nashua mit Jaber auf die israelische Seite, ihre Eltern und Geschwister kehren nach Syrien zurück.

Nashua wird als Letzte aufgerufen. Verwandte und Freunde, die nicht mit zum Checkpoint Charlie kommen dürfen, versuchen, den Abschied so schmerzlos wie möglich zu machen. Sie nehmen Nashua kurz in den Arm, die meisten sagen nichts mehr. Was zu sagen war, ist längst gesagt. Nashuas Kloß im Hals ist jetzt zu groß zum Runterschlucken, sie lässt die Tränen einfach fließen. Ein etwa 16-jähriger Junge, wahrscheinlich ihr Cousin, dreht sich weg, weil auch er nicht anders kann als weinen.

Die Stimme meines Presseoffiziers klingt belegt, als er feststellt, dass man selten so traurige Bräute sehe. »Sobald diese Waffenstillstandslinie belebt ist, merkt man erst, wie tragisch sie eigentlich ist«, fügt er hinzu. Die umstehenden UN-Soldaten wirken hilflos. Sie kontrollieren eine Waffenstillstandslinie, auf der Heirats- statt Friedensverträge geschlossen werden. Dann geht Nashua los, sie blickt nicht mehr zurück. Schritt für Schritt nähert sie sich dem gelben Eisentor und der Schrift darüber: »Welcome to Israel«.

5. Gewinner und Verlierer: Syriens sozialistische Planwirtschaft wird zur (un)sozialen Marktwirtschaft

Als Mitte März 2011 im südsyrischen Daraa die ersten großen Proteste beginnen, taucht in den wütenden Sprechchören immer wieder ein Name auf. Nicht der des Präsidenten Bashar Al Assad – nein, um den geht es zunächst gar nicht. Es geht um Assads Cousin Rami Makhluf, die Symbolfigur für Vetternwirtschaft und Bereicherung schlechthin. Makhluf kontrolliert laut »Financial Times« etwa 60 Prozent der syrischen Wirtschaft, seine Beteiligungen umfassen Mobilfunkanbieter, Luxushotels und Restaurants, eine private Fluggesellschaft, Banken, Versicherungen, Fernsehsender, Privatschulen, Dutyfree-Shops und das Monopol auf den Tabakimport. Also alles, womit sich in Syrien viel Geld verdienen lässt.

Ab einem gewissen Umfang führt bei Geschäften kein Weg an dem 45-Jährigen vorbei. Wer einen großen Deal erfolgreich beenden will, muss Makhlufs weit verzweigtes Imperium beteiligen, was ihm den Spitznamen »Mister 5 Prozent« eingebracht hat. Rami Makhluf gilt als Finanzchef des Assad-Clans, er vermehrt, verwaltet und versteckt das Vermögen der Herrscherfamilie. Die USA verhängten bereits 2008 Sanktionen gegen ihn, die Europäische Union folgte im Mai 2011, Europäer und US-Amerikaner dürfen folglich nicht mehr mit Makhluf zusammenarbeiten.

Die Demonstranten in Daraa beschimpfen Rami Makhluf stellvertretend für die korrupte Elite des Landes als »Dieb«. Aus ihrer Sicht haben vor allem Männer wie Makhluf von den Wirtschaftsreformen der vergangenen Jahre profitiert, während einfache Syrer wie sie angesichts steigender Preise immer härter für den Unterhalt der Familie kämpfen müssen.

Dabei könnten die insgesamt 21 Millionen Syrer in Friedens-
zeiten alle in relativem Wohlstand leben.

EINE GUTE GRUNDAUSSTATTUNG, SCHLECHT GEMANAGT

Syrien ist ein reiches Land. Nicht wegen seines bisschen Erd-
öls, sondern wegen seiner Menschen, seiner Vielfalt und seiner geografischen Lage. Die Syrer sind begnadete Händler,
das Land hat von allem etwas – Landwirtschaft, Rohstoffe,
verarbeitendes Gewerbe, Tourismus – und es liegt zwischen
der Türkei als Tor nach Europa im Norden und der arabischen Welt im Süden, zwischen dem Mittelmeer im Westen und Zentralasien im Osten. Nach seiner Unabhängigkeit
von Frankreich erlebte Syrien in den 1950er Jahren einen
wirtschaftlichen Aufschwung, der es innerhalb von zwei Jahrzehnten zu einem wohlhabenden Schwellenland hätte
machen müssen.

Doch die ineffektive Planwirtschaft der ab 1963 regierenden sozialistischen Baath-Partei und die Ausbeutung des
Landes durch eine korrupte Clique warfen Syrien wirtschaftlich um Jahrzehnte zurück. Der Krieg der vergangenen drei
Jahre tat ein Übriges. Die Staatseinnahmen sanken drama-
tisch, Läden und Firmen mussten schließen, jeder zweite
Syrer ist ohne Arbeit. Das syrische Pfund verlor mehr als die
Hälfte seines Wertes, die Preise für Lebensmittel, Benzin
und Heizöl haben sich zum Teil vervielfacht, das Regime
muss Grundnahrungsmittel wie Reis, Getreide und Zucker
importieren. Syrien liegt wirtschaftlich am Boden. Und das,
obwohl die Aussichten zuvor gar nicht so schlecht waren.

In Shaalan, dem modernen Geschäftsviertel, in dem ich zwischen 2002 und 2007 wohne, drängt sich ein kleiner Laden

an den anderen: ein Sportgeschäft zwischen Metzger und Gemüsehändler, gegenüber ein Schuhladen, eine Apotheke, eine Saftbar und ein Musikgeschäft voller raubkopierter CDs. Davor verkauft ein alter Mann Klopapier und Küchenrollen von einem Handkarren. Syrien ist das Land der Einzelhändler, anonyme Supermärkte und sterile Shoppingmalls gibt es kaum. Einkaufen bedeutet hier plaudern, Kontakte pflegen, Neuigkeiten austauschen – statt hektisch irgendwelche Listen abzuhaken, erledigen die Syrer ihre Besorgungen scheinbar nebenbei.

Die Dinge des täglichen Bedarfs kaufe ich wie die Einheimischen beim Krämer um die Ecke. Dessen kleiner bis winziger Laden ist bis unter die Decke vollgestopft mit Reis, Zucker, Milch und Käse, Waschmittel, Klopapier und Zahnpasta. Zwischen meterhohen Regalen, Kühlschränken, Chipstüten und Eierkartons balanciert Abu Mohammed, das männliche Gegenstück zur deutschen Tante Emma. Während er dies uns jenes herbeiholt, reden wir über Wetter, Außenpolitik und das Neueste aus der Familie. Sollten die Einkäufe am Ende zu schwer erscheinen, schickt Abu Mohammed einen seiner Helfer mit, der mir die Taschen dann nach Hause in den dritten Stock trägt – meist ein Jugendlicher aus der Verwandtschaft, der im Laden aushilft. Sollte ich später feststellen, dass ich vergessen habe, Eier zu kaufen – kein Problem: Anruf genügt und fünf Minuten später steht der junge Mann mit gesenktem Blick und sechs Eiern erneut vor meiner Tür.

Die unzähligen Krämerläden bilden zusammen mit den Einzelhändlern der Suqs das Rückgrat der syrischen Wirtschaft. Sie haben im sozialistischen Syrien stets privat gewirtschaftet und sich von 40 Jahren Planwirtschaft nicht unterkriegen lassen. In Damaskus' Altstadt sind die meisten dieser Läden Familienbetriebe in der dritten oder vierten Generation. Die Söhne bedienen und beraten die Kunden, der Vater sitzt an der Kasse und überwacht das Ganze, der Großvater kommt ab und zu vorbei, trinkt einen Tee und plaudert mit langjährigen Kunden.

Syrische Händler gelten als kluge und geschickte Kaufleute, seit jeher machen sie Geschäfte in aller Welt. Schon in der Antike kreuzten sich in Damaskus zwei Handelsrouten, die Seidenstraße von Ost nach West und die Weihrauchstraße von Süd nach Nord. Auf der Seidenstraße kamen neben der Seide vor allem Gewürze, Pelze, Keramik, Jade, Bronze und Eisen aus Südostasien nach Damaskus und wurden von hier aus nach Europa umgeschlagen. Die Weihrauchstraße brachte den Weihrauch aus dem heutigen Oman über die arabische Halbinsel und Jordanien bis nach Gaza und Damaskus.

Im 21. Jahrhundert verkaufen die Syrer vor allem Rohstoffe, darunter Erdöl, Baumwolle, Phosphat und Erdgas. Bis zum Ausbruch der Revolution im Frühjahr 2011 galten der Tourismus und der Erdölexport als die wichtigsten Devisenquellen des Regimes. Der über Jahre angeschwollene Strom von Bildungsreisenden ist jedoch aufgrund der Krise versiegt, ausländische Urlauber gibt es in Syrien nicht mehr. Dieser Einbruch in der Tourismusindustrie hinterlässt nicht nur große Löcher im Staatshaushalt, sondern stellt auch Hotel- und Restaurantbesitzer, Reisebüros und Touristenführer vor eine existenzielle Bedrohung. Bis auf wenige Ausnahmen mussten die sogenannten »Boutique-Hotels« in der Altstadt von Damaskus, die während der vergangenen Jahre als kleine feine Unterkünfte für westliche Bildungsreisende in traditionellen arabischen Hofhäusern entstanden waren, sämtlich schließen.

Was den Erdölexport angeht, neigen sich die landesweiten Vorräte ohnehin dem Ende zu – Syrien wird im Laufe der nächsten Jahre selbst zum Nettoimporteur von Erdöl werden. Noch würden die Einnahmen aus dem Ölverkauf jedoch 30 bis 40 Prozent der Staatseinnahmen ausmachen, aber diese sind seit November 2011 drastisch zurückgegangen. Die Europäische Union, Syriens Hauptabnehmer, verhängte damals ein Embargo auf syrisches Erdöl, um ein Zeichen gegen die brutale Gewalt gegenüber Demonstranten zu setzen. 95 Prozent der gesamten Erdölexporte gingen zuvor nach Europa, diese Menge konnte selbst mit der Unterstützung von Verbündeten wie dem Iran nur zum Teil aufgefangen werden. Hinzu kommt, dass Syrien inzwischen weniger als die Hälfte der Erdölmenge produziert, die es noch 2010 förderte, weil die Ölfelder im Nordosten des Landes teils von kurdischen Milizen, teils von radikal-islamischen Gruppen kontrolliert werden.

Neben den Rohstoffen exportierte Syrien vor dem Krieg Obst und Gemüse, Agrarprodukte wie Olivenöl sowie, in geringerem Umfang, Lederwaren, Textilien und Kunsthandwerk. Seit 2010 sind die Exporte auf ein Viertel des Ursprungswertes geschrumpft. Zu den Importwaren zählten Maschinen, Elektrogeräte, chemische Produkte, Haushaltswaren und Autos, die die Syrer entweder teuer und hochwertig aus Europa beziehen oder deutlich billiger und oft in schlechterer Qualität in China und Südkorea kaufen.

Die jahrtausendealte Tradition des Handels sorgte dafür, dass die syrische Wirtschaft im Gegensatz zu anderen sozialistischen Ländern nie vollständig verstaatlicht war. Zwar konnten Syriens Unternehmer bis vor zehn Jahren nur sehr begrenzt Geschäfte mit dem Ausland machen, aber viele organisierten ihren Im- und Export unabhängig und durchaus erfolgreich. Abu Basel zum Beispiel, der Küchenhändler meines Vertrauens, der in der Altstadt einen großen, gut sortierten Haushaltswarenladen betreibt. Er durfte früher nur zweimal im Jahr Ware aus Europa einführen, heute kann er importieren, so viel er will.

EIN KÜCHENHÄNDLER IM VERHÖR

Abu Basel hat ein rundes Gesicht, einen kurz gestutzten Vollbart und ein sehr gewinnendes Lächeln – noch heute kriege ich Bauchschmerzen, wenn ich daran denke, welchen psychischen Stress er wegen mir durchleiden musste. Ich lerne ihn kennen, als ich für meine Wohnung ein paar ordentliche Töpfe suche. Schon bald werde ich Stammkundin, nicht wegen der Töpfe, sondern wegen der interessanten Gespräche, die ich mit Abu Basel führe. Ich freunde mich mit seiner Frau und den Kindern an, besuche die Familie oft zu Hause und interviewe ihn ab und zu für meine Radiosendungen.

Den örtlichen Geheimdienstmann machen meine regelmäßigen Besuche in dem Laden mit der Zeit misstrauisch, er setzt Abu Basel irgendwann so unter Druck, dass dieser den Kontakt zu mir abbrechen muss. Ich verstehe die Welt nicht mehr – Abu Basel geht mir aus dem Weg, selbst seine Frau ignoriert meine Telefonanrufe. Als sie mir Monate später alles erklärt und von den Verhören des Geheimdienstes erzählt, liegen wir uns heulend in den Armen.

Dieses Erlebnis in meinem engsten Freundeskreis macht mir klar, was es bedeutet, in einem Polizei- und Überwachungsstaat zu leben. Jeder Syrer kann jederzeit aus nichtigem Grund vom Geheimdienst vorgeladen werden. Haben einen die Spitzel erst einmal im Visier, kann das am Ende die Zerstörung einer beruflichen Existenz und den sozialen Abstieg einer ganzen Familie bedeuten. Als Vater dreier Schulkinder hatte Abu Basel damals viel zu verlieren, unter einem Vorwand hätten staatliche Stellen sofort seinen gut gehenden Laden schließen, ruinöse Steuernachzahlungen verlangen oder ihn wegen Steuerhinterziehung vor Gericht stellen können. Letzteres funktioniert eigentlich immer, da das syrische Steuersystem durch und durch korrupt ist und somit jeder zwangsläufig Dreck am Stecken hat. Den zu zahlenden Steuerbetrag handeln Steuereintreiber und Geschäftsleute in der Regel persönlich aus, wobei der »Finanzbeamte« kräftig mitverdient.

Wenn sich aber selbst die Mittel- und Oberschicht vor staatlicher Willkür fürchten muss, wie mag es dann den Armen und Unterprivilegierten ergehen? Egal, wer man ist oder was man hat, der Geheimdienst sitzt in Syrien immer am längeren Hebel und kann mit seinen vielseitigen Maßnahmen jeden unter Druck setzen. Beispiele gibt es genug. Engagiert sich ein Anwalt politisch, verliert die Ehefrau ihre Beamtenstelle. Verplappert sich ein Kind in der Schule und kritisiert den Präsidenten, wird sein Vater verhaftet. Legt sich ein einfacher Student aus Versehen mit dem Sohn eines Generals an, fliegt er von der Universität.

Diese Willkür, dieses Drohpotenzial, das in Syrien über allem schwebt, ist es, was die Syrer über Jahrzehnte stillhalten lässt. Und diese Willkür, dieser andauernde Angstzustand, ist es auch, der sie ab März 2011 auf die Straße treibt. Die Syrer wollen sich nicht mehr ducken, sie wollen wieder aufrecht gehen – das meinen die Protestierenden, wenn sie ihre Würde zurückfordern. Angesichts der Brutalität der staatlichen Sicherheitskräfte gegenüber unbewaffneten Demonstranten wundern sich Außenstehende über deren Mut und Ausdauer. Aber wer ahnt, welchen inneren Befreiungsschlag sie vollzogen haben, weiß, dass es für sie keinen Weg zurück gibt. Denn jeder, der einmal seine Angst überwunden hat und mitmarschiert ist, der mit Dutzenden, Hunderten oder Tausenden anderen seine Wut laut hinausgeschrien hat, spürt auf einmal diesen Hauch von Freiheit, der etwas Berauschendes hat und ihn nicht wieder loslässt. Dieser Mensch wird sich nicht wieder in Ketten legen lassen – egal was das Regime mit ihm anstellt.

Abu Basels und mein Fall ist bezeichnend für die Machenschaften der syrischen Geheimdienste in Syrien. Unbescholtener Küchenhändler trifft auf unbescholtene Journalistin, und irgendein kleiner Spitzel wittert darin die große Story und damit die Chance, sich aufzuspielen. Bei Abu Basels Verhör behaupten die Geheimdienstmitarbeiter allen Ernstes, ich sei eine israelische Agentin. Sie zeigen ihm Fotos von meinen deutschen Bekannten in Damaskus, die der Arme identifizieren soll, obwohl er sie noch nie gesehen hat. Unsinniges Verschwörungsgerede, schließlich bin ich beim Informationsministerium mit Genehmigung des Sicherheitsapparates akkreditiert worden. Das zeigt, dass die vielen verschiedenen Geheimdienste in Syrien oft ihr eigenes Süppchen kochen und dass es Wichtigtuer weit bringen können, wenn sie die regelmäßigen Besuche einer deutschen Journalistin in einem Küchenfachgeschäft nur ordentlich dramatisieren.

Doch zurück zu Abu Basels Haushaltswarenhandel. Seinen Laden im Altstadtsuq zu finden ist anfangs eine echte Herausforderung. Ich bahne mir meinen Weg durch Blecheimer, Kleiderbügel und Wäscheständer und brauche einen Moment, um Abu Basels Laden von denen der Umgebung zu unterscheiden. Auf den ersten Blick scheinen alle Küchenhändler das Gleiche zu verkaufen – Geschirr, Knoblauchpressen, Töpfe, Fußmatten – und ich frage mich, wie so viel Konkurrenz nebeneinander bestehen kann. »Wir können alle davon leben«, sagt Abu Basel und lächelt vielsagend. Denn es gehe nicht nur darum, was er verkaufe, sondern wie. »Diese Läden sind nicht alle gleich. Jeder hat was Besonderes, nämlich die Art, zu verkaufen.« Das könnten die Menschen im Westen nicht nachvollziehen, weil sie im Supermarkt einkaufen, ohne mit jemandem zu sprechen, meint Abu Basel, der oft in Europa war.

Tatsächlich locken die nach Branchen unterteilten Suqs der Altstadt in Syrien mehr Kunden an als ein einzelnes Fachgeschäft in der Neustadt. Im Küchen-, Gewürz- oder Textiliensuq hat die Hausfrau nicht nur mehr Auswahl, sie kann auch Preise und Qualität der Ware viel bequemer vergleichen. Ein Blick ins Nachbarschaufenster, ein kurzer Bummel um die Ecke, eine Nachfrage nebenan und schon weiß sie, woran sie ist. Es gehört deshalb zu einem festen Ritual, beim ersten Besuch eines Ladens nicht allzu viel Interesse zu zeigen. Und das geht so.

Die Kundin betritt das Geschäft und wird freundlich umworben. Je nach Angebot werden Nachthemden ausgepackt, Teppiche aufgerollt, Nüsse zum Probieren gereicht, Backformen aufgestapelt, Tischdecken auseinandergefaltet und ansehnlich drapiert. Die anspruchsvolle Syrerin zeigt sich davon allerdings völlig unbeeindruckt. Sie dreht und wendet ein paar Schüsseln, fasst in diesen Stoff, befummelt jene Stickerei, um dann ihre Augenbrauen missgünstig nach oben zu ziehen, den Kopf leicht in den Nacken zu werfen und ohne ein weiteres Wort den Laden zu verlassen.

Als ich dieses Schauspiel zum ersten Mal beobachte, bin ich entsetzt: Was für ein unverschämtes Verhalten! Aus Mitleid würde ich dem armen Verkäufer am liebsten gleich drei Tischdecken auf einmal abkaufen. Doch der ist daran gewöhnt. Er ruft der Kundin noch ein höfliches »Sie sind jederzeit willkommen!« hinterher und packt seine Ware wieder zusammen.

Mit der Zeit verstehe ich, dass dieses Gebaren Teil eines Spiels ist, das beide Seiten perfekt beherrschen. Selbst wenn der Kundin eine Tischdecke auf Anhieb gefällt, wird sie zunächst die Nase rümpfen und zur Konkurrenz gehen. Erst wenn sie dort Preise und Qualität verglichen hat, kehrt sie in den Laden zurück und das Handeln beginnt. Am Ende sollten beide, Käufer und Verkäufer, überzeugt sein, einen guten Deal gemacht zu haben.

Abu Basel überlässt die Kundenbetreuung seinen Mitarbeitern und kümmert sich an einem kleinen Schreibtisch im hinteren Ladenteil um Einkauf und Finanzen. Seit 30 Jahren bezieht der Küchenhändler Haushaltswaren aus Europa. Besonders gerne arbeitet er mit deutschen Firmen zusammen, die seien zuverlässig und lieferten erstklassige Qualität, sagt Abu Basel – nicht aus Höflichkeit, sondern aus Überzeugung. Deutschland war innerhalb der Europäischen Union Syriens wichtigster Handelspartner: Die Bundesrepublik bezog bis zum EU-Embargo Ende 2011 in erster Linie Erdöl aus Syrien und lieferte dafür Maschinen, Autos und chemische Produkte.

Abu Basels Haushaltswaren sind seit Jahren Teil der Statistik. Auf Messen in Stuttgart, Frankfurt und Bremen hat er die ersten Kontakte geknüpft, jetzt bekommt er regelmäßig die aktuellen Kataloge zugeschickt, aus denen er dann per Telefon, Fax oder E-Mail bestellt. Die Kuchenformen, Messer und Teller aus Deutschland sind allerdings nur was für Leute mit vollem Geldbeutel. Denn die Syrer müssen auf ausländische Güter hohe Einfuhrzölle zahlen. Zwar sind es inzwischen nicht mehr 300 Prozent wie noch vor zehn Jahren, aber noch immer machen die Importzölle manche Bestellung zu einem riskanten Geschäft, schließlich weiß der Händler nie, ob er die Ware zu einem solchen Preis verkaufen kann.

Im Suq ist es deshalb üblich, Importware aufzuteilen. Die Händler betrachten sich nicht als Konkurrenten, sondern als

Partner, wenn nicht sogar Freunde. »Manchmal kommt mein Nachbar und bittet mich um Geld«, erzählt Abu Basel. »Dann gebe ich ihm, so viel er braucht, 1000 Euro zum Beispiel – ohne Quittung, ohne irgendetwas Schriftliches.« Als Gedächtnisstütze und für den eigenen Überblick macht der Küchenhändler lediglich einen Vermerk in sein kleines schwarzes Notizbuch.

Solange Abu Basel das Geld nicht braucht, fordert er es nicht zurück. Seine Geschäfte laufen gut und vielleicht ist der ein oder andere Schuldner gerade knapp bei Kasse. Tatsächlich ist der Umgang mit Geld im Orient ein völlig anderer als im Westen. Wer Geld hat, gibt es freizügig an den, der es braucht, entweder in Form von Almosen oder leihweise. Das ist eine religiöse Pflicht und unter gläubigen Muslimen selbstverständlich. Niemals kämen Abu Basel und seine Nachbarn auf die Idee, Zinsen zu verlangen. Mit der Not des anderen macht man im Islam keine Geschäfte.

So herrscht im Suq eine entspannte Atmosphäre aus Vertrauen, Solidarität und Hilfsbereitschaft. Muss Abu Basel kurz weg, um was zu erledigen, klemmt er einen Holzstock quer in die Ladentür und gibt dem Nachbarn ein Zeichen. »Ich lasse all mein Geld im Laden, die Tür bleibt offen und nichts passiert.« Es kommt sogar vor, dass er während seiner Abwesenheit Geld verdient. Sollte sich ein Kunde für den Wäscheständer draußen vor seinem Laden interessieren, verkauft der Nachbar ihn an seiner Stelle, selbst wenn er den gleichen Wäscheständer bei sich im Angebot hat. Er kassiert und gibt Abu Basel das Geld, sobald er wieder da ist.

Dieser »Heile-Welt-Mikrokosmos« in den Suqs der syrischen Altstädte funktioniert, weil dort jeder jeden kennt und ein Netzwerk aus sozialer Kontrolle diese über Jahrhunderte gewachsene Geschäftsmoral schützt und erhält. Im Zuge marktwirtschaftlicher Reformen und kapitalistischer Tendenzen bricht dieses Gefüge freilich mancherorts bereits auf. In der Qaimarie zum Beispiel, einer zentralen Verbindungsachse in der Damaszener Altstadt, die den muslimischen Teil um die Omayadenmoschee mit dem Christenviertel Bab Tuma verbindet. Aus dieser einst ruhigen, beschaulichen Gasse ist in den vergangenen Jahren eine Einkaufsmeile mit Restaurants, Cafés und modernen Geschäften geworden. Unternehmer von außen verwandeln angestammte Werkstätten oder Läden in cool glänzende Handyshops und Snackbars, reiche Investoren kaufen Immobilien in lukrativer Lage und machen daraus Restaurants und Hotels.

Ein Urgestein der Qaimarie und einer der letzten Vertreter seines Handwerks ist Korbmacher Mohammed Ali Baqdunis. In und vor seiner Werkstatt stapeln sich Stühle, Körbe und Teppichklopfer – das Sortiment wirkt in seiner handgemachten Schlichtheit inzwischen fast exotisch. Während der stattliche alte Herr von alten Zeiten erzählt, zwängt sich ein Auto durch die enge Gasse, an manchen Stellen ist das auch mit eingeklappten Außenspiegeln Zentimeterarbeit. »Die Abgase, der Lärm und das laute Treiben nerven«, sagt Baqdunis. »Früher haben wir hier alles mit Handkarren gemacht, da war es ruhig und jeder kannte jeden. Heute kennen wir die Leute gar nicht mehr, die hier Läden aufmachen.« Die Moderne hat auch in Syrien ihren Preis.

Kritische Stimmen wie die des Korbmachers sind jedoch in der Minderheit. Die meisten städtischen Kaufleute begrüßen die wirtschaftliche Öffnung, die Bashar Al Assad seit 2000 betreibt. Freierer Handel, Abbau von Zöllen, besserer Zugang zu ausländischen Märkten und mehr finanzielle Flexibilität dank privater Banken – Händler wie Abu Basel profitieren von diesen Veränderungen und sind deshalb meist gut auf den jungen Präsidenten zu sprechen. Bestehende Probleme wie Korruption, Vetternwirtschaft und eine ausufernde Bürokratie werden nicht der Person des Präsidenten, sondern dem verkrusteten System aus Baath-Partei und Geheimdiensten angelastet. Alles »Gute« kommt von Bashar, die Probleme stammen dagegen aus alten Zeiten und lassen sich nicht über Nacht lösen – so die Wahrnehmung des Damaszener Mittelstands.

Entsprechend lange dauert es in der aktuellen Krise, bis die Geschäftsleute von Damaskus und Aleppo in Bashar Al Assad nicht mehr den Hoffnungsträger von einst, sondern den Verantwortlichen für Unterdrückung und Gewalt sehen. Erst nach Monaten beteiligen sie sich an Streiks oder unterstützen die Revolution im Untergrund. Offen wendet sich jedoch kaum jemand vom Regime ab – zu groß ist die Angst vor Verfolgung, zu ungewiss die Zukunft. Wie überall auf der Welt wünschen sich auch Syriens Unternehmer vor allem stabile und sichere Verhältnisse, um erfolgreich Geschäfte machen zu können. Der Aufstand, der sich von friedlichen Massenprotesten zu einem offenen Krieg zwischen Rebellen und Regimekräften entwickelt, ist deshalb nicht in ihrem Interesse.

Einige der Hauptverbindungsstraßen, vor allem die Nord-Süd-Achse, die von der türkischen Grenze über die einstigen Wirtschaftsmetropolen Aleppo, Hama, Homs und Damaskus bis nach Jordanien führt, sind unterbrochen und zum Teil nicht passierbar. Straßensperren, die entweder vom Regime oder von unterschiedlichen Rebelleinheiten errichtet werden, machen Überlandfahrten zu einer riskanten Reise ins Ungewisse. Für Geschäftsleute ein Schreckensszenario, das sie zögern lässt, sich der Revolution anzuschließen, auch wenn sich die meisten einen demokratischen Wandel, mehr Freiheit und ein Ende von Korruption und Klientelismus wünschen.

Gerade wer viel zu verlieren hat, hält still. Die »Kopf in den Sand«-Strategie ist Syriens Unternehmern im Laufe der

Jahrzehnte in Fleisch und Blut übergegangen, sie folgen damit einem ehernen Gesetz: Will jemand in Syrien wirtschaftlich erfolgreich sein, muss er sich aus der Politik heraushalten. Schon Hafiz Al Assad schloss einst einen Deal mit der Wirtschaftselite des Landes. Demnach sorgt das Regime für die nötige Stabilität zum Geldverdienen und Geschäftemachen, die privaten Unternehmer mischen sich im Gegenzug nicht in die Politik ein.

Diese Formel beachten alle, die es in Syrien wirtschaftlich zu etwas gebracht haben. Auch Haitham Joud, Juniorchef der Firma Joud, ein smarter Endvierziger. In dritter Generation produziert das Familienunternehmen Nahrungsmittel, Hygieneartikel und Elektrogeräte. Was als kleiner Krämerladen in der Küstenstadt Latakia begann, zählt heute zu den zehn größten Privatfirmen in Syrien. Seit einigen Jahren vertritt Joud auch internationale Marken wie Pepsi-Cola und Procter & Gamble.

Bevor ich mit Haitham Joud in dessen kühlen und dunkel möblierten Büro über Syriens Aufbruch in die Marktwirtschaft spreche, mache ich einen Rundgang über das Firmengelände, das etwas außerhalb von Damaskus liegt. In einer modernen Fabrikhalle stehen große glänzende Metalltanks, in denen sich Wasser, Zucker und Geschmackskonzentrat zu Pepsi-Cola vermischen. Zwei vollautomatische Produktionsbänder »made in Germany« füllen die braune Flüssigkeit in Glas- und Plastikflaschen. Angesichts der jahrelangen politischen Isolation Syriens überrascht das Engagement westlicher Unternehmen. Bereits im Mai 2004, also lange bevor Europa wegen der Niederschlagung der Revolution Maßnahmen gegen die syrische Wirtschaft beschließt, verhängen die USA Sanktionen gegen das Land, das zusammen mit Iran und Nordkorea auf der Schurkenliste Washingtons steht. Doch nur zwei Jahre später fließt auf der Achse des Bösen

Pepsi-Cola – eindeutiger kann das Bekenntnis zum Kapitalismus in einem sozialistischen Einparteiensystem wie dem syrischen kaum sein.

FREIER HANDEL OHNE WANDEL

Unter Bashar Al Assad vollzieht Syrien wirtschaftlich eine ideologische Wende, beim Parteitag der regierenden Baath-Partei 2005 wird diese auch offiziell. Statt staatlicher Planwirtschaft soll Syrien nun den Prinzipien der sozialen Marktwirtschaft folgen. Die Politik bleibt davon freilich unberührt, an der verfassungsmäßig festgeschriebenen Alleinherrschaft der Baath-Partei und dem diktatorischen Regime des Assad-Clans ändert sich zunächst nichts. Wirtschaftliche Öffnung plus politische Daumenschrauben – China lässt grüßen.

Trotz des innenpolitischen Stillstands und der Verfolgung von Regimekritikern setzen die Europäer im Gegensatz zu den Amerikanern auf Dialog. In der Hoffnung auf einen »Wandel durch Handel« unterstützen sie Assads Reformprozess finanziell, technisch und personell, die Europäische Union wird zu Syriens größtem Geldgeber. Mit einem Budget von 130 Millionen Euro fördert die EU zwischen 2007 und 2010 die Wasser- und Energiewirtschaft, den Gesundheits- und Bildungssektor, Verwaltungsreformen sowie kleine und mittlere Unternehmen. Für die Jahre 2011 bis 2013 sollte der jährliche Betrag ursprünglich weiter aufgestockt werden, doch im Zuge der Proteste und ihrer brutalen Niederschlagung suspendiert Brüssel im Mai 2011 alle bilateralen Kooperationsprogramme.

Der von den Europäern erhoffte Wandel bleibt ohnehin oberflächlich. Er erweitert zwar den Kreis der Profiteure – der Kuchen wird größer und die Zahl derjenigen, die ein

Stück davon abhaben wollen, wächst –, aber strukturell bleibt vieles beim Alten, vor allem im mittleren Management der Verwaltung. Äußerlich zeigt sich der neue Wirtschaftskurs in privaten Banken, Hochschulen und Versicherungsanbietern. Die ersten Geldautomaten im Zentrum von Damaskus lösen 2005 bei den Einheimischen verwirrtes Staunen und bei den in Syrien lebenden Ausländern Begeisterung aus. Bislang musste ich meine Bargeldvorräte für die nächsten Monate stets in Socken oder Waschlappen versteckt aus Deutschland mitbringen und im Schrank deponieren, mehr als einmal hatte ich für Freunde auch größere Geldsummen transportiert. Jetzt kann ich mit meiner Kreditkarte immerhin einen Höchstbetrag von 10.000 Lira, umgerechnet etwa 150 Euro, abheben.

Mit einiger Belustigung beobachte ich die ungelenken Fahrversuche der Syrer auf ihrer ersten Rolltreppe an der Unterführung zur Altstadt. Bevor sie sich auf das Band trauen, halten viele einen Moment inne und betrachten mit einer Mischung aus Unbehagen und Bewunderung die fahrenden Stufen. Jungs halten sich mit beiden Händen an den Handläufen fest, Frauen kämpfen mit wedelnden Armen um ihr Gleichgewicht. Wem das zu lange dauert, zu albern oder auch zu gefährlich erscheint, geht mit einem neugierigen Seitenblick weiterhin die Treppen.

Während die Öffnung der Märkte und die neuen Freiheiten für den Privatsektor einen spürbaren Schwung bringen, erweisen sich Veränderungen innerhalb des Systems als schwierig. Größtes Problem dabei ist der Faktor Mensch, die Human Ressources, wie Wirtschaftsexperten es nennen. Nabil Sukkar, ein ehemaliger Weltbank-Ökonom, der in Damaskus ein renommiertes Büro für Wirtschaftsforschung und Unternehmensberatung betreibt, klingt stets verzweifelt, wenn es um die Zustände in der öffentlichen Verwaltung geht. Es fehle an Fähigkeiten, Wissen und Verständnis gegenüber dem Privatsektor, sagt er, denn die Bürokratie sei noch immer von der Planwirtschaft geprägt. »Die Beamten sind daran gewöhnt, Privatunternehmern Steine in den Weg zu legen, statt ihre Arbeit zu erleichtern«, so Sukkar. »Diese Mentalität müssen wir ändern.« Doch es dauert nun mal, bis Regierungsvertreter und Staatsdiener verstehen, wie Marktwirtschaft funktioniert.

Alfred Kraft ist überzeugt, dass man »aus Äpfeln keine Bananen machen kann«. Der deutsche Wirtschaftsexperte hat im Auftrag der Gesellschaft für Internationale Zusammenarbeit (GIZ) in Damaskus jahrelang die staatliche Planungskommission beraten, die zuständig ist für den Umbau der Wirtschaft. Kaum ein Deutscher hat in Syrien so genau hinter die Kulissen des Wirtschaftswandels geschaut und die strukturellen Probleme kennengelernt wie er. Statt altgediente Beamte umzuschulen, sollten die Syrer besser in die Ausbildung junger Leute investieren, meint Kraft. »Die Alten muss man parken, rausnehmen oder in Institutionen schaffen, wo sie keinen Schaden anrichten«, meint der Deutsche, »sie dürfen keine Verantwortung mehr haben und nicht mehr zuständig sein für Stempel oder Genehmigungen.«

Für die Einführung marktwirtschaftlichen Denkens braucht es also einen Generationswechsel, denn aus notorischen Däumchendrehern werden selbst mithilfe von Fortbildungen und Seminaren keine engagierten Fachkräfte mehr werden. Erst recht nicht, wenn jeder mittlere Beamte etwa 150 Euro im Monat verdient, egal was er dafür arbeitet oder nicht. Ohne finanzielle Anreize ist kaum jemand bereit, mehr zu tun, und für weitere Lohnerhöhungen fehlt angesichts der Massen an Staatsangestellten das Geld. Kein

Land der Region leistet sich so viele Beamte wie Syrien: 1,2 Millionen bei einer Einwohnerzahl von 21 Millionen.

Wann immer man mit der syrischen Bürokratie zu tun hat, beginnt deshalb ein Albtraum. Nicht nur für Einheimische, auch für in Syrien lebende Ausländer. Bevor ich eine Behörde betrete, versetze ich mich psychisch in einen Zustand langmütiger Ergebenheit, alles andere kostet zu viel Kraft. Zum Beispiel wenn ich mal wieder zur Ausländerbehörde muss, um mein Ausreisevisum zu erneuern. Ausländer mit einer Aufenthaltsgenehmigung brauchen eine Erlaubnis, um Syrien verlassen zu können. In meinem Fall gilt sie immerhin drei Monate, sodass ich nur viermal im Jahr folgenden Spießrutenlauf antrete.

Zunächst hole ich im dritten Stock der Ausländerbehörde das Formular. Angesichts von etwa 40 dunkelgrün uniformierten Mitarbeitern, die dort im Qualm ihrer Zigaretten vor den »Rauchen verboten«-Schildern sitzen, fühlt man sich wie in militärischem Sperrgebiet. Bis heute frage ich mich, warum Visums- und Aufenthaltsangelegenheiten von Armeeangehörigen verwaltet werden. Für umgerechnet 25 Cent erstehe ich bei Abu Majed, einem Herrn mit Halbglatze und Schnurrbart, das Formular. Ich fülle es aus und verlasse das Gebäude, um in einem der Copyshops nebenan die entsprechenden Wertmarken zu besorgen. Zurück im dritten Stock erklärt mir Abu Majed, dass ich für mehrfache Ein- und Ausreisen eine weitere Marke brauche, also drei Treppen runter, zum Copyshop und drei Treppen wieder rauf. Abu Majed klebt eine Marke auf das Formular, die restlichen Marken legt er in meinen Pass und schickt mich einen Stock höher zu seinem Vorgesetzten. Vor dessen Zimmer steht eine Schlange geduldiger Unterschriftenjäger, die nacheinander höflich eintreten und dem General ihre Papiere vorlegen.

Der wirft einen müden Blick darauf und lässt sich nicht weiter beim Telefonieren stören.

Mit dem Autogramm auf meinem Formular eile ich zurück zu Abu Majed, der wohlwollend nickt und auf den Computer in der Ecke des Raumes zeigt. Dort gibt ein jüngerer Uniformierter die Daten ein. Der Papierstapel neben ihm ist beachtlich, doch ich habe Glück: Der Soldat kennt mich seit Jahren und bearbeitet meinen Antrag sofort. Ich bedanke mich und wandere in die andere Ecke des Raumes, wo ich 20 Minuten auf einen Stempel warte. Mein Formular gleicht inzwischen einer kunstvollen Collage – mit bunten Marken, verschlungenen Unterschriften, diversen Stempeln und Nummern. Doch noch bin ich nicht am Ziel. Abu Majed schickt mich ein weiteres Mal die Treppe hoch zum General, denn der muss meinen Hindernislauf persönlich absegnen. Dann endlich gibt sich Abu Majed zufrieden und reicht meinen Antrag an seine Nachbarn weiter, die den Vorgang in zwei große Bücher eintragen. Schließlich klebt Abu Majed die Marken in meinen Pass, stempelt, trägt das Datum ein und unterschreibt. Jetzt darf ich drei Monate lang aus- und wieder einreisen.

Mein Gang zur syrischen Ausländerbehörde ist dabei vergleichsweise harmlos, normalerweise wird man zwischen Ministerien und Behörden hin- und hergeschickt. Laut einem Weltbank-Bericht aus dem Jahr 2005 benötigt man in Syrien für den Import von Gütern mehr als 20 Unterschriften. Zwei würden genügen, aber dann wären 18 Beamte arbeitslos. So gesehen ist mein Ausreisevisum eine Art Beschäftigungstherapie. Ich gebe immerhin sechs Militärs und einem Copyshop eine Existenzberechtigung – dafür investiere ich gerne einen Vormittag und steige ein paar Treppen.

Weil das Bildungssystem jahrzehntelang vor allem Staatsdiener hervorbrachte, findet Nabil Sukkar für sein Beratungsbüro nur schwer qualifiziertes Personal. Der frühere Weltbanker beschäftigt deshalb junge Syrer, die im Ausland studiert haben: Betriebs- und Volkswirte, Finanzanalysten, Marketing- und Managementexperten. Bald könnte Sukkar auch inländische Uni-Absolventen einstellen: Private Hochschulen bieten die entsprechenden Studiengänge bereits an, staatliche Universitäten überarbeiten ihre Lehrpläne.

Federführend bei diesen Umbrüchen im syrischen Wirtschafts- und Bildungssystem ist jahrelang Abdallah Dardari. Der ehemalige Journalist, der in den USA und Großbritannien studiert hat und als UN-Berater arbeitete, gilt als der Architekt des syrischen Wirtschaftswandels. Ab 2003 leitet Dardari zunächst die staatliche Planungskommission, 2005 wird er Vize-Ministerpräsident für Wirtschaft. Seine freundliche, ruhige Art und seine Offenheit gegenüber den Medien machen ihn in Damaskus und außerhalb Syriens schnell beliebt. Dardari wird das liberale fortschrittliche Gesicht eines verkrusteten korrupten Regimes.

Was er bis 2011 geschafft hat, ist, streng ökonomisch gesehen, beachtlich. Wachstumsraten von über 4 Prozent, der Aufbau eines privaten Finanz- und Versicherungssystems, ein deutlicher Abbau von Handelszöllen, die Eröffnung einer Börse in Damaskus, ein ungehinderter Zugang zu nationalen und internationalen Märkten für Syriens Unternehmer, ein Freihandelsabkommen mit der Türkei, Syriens Mitgliedschaft in der Großen Arabischen Freihandelszone und deutlich gestiegene ausländische Investitionen. Der Tourismus, die Gastronomie, die Baubranche, der Telekommunikationssektor und der Handel mit den Nachbarn boomen.

Das Zentrum von Damaskus verändert sich durch den Aufschwung rasant, westliche Modeketten, internationale

Luxushotels, schicke Cafés und teure Autos prägen das Stadt-
bild – manch ausländischer Besucher reibt sich die Augen
und fühlt sich auf den ersten Blick ins mondäne Beirut versetzt. Die reichen Hauptstädter und wohlhabende Exil-Syrer
auf Heimaturlaub können ihr Geld endlich auch im eigenen
Land ausgeben. Damaskus' Oberschicht muss zum Einkaufen von Gucci-Handtaschen und Armani-Jeans nicht mehr
nach Beirut oder Dubai jetten. In den Cafés der Hauptstadt
bestellen die Söhne und Töchter einflussreicher Väter Latte
Macchiato mit Vanillegeschmack zu europäischen Preisen
und spielen mit ihren neusten Handymodellen.

Doch das ist nur die eine Seite der Medaille. Die der spie-
gelglänzenden Schaufenster und polierten Limousinen der
Großstadt. Die andere Seite wirkt schäbig und vernachlässigt. In der Provinz sitzen die Syrer auf Plastikstühlen vor
ihren unverputzten Häusern und trinken selbst gekochten
Tee. Sah es zu sozialistischen Zeiten überall im Land ähnlich
aus, liegen heute Welten zwischen den gepflegten Grünanla-
gen von Damaskus und den staubigen Straßen und Plätzen
ländlicher Ortschaften.

Die Wirtschaftsreformen der Jahre 2003 bis 2010 haben
das Land folglich in Gewinner und Verlierer gespalten.
Wohlhabende Großstädter haben von der Öffnung Syriens
profitiert, die Menschen auf dem Land und in den armen
Vororten wurden von der Entwicklung abgehängt. Während
es in Zeiten der Planwirtschaft allen gleich gut oder schlecht
ging, öffnet sich nun die Schere zwischen Arm und Reich.

Schuld daran sind falsche Prioritäten. Die Einführung
kapitalistischer Marktmechanismen ohne den gleichzeitigen
Aufbau eines Sozialsystems führt zwangsläufig zu einer unso-
zialen statt einer sozialen Marktwirtschaft. Natürlich macht
es ökonomisch Sinn, Subventionen für Lebensmittel, Heizöl
und Benzin abzubauen – warum sollte der Mercedesbesitzer

genauso vergünstigtes Benzin tanken wie der Taxifahrer und warum sollte der Staat pauschal allen seinen Bürgern das Essen mitfinanzieren, wo sich doch der Gutverdiener sein Brot zu marktüblichen Preisen leisten könnte?

Aber gleichzeitig muss die ärmere Bevölkerung gezielt unterstützt werden, damit sie die teuren Grundnahrungsmittel überhaupt bezahlen kann. In Syrien sind Subventionen abgebaut worden, ohne dass ein soziales Sicherungssystem entstand, und dies führte für viele Syrer zum sozialen Abstieg. Auf dem Land verschärfte sich die Lage zusätzlich durch eine mehrjährige Dürre, die Tausende in die Städte trieb, wo sie sich mit Gelegenheitsjobs über Wasser halten.

Es wundert daher nicht, dass sich die Proteste ab Mitte März 2011 zunächst in ländlichen Gebieten und den Vororten der Großstädte ausbreiten. Und es wundert auch nicht, dass Abdallah Dardari zum Bauernopfer wird. Als Ende März 2011 das syrische Kabinett geschlossen zurücktritt, verliert auch er seine Position als stellvertretender Ministerpräsident für Wirtschaft. Dardari, das Gesicht des Wirtschaftswandels, muss weg, um die wütenden armen Massen zu beruhigen. Doch weder die Absetzung Dardaris noch die Einrichtung eines Sozialfonds für arme Familien oder die Erhöhung von Beamtengehältern und Heizkostenzuschüssen können den Volkszorn beruhigen.

Die Proteste und ihre gewaltsame Niederschlagung wachsen sich zu einem landesweiten brutalen Krieg aus, der das Regime zum Teil international isoliert. Neben politischen Appellen und diplomatischen Gesten wie dem Abzug von Botschaftern und der Schließung von Vertretungen setzen Europäer, Amerikaner und arabische Staaten auf Wirtschaftssanktionen. Um nicht die breite Bevölkerung zu treffen, sondern gezielten Druck auf das Regime aufzubauen, richten sich die EU-Sanktionen gegen Einzelpersonen und Unternehmen. Mehr als 150 Namen stehen auf der Brüsseler Liste – alles Leute, die entweder zum engsten Machtzirkel der Assads gehören, Verantwortung für die Gewalt tragen oder das Regime bei der Niederschlagung unterstützen. Diese Personen dürfen nicht mehr nach Europa einreisen, ihre Vermögen wurden eingefroren. Daneben beschließt die Europäische Union einen Einfuhrstopp für syrisches Erdöl, für Gold, andere Edelmetalle und Luxusgüter sowie ein Verbot für Frachtflüge syrischer Fluggesellschaften.

Umstritten ist ein Waffenembargo, das die EU im Mai 2011 verhängt, das aber im Verlauf des Konfliktes vor allem der gemäßigten Opposition schadet und somit die Falschen trifft. Denn während Assad seinen militärischen Nachschub weiterhin zuverlässig aus dem Iran und Russland bekommt und die Extremisten von reichen Privatleuten am Golf versorgt werden, gehen die Kämpfer der Freien Syrischen Armee (FSA), die auf Hilfe aus dem Westen angewiesen sind, leer aus. Zwei Jahre nach Inkrafttreten können sich die EU-Außenminister deshalb nicht mehr auf eine Verlängerung des Embargos einigen. Vor allem England und Frankreich sind dagegen, weil sie erwägen, die FSA doch noch mit Waffen zu unterstützen. Das Embargo läuft somit Ende Mai 2013 aus.

Die Staaten der Arabischen Liga suspendieren Syriens Mitgliedschaft in dem Gremium. Ende November 2011 erklären sie, ihre Handelsbeziehungen mit der syrischen Regierung und Geschäfte mit der syrischen Zentralbank abzubrechen, Konten einzufrieren und Flüge in das Land auszusetzen. Viele der Ankündigungen bleiben jedoch Lippenbekenntnisse, überprüft werden sie von der Arabischen Liga nicht. Einige Mitglieder lehnen die Sanktionen auch offiziell ab. Syriens Nachbarn Irak und Libanon, deren Regierungen von Verbündeten des Assad-Regimes dominiert werden, halten an ihren engen Geschäftsverbindungen mit Damaskus fest. Dadurch ist Syrien nicht wirklich isoliert. Mit langen offenen Grenzen im Westen und im Osten, mit mächtigen ausländischen Unterstützern wie Russland, China und Iran, die dem Regime wirtschaftlich mit Milliardenbeiträgen helfen, und mit einer klientelistisch effektiv an sich gebundenen inländischen Elite trotzt das Regime den sinkenden Staatseinnahmen und dem Verfall der syrischen Währung.

Ab 2012 werden international sogar schon Pläne für den Wiederaufbau des Landes geschmiedet, obwohl ein Ende des Krieges keineswegs absehbar ist. Die »Freunde des syrischen Volkes«, also die etwa 100 Staaten, die die Opposition unterstützen, gründen die »Arbeitsgruppe für wirtschaftlichen Wiederaufbau und Entwicklung«, die von Deutschland und den Vereinigten Arabischen Emiraten geleitet wird und ihr Sekretariat in Berlin hat. Im September 2013 richten die beiden Länder zusammen mit der Nationalen Koalition, dem derzeit breitesten Oppositionsbündnis, einen internationalen Wiederaufbaufonds ein, der von der Kreditanstalt für Wiederaufbau verwaltet wird. Berlin und Abu Dhabi stellen als Ersteinlage jeweils zehn Millionen Euro zur Verfügung. Der Fonds soll andere Staaten ermutigen, Geld für den Wiederaufbau Syriens einzuzahlen, über dessen Verwendung die Nationale Koalition entscheidet. Er dient folglich als Finanzierungsmechanismus für die Opposition.

Auch anderswo macht man sich Gedanken über Syriens wirtschaftliche Zukunft. Bei der UN-Kommission für Wirtschaft und Soziales in Westasien (ESCWA) zum Beispiel, die ihren Sitz in der libanesischen Hauptstadt Beirut hat. Seit Herbst 2012 entwickeln Fachleute dort eine »Nationale Agenda für die Zukunft Syriens« – mit dabei sind syrische Unternehmer, hochrangige Regierungsbeamte aus Damaskus und Oppositionspolitiker. Während es auf politischer Ebene lange unmöglich ist, Regimevertreter und Oppositionelle an einen Tisch zu bekommen, scheint es im Bereich wirtschaftliche Entwicklung und Wiederaufbau auf beiden Seiten Pragmatiker zu geben. Entscheidend für die Mischung der Teilnehmer bei den Treffen in Beirut ist aber vor allem die Person, die das Syrien-Projekt leitet: Abdallah Dardari. Der geschasste Vize-Ministerpräsident für Wirtschaft ist inzwischen Direktor der Abteilung für Wirtschaftliche Entwicklung und Globalisierung bei ESCWA und schmiedet als solcher mal wieder Pläne für den Auf- und Umbau der syrischen Wirtschaft.

Die Idee, mit einem Zusammenbruch der Wirtschaft die Geschäftselite des Landes zum Seitenwechsel zu bewegen, funktioniert jedenfalls nicht. Stattdessen leidet die Bevölkerung. Heizöl wird in den harten Wintermonaten knapp und für viele unbezahlbar, Gas, das in Syrien zum Kochen verwendet wird, ist nur schwer zu bekommen. Strom wird selbst im politischen Zentrum von Damaskus stundenweise abgestellt, in abgeriegelten Stadtteilen von Homs oder den Vororten von Damaskus ist die Wasser- und Stromversorgung schon seit Ende 2012 vollständig zusammengebrochen. In improvisierten Flüchtlingslagern und den Ruinen zerbombter Städte breiten sich Krankheiten aus, weil Abwässer und Müll das Trinkwasser verseuchen, mancherorts steht überhaupt kein Trinkwasser zur Verfügung. Brot, Reis und Gemüse kosten zum Teil mehr als das Dreifache von früher, gleichzeitig verlieren Hunderttausende ihren Job oder müssen ihre eigenen kleinen Geschäfte aufgeben. Der Beschuss von Wohngebieten zwingt Millionen Syrer, ihre Häuser zu verlassen – mehr als fünf Millionen irren durch das Land auf der Suche nach einer sicheren Bleibe, drei Millionen haben es über die Grenze in die Nachbarländer geschafft, wo sie zwar in Sicherheit sind, dafür aber große Not leiden. Anfang 2014 herrschen vielerorts in Syrien apokalyptische Zustände.

Das Dramatische daran ist, dass diese Not kaum gelindert wird, weil das Regime humanitäre Hilfe von außen erschwert oder bewusst verhindert. So wird das Internationale Rote Kreuz Anfang März 2012 tagelang nicht zu den verbliebenen Bewohnern des Stadtteils Baba Amr in Homs vorgelassen, das einen Monat lang von Regierungstruppen beschossen und bombardiert wurde. Während das Staatsfernsehen in Baba Amr bereits Aufnahmen von Massakern an ganzen Familien macht, die angeblich von Terroristen verübt wurden, werden die sieben Lastwagenladungen Hilfsgüter des Roten Kreuzes nicht hineingelassen. Bei Protesten geraten mehrfach Krankenwagen der syrischen Schwesterorganisation Roter Halbmond unter Beschuss, Ärzte, Sanitäter und Pfleger bezahlen für die Versorgung verletzter Demonstranten mit dem Leben.

Ab 2013 nutzt das Regime das Abriegeln und Aushungern von Stadtteilen als systematische Kriegsstrategie. In manchen Vierteln der Hauptstadt, wie Mouadamiye und Yarmuk, lassen die Soldaten monatelang nichts hinein und niemanden heraus. Auf die Mauern an den Eingängen schreiben sie »Ergebt euch oder verhungert«. Wer nachts Plastiktüten voller Brot vom fahrenden Moped aus nach Mouadamiye hineinwirft, wird genauso beschossen wie Gras rupfende Kinder. Die Vereinten Nationen schlagen Alarm, weil selbst UN-Personal nicht mit Hilfsgütern zu den Eingeschlossenen vorgelassen wird. Zehntausende sind vom Hungertod bedroht, Dutzende sterben an Unterernährung.

Doch eine breit angelegte internationale Hilfsaktion für die notleidende Bevölkerung in Syrien kommt nicht in Gang. Bashar Al Assad wird zwar gezwungen, seine Chemiewaffen abzugeben, aber nicht, humanitäre Organisationen zuzulassen. Die Vereinten Nationen sprechen von der größten humanitären

Katastrophe unserer Zeit und fordern für das Jahr 2014 rund 4,7 Milliarden Euro zur Versorgung der Syrer – so viel wie noch nie zuvor für ein einzelnes Land veranschlagt wurde. Da das Regime in Damaskus weiterhin den offiziellen Vertreter Syriens bei den UN stellt, muss die Organisation mit Assad zusammenarbeiten. Die gesamte UN-Hilfe erreicht deshalb nur Gebiete, in denen dieser das Sagen hat. Die Regionen im Norden, Osten und Süden des Landes, die von unterschiedlichen Rebellengruppen kontrolliert werden, sind von offiziellen Hilfslieferungen ausgeschlossen. Die dort herrschende Not und Rechtlosigkeit nutzen Schmuggler und Schwarzhändler, die mit dem Verkauf von Lebensmitteln, Benzin und Waffen reich werden.

Humanitäres Engagement funktioniert in diesen »befreiten« Gebieten nur auf privater und nicht-staatlicher Ebene. Einige mutige internationale Nichtregierungsorganisationen sind vor Ort, darunter die Grünhelme von Rupert Neudeck, Ärzte ohne Grenzen und Medico International. Sie gehen dabei ein ähnlich großes Risiko ein wie ausländische Journalisten, denn auch humanitäre Helfer sind bereits von Jihadisten bedroht und entführt worden. Gelder und Hilfsgüter aus dem Ausland werden in diese Landesteile geschmuggelt und dort über persönliche Netzwerke verteilt. Aber den vielen ehrenamtlichen Vereinen und Initiativen fehlt die gesellschaftliche Unterstützung im Westen. Hierzulande zögern die Leute, für Syrien zu spenden aus Angst, das Geld könnte nicht dort ankommen, wo es gebraucht wird. So fühlen sich die Syrer auch wirtschaftlich und humanitär im Stich gelassen, 60 Prozent von ihnen und damit doppelt so viele wie vor der Krise, leben in Armut. Aus den anfänglichen Parolen gegen Korruption und Vetternwirtschaft sind längst verzweifelte Hilferufe geworden. Der Kampf für Freiheit und Würde ist in Syrien zu einem Kampf um das nackte Überleben geworden.

6. Drehkreuz Damaskus: Syriens Rolle in der Region und der Westen zwischen Annäherung und Isolation

»Syrien ist nicht Libyen.« Es klingt fast wie ein Mantra, wie eine Formel, die westliche Politiker und Analysten seit Mitte 2011 beschwören. Sie antworten damit auf die berechtigte Frage, warum die internationale Gemeinschaft zum Schutz der Zivilbevölkerung in Libyen militärisch intervenierte und das in Syrien kategorisch ablehnt.

An den Grausamkeiten des Regimes und dem Leiden der Menschen kann es nicht liegen – da hat das Assad-Regime längst jede Grenze überschritten. Auch das Argument der militärischen Stärke ist zweitrangig. Zwar hat Syrien nach Angaben des Stockholm International Peace Research Institute zwischen 2007 und 2011 fast sechs Mal so viele Waffen importiert wie in den fünf Jahren zuvor. Die syrischen Streitkräfte verfügen aufgrund der engen militärischen Zusammenarbeit mit Russland über eine effiziente Luftwaffe und Flugabwehrsysteme und könnten im Falle eines ausländischen Angriff deutlich mehr Gegenwehr leisten als die Truppen des libyschen Ex-Diktators Gaddafi. Aber darauf würden die NATO und ihre Verbündeten schon die entsprechenden militärstrategischen Antworten finden.

Nein, das Hauptargument gegen einen Waffengang in Syrien ist Damaskus' geopolitische Vernetzung. In Libyen ging es um Libyen, ein paar lukrative Ölförderverträge und sonst nichts. In Syrien aber geht es um den Einfluss Irans, die Sicherheit Israels, die Stabilität Iraks, die Unabhängigkeit Libanons, die Dominanz Saudi-Arabiens und der Golfstaaten und den Kampf zwischen den USA, Europa und Russland um die Vormachtstellung in Nahost. Es geht also um ein ganzes Knäuel aus politischen, wirtschaftlichen und machtstrategischen Interessen, in dessen Zentrum Damaskus steht. Eine militärische Intervention würde sich deshalb höchstwahrscheinlich zum regionalen Flächenbrand ausweiten. Und den will keiner.

Die wichtigste Grundregel zum Verständnis dieser Realität in Nahost lautet: Alle haben recht. Denn jeder hat berechtigte Interessen. Es gibt folglich politisch gesehen kein Gut und Böse, kein Schwarz und Weiß. Das klingt banal, hilft aber ungemein. Ein paar Beispiele. Syrien will seinen Golan zurück, dafür braucht es Druck auf Israel. Israel will Sicherheit und möglichst viel ressourcenreiches Land. Die Palästinenser wollen einen eigenen lebensfähigen Staat, und viele von ihnen sehen nach 20 Jahren Verhandlungen und Siedlungsbau keinen Sinn in Gesprächen mit Israel. Die Libanesen wollen endlich selbstbestimmt leben, sie wollen sich nicht von Syrern reinreden lassen und nicht vor israelischen Angriffen fürchten müssen. Iran will mithilfe Syriens und der libanesischen Hisbollah im Nahen Osten mitmischen. Saudi-Arabien will eben diesen Einfluss des schiitischen Iran zurückdrängen und den sunnitischen Islam zur führenden politischen Kraft in der Region ausbauen. Das kleine Golfemirat Qatar spielt erfolgreich diplomatisches Schwergewicht, indem es seine guten Kontakte zu allen politischen Akteuren der Region nutzt. Der Irak kämpft um seine eigene nationale Einheit und will keinen Krieg nebenan. Die formal laizistische Türkei sieht sich als Modell einer muslimisch geprägten Demokratie und will zur führenden Regionalmacht aufsteigen. Die USA brauchen Stabilität und zuverlässige befreundete Regime in den ölreichen Golfstaaten, um die eigene Energieversorgung sicherzustellen. Die Europäer wollen im Nahen Osten so wenig Islam wie möglich und so viel Demokratie und Wohlstand wie nötig, damit die Menschen bleiben, wo sie sind, und nicht in die EU flüchten.

Alle diese Staaten spielen in der aktuellen Syrienkrise eine Rolle – die Revolution des syrischen Volkes hat sich zu einem geostrategischen Machtspiel regionaler und internationaler Akteure ausgeweitet.

ASSADS INTERNATIONALE VERBÜNDETE: RUSSLAND UND CHINA

Entgegen der weitverbreiteten Annahme, das Ausland mische sich vor allem aufseiten der Opposition in den Konflikt ein, ist es das Assad-Regime gewesen, das als Erstes ausländische Hilfe in Anspruch genommen hat. Waffen aus Russland, geheimdienstliche und militärstrategische Anleitung aus dem Iran, Kämpfer der libanesischen Hisbollah – diese Unterstützung war Damaskus schon ab Frühsommer 2011 willkommen, während es offiziell die Mär von der internationalen Verschwörung propagierte, von den bewaffneten Gruppen, die angeblich im Auftrag ausländischer Mächte handelten.

Es wirkt deshalb anmaßend, wenn ausgerechnet Russland und Iran monatelang auf Syriens nationale Souveränität pochen, während sie sich selbst an der Niederschlagung der innersyrischen Demokratiebewegung beteiligen. Die Bewaffnung der Opposition zu verurteilen und dabei das Regime weiterhin mit neuester Militärtechnik zu beliefern ist schlichtweg zynisch. Was für Interessen stecken also hinter dieser Parteinahme ausländischer Akteure für das syrische Regime?

Schauen wir zunächst nach Moskau. Dort betrachtet man das syrische Regime als den letzten strategischen Verbündeten im Nahen Osten. Das enge Verhältnis der beiden Länder stammt aus Zeiten des Kalten Krieges, in denen das sozialistische Syrien stets an der Seite der Sowjetunion stand. Nach dem Zusammenbruch des Ostblocks baute Washington seine Vormachtstellung im Nahen Osten aus, fast alle Staaten der Region fielen in den Einflussbereich der USA. Einzige Ausnahme ist Syrien, das konsequent die Doppelmoral des Westens im israelisch-palästinensischen Konflikt anprangert, sich ab 2002 gegen die aggressive Politik der Regierung von George W. Bush wandte und dafür auf der Achse des Bösen landete. Aus russischer Sicht stellt Damaskus folglich ein wichtiges Gegengewicht zur westlichen Dominanz in Nahost dar – politstrategisch gesehen ist Bashar Al Assad Moskaus Mann in der arabischen Welt, auch wenn sich Assad persönlich in Europa wohler fühlt als in Russland.

Auf die gemeinsame sozialistische Vergangenheit zurückzuführen ist auch die militärische Zusammenarbeit der beiden Bruderstaaten. Mehr als 70 Prozent der syrischen Waffen kommen aus Russland, darunter Flugabwehrsysteme, Kampfflugzeuge und Seezielflugkörper. In der russischen Statistik machen Syriens Einkäufe dennoch nur 7 Prozent der gesamten Rüstungsexporte aus (Russland ist nach den USA und vor Deutschland der zweitgrößte Waffenlieferant der Welt), für Moskau hat Syrien eher als militärstrategischer Standort Bedeutung. Bis heute unterhält Russland einen Marinestützpunkt im syrischen Mittelmeerhafen Tartous, der seit 2008 ausgebaut wird. Dabei handelt es sich um den letzten russischen Militärstützpunkt außerhalb des früheren sowjetischen Gebiets, er ist folglich Ausdruck der für Moskau so wichtigen russischen Großmachtstellung.

Das Festhalten an Assad in dem eskalierenden Konflikt erscheint jedoch irgendwann irrational, schließlich verspielt Russland damit nicht nur Sympathien unter den Syrern, sondern in der gesamten arabischen Welt. Alle warten darauf, dass die russische Regierung ihre Haltung gegenüber dem

Assad-Regime ändert oder zumindest positiv auf Damaskus einwirkt. Denn Diplomaten und Experten vermuten den Schlüssel zur politischen Lösung der Syrienkrise in Moskau.

Im Spätsommer 2013 gelingt den beiden Verbündeten ein diplomatischer Coup. Nach dem Giftgasangriff am 21. August 2013 erklärt sich die Führung in Damaskus auf Russlands Initiative hin bereit, ihr Chemiewaffenprogramm aufzugeben. Ein drohender US-Angriff ist damit abgewendet. Aus weltweitem Entsetzen über die Skrupellosigkeit Assads wird binnen Wochen Anerkennung für das Einlenken des syrischen Machthabers. Assad präsentiert sich als Garant für die Vernichtung seiner Chemiewaffen und als zuverlässiger Vertragspartner im Umgang mit den UN-Experten, die zur Bestandsaufnahme und Vernichtung der Chemiewaffenbestände nach Syrien reisen. Selten zuvor ist ein Massenmörder in derart kurzer Zeit rehabilitiert worden. Präsident Wladimir Putin und sein Außenminister Sergej Lawrow lassen sich als einflussreiche und kluge Vermittler zwischen Damaskus und seinen internationalen Gegnern feiern.

Neben politischen und militärischen Interessen hat die jahrzehntelange russisch-syrische Freundschaft auch gesellschaftliche Spuren hinterlassen. Syrer haben in der Sowjetunion studiert und auch dort geheiratet, viele sind später mit ihren russischen Frauen nach Damaskus zurückgekehrt. Auf gleichem Wege sind ostdeutsche Frauen nach Syrien gekommen. Die DDR galt lange als Vorbild in Sachen Sozialismus, Planwirtschaft, Einparteienherrschaft und Geheimdiensttätigkeit – Vertreter der deutschen Staatssicherheit sollen ihre syrischen Kollegen sogar ausgebildet haben.

Syrien war das erste Land der arabischen Welt, in dem die DDR 1956 ein Generalkonsulat eröffnete. Jahrzehntelang gab es in Syrien alles Deutsche doppelt: Botschaften, Kulturinstitute, Sprachkurse, Handelskontakte. Wer in Damaskus nach Spuren der beiden früheren deutschen Staaten sucht, läuft schnell im Kreis. Im schicken Wohnviertel Al Malki im Zentrum der syrischen Hauptstadt steht die heutige Botschaft der Bundesrepublik, ein mehrstöckiger weißer Bau, der zu Zeiten des Kalten Krieges die Handelsvertretung der DDR beherbergte. Keine 500 Meter weiter liegen das Goethe-Institut und das Deutsche Archäologische Institut, die beiden teilen sich das Gebäude der ehemaligen DDR-Botschaft. Deutsch-deutsche Geschichte auf wenigen hundert Metern.

Der Zusammenbruch des Ostblocks blieb in Syrien zunächst folgenlos, erst mehr als 20 Jahre später begehren die Syrer gegen ihr Einparteienregime auf. Der bei den Montagsdemos in der DDR skandierte Revolutionsslogan »Wir sind das Volk!« lautet in Syrien »Das syrische Volk ist eines!«. Wieder wird Deutschland zum Vorbild. Dieses Mal sind es nicht ostdeutsche Vollbeschäftigung, Gesundheitsversorgung und Kindergärten, die die Syrer bewundern, sondern es ist das unblutige Ende der DDR, das sie beeindruckt und das sie sich statt der brutalen Staatsgewalt wünschen würden. Der Umgang mit friedlichen Demonstranten unterscheidet sich jedoch grundlegend. Während die Staatsführung der DDR im Oktober 1989 in Leipzig Zehntausende Bürger friedlich protestieren ließ, schießen syrische Soldaten im März 2011 in Daraa von Anfang an scharf auf unbewaffnete Demonstranten. Ein Hinweis darauf, dass die beiden Systeme bei allen strukturellen Parallelen doch sehr unterschiedlich waren.

Was die Abwicklung einer Diktatur betrifft, könnte sich ein Blick nach Berlin für die Syrer aber auch in Zukunft lohnen. Schließlich müssen sie – ähnlich den Erfahrungen in Ostdeutschland – aus einem Polizeistaat einen Rechtsstaat machen und ein System gegenseitigen Misstrauens und gesellschaftlicher Überwachung in vertrauensvolle politische Zusammenarbeit und zivilgesellschaftliches Engagement umwandeln. Die Auflösung der Stasi, der Umgang mit Spitzeln und die Dokumentation des jahrzehntelangen Unrechts in Deutschland könnten für Syrien nach dem Ende der Ära Assad wichtige Erfahrungen bieten.

Aus Sicht des syrischen Regimes gilt es, ein Ende wie in Moskau und Ostberlin auf jeden Fall zu verhindern. Statt auf Perestroika und Glasnost, also eine schrittweise Demokratisierung sowie Meinungs- und Pressefreiheit, zu setzen, orientiert sich Damaskus deshalb lieber am chinesischen Weg, der wirtschaftliche Öffnung mit politischer Unterdrückung kombiniert und sich damit für die Machthaber als stabiler erweist. Bashar Al Assad selbst setzt die Prioritäten seiner Reformen eindeutig bei der Wirtschaft, Regime-Vertreter propagieren offiziell die Strategie Chinas.

Peking und Damaskus betrachten sich deshalb als langjährige und durch ein ähnliches Entwicklungsmodell verbundene Freunde, auch wenn Chinas Interessen in Syrien viel geringer sind als die Russlands, und Damaskus für Peking deutlich weniger Bedeutung hat als umgekehrt. In politischen Fragen sind sich die beiden meist einig. China unterstützt die vollständige Rückgabe der israelisch besetzten Golanhöhen an Syrien, beide verurteilen die jahrelange US-Besatzung des Irak und die aus ihrer Sicht hegemoniale Machtpolitik Washingtons. Wirtschaftlich arbeiten beide Staaten eng zusammen, China engagiert sich im Erdölgeschäft und chinesische Produkte sind auf dem syrischen Markt wegen ihrer günstigen Preise allgegenwärtig.

Neben China spielen auch andere asiatische Länder eine wichtige Rolle für Syrien. Malaysia, Indonesien, Indien und Südkorea begleiten Damaskus' wirtschaftlichen Reformprozess als zuverlässige Handels- und Investitionspartner. Vor allem in den Jahren 2003 bis 2007, als sowohl die USA auch die Europäische Union wegen des Irakkriegs und der Libanonkrise auf Distanz gehen, wendet sich Syrien nach Osten. Es intensiviert nicht nur die Kontakte nach Asien, sondern lockt wirtschaftlich auch bedeutende Investoren aus den Golfstaaten an und rückt politisch eng mit dem Iran zusammen.

SYRIENS REGIONALER SCHULTERSCHLUSS: IRAN

Aus westlicher Perspektive haben sich mit Teheran und Damaskus zwei Oberschurken gefunden. Dabei ist es die US-Politik gewesen, die den Schulterschluss zwischen den zwar befreundeten, aber an sich völlig verschiedenen Regierungen massiv vorangetrieben hat. Indem Washington den schiitischen Iran und das säkular-sozialistische Syrien neben Saddams Irak, Nordkorea und Kuba auf seiner »Achse des Bösen« platzierte, entstand im Laufe der vergangenen zehn Jahre ein antiamerikanisches Zweckbündnis, dem sich auch noch Staatschefs wie Venezuelas Präsident Hugo Chavez anschlossen.

Iran und Syrien verbindet seit mehr als 30 Jahren eine stabile Freundschaft. Sie beginnt mit dem Sturz des Schah und dem Sieg der Islamischen Revolution in Teheran 1979. Anders als der Rest der arabischen Welt, betrachtet Syriens damaliger Staatschef Hafiz Al Assad den schiitischen Iran nicht als Bedrohung, sondern als Verbündeten.

Das hat einerseits religiöse Gründe. Assad zählt als Alawit selbst zu einer Abspaltung innerhalb des schiitischen Islam und hatte 1973 in der theologischen Auseinandersetzung mit den konservativen Sunniten von Damaskus prominente Schützenhilfe von iranischer Seite bekommen. Musa Al

Sadr, ein iranischer Geistlicher, der im Libanon wirkte, verfasste für Assad eine Fatwa. Darin erklärte er die Alawiten zu einem authentischen Bestandteil des schiitischen Islam. Damit waren die Vorwürfe, Alawiten seien Häretiker, in Syrien vom Tisch und die Herrschaft der Assads über jeden religiösen Zweifel erhaben.

Der andere Grund für Hafiz Al Assads Annäherung an Iran ist politisch-strategischer Natur. Nach zwei militärischen Niederlagen gegenüber Israel und dem Verlust des Golan geht es ihm vor allem darum, alle anti-israelischen Kräfte zu bündeln. Der Iran, der sich mit dem Sturz des Schah vom amerikanisch-israelischen Einfluss befreit und unter Khomeini dem anti-zionistischen und anti-imperialistischen Lager angeschlossen hat, ist ihm deshalb als Bündnispartner überaus willkommen. Dass er damit die sunnitisch orientierten arabischen Führungsmächte Saudi-Arabien, Ägypten und Irak vor den Kopf stößt, nimmt Assad in Kauf. Ihre Skepsis gegenüber einem aufstrebenden schiitischen Regime teilt er als Alawit naturgemäß nicht. Für Assad ist Israel der Feind Nummer eins, die Herrscher am Golf, in Bagdad, Riad und Kairo fühlen sich dagegen zunehmend von Teheran bedroht.

Das führt Anfang der 1980er Jahre zu weiteren Verwerfungen, vor allem mit Saddam Hussein im Irak, was im ersten Moment verwundert. Denn eigentlich regiert in Bagdad damals ja die Baath-Partei – wie in Damaskus. Und der Irak ist formal eine Republik – wie Syrien. Mit einem säkular geprägten sozialistischen Einparteienregime und einem Diktator an der Spitze: Saddam Hussein im Irak und Hafiz Al Assad in Syrien. Doch trotz dieser Parallelen sind sich die beiden Machthaber 20 Jahre lang spinnefeind.

Die Baath-Partei, die mit vollem Namen »Arabische Sozialistische Partei der Wiedererweckung« heißt, wird

1947 in Damaskus von einem Christen und einem Sunniten gegründet. Sowohl in Syrien als auch im Irak übernimmt sie erstmals 1963 die Macht. Sie spaltet sich jedoch in verschiedene Regionalführungen auf, sodass ab 1966 in Damaskus und ab 1968 in Bagdad konkurrierende Parteiflügel regieren – der erste Bruch zwischen den Nachbarn.

Das angespannte Verhältnis zwischen Hafiz al Assad und Saddam Hussein wächst sich in den 1980er Jahren zu offener Feindschaft aus, als sich Syrien im Ersten Golfkrieg zwischen Iran und Irak (1980 bis 1988) auf die Seite der Iraner stellt. Saddam Hussein betrachtet das politische Erwachen der Schiiten im benachbarten Iran als persönliche Bedrohung. Er zählt selbst zu den 20 Prozent Sunniten im Land und fürchtet, Teheran könnte die schiitische Mehrheit im Süden politisieren und gegen die Zentralregierung in Bagdad aufbringen. Für Saddam Hussein ist Khomeini deshalb vom ersten Tag an eine Gefahr, für Hafiz Al Assad ein Partner.

Der enge Kontakt zwischen Teheran und Damaskus schlägt sich auch im Alltag nieder, so sind zum Beispiel iranische Pilger in Damaskus ein vertrautes Bild. Sie sind leicht zu erkennen, denn sie tauchen stets in Gruppen auf und die Frauen tragen einen schwarzen Tschador, ein weites Tuch, das vom Kopf herab den ganzen Körper mit Ausnahme des Gesichts umhüllt. Konservative Musliminnen in Syrien tragen dagegen weiße, eng anliegende Kopftücher und einen langen Mantel. Die Pilger, die überwiegend ärmere Iraner sind, interessieren sich in Damaskus vor allem für zwei religiöse Stätten, die Seida-Zeinab-Moschee und die Omayadenmoschee.

Die im Zentrum der Altstadt gelegene Omayadenmoschee beherbergt in einem Nebenraum einen leeren, reich verzierten Behälter, in dem einst der Kopf des Propheten-Enkels Hussein aufbewahrt worden sein soll. Wie kam dieser nach

Damaskus? Und warum weinen und wehklagen schiitische Pilger bis heute an einem leeren Sarkophag? Ein kleiner Exkurs in die Religionsgeschichte.

Als der Prophet Mohammed im Jahr 632 n. Chr. starb, folgten ihm nacheinander vier sogenannte »rechtgeleitete Kalifen« nach. Der Erste war Abu Bakr, ein langjähriger Gefährte Mohammeds, der Zweite der ebenfalls aus Mekka stammende Omar, der Dritte war der zu den Omayaden zählende Othman, der von seinen politischen Gegnern ermordet wurde. Vierter Kalif wurde dann Ali, der Schwiegersohn des Propheten, der sich im Alter von neun Jahren als erster Mann nach Mohammed zum Islam bekannt und später Mohammeds Tochter Fatima geheiratet hatte. Die Schiiten betrachten Ali als den einzigen rechtmäßigen Nachfolger Mohammeds und erkennen seine drei Vorgänger nicht an. Umgekehrt weigerten sich nach dem Mord an Othman Teile der in Syrien ansässigen Omayaden, Ali anzuerkennen. Als Ali 661 durch ein Attentat der Charidschiten, einer anderen gegen ihn opponierenden Bewegung, starb, wurde Muawiya, sein jahrelanger Widersacher und Statthalter von Syrien, Kalif und begründete in Damaskus die Omayaden-Dynastie. Damit verlagerte sich das Zentrum des wachsenden islamischen Reiches erstmals von Mekka weg in die Provinz.

Doch der Streit um die Nachfolge eskalierte zum offenen Kampf. Die Anhänger Alis hatten die Hoffnung, dass einer seiner beiden Söhne, Hassan und Hussein, die islamische Umma anführen würden. Nach dem Tod Hassans in Medina nahm sein Bruder den Kampf gegen Muawiyas Sohn Yazid auf, dieser tötete Hussein jedoch 680 n. Chr. in der Schlacht von Kerbela. Diese gilt als das Schlüsselereignis für die Spaltung von Sunniten und Schiiten. Damals soll der Kopf Husseins nach Damaskus gebracht worden sein, daher die Pilger in der Omayadenmoschee.

Rein religionsgeschichtlich gesehen begeben sich Schiiten also bei einer Reise nach Syrien in ehemaliges Feindesland. Die Omayaden-Kalifen lösen bei ihnen tiefe Abneigung aus, während die Syrer die Herrschaft ihrer Vorfahren von 661 bis 750 stolz als das goldene Zeitalter des Islam bezeichnen. Deutlich wohler als in der Omayadenmoschee fühlen sich die iranischen Pilger deshalb in Damaskus' Vorort Seida Zeinab, der nach der gleichnamigen Moschee benannt und schiitisch geprägt ist. Die goldene Kuppel der Moschee wirkt ziemlich majestätisch inmitten der staubigen Straßen des einfachen Viertels, ihr Inneres ist mit einem tausendfach glitzernden Spiegelmosaik ausgeschmückt und beherbergt das Grab der Prophetenenkelin Zeinab, der Tochter von Ali und Schwester von Hassan und Hussein.

Im dritten Jahr des syrischen Aufstands kommen weniger Pilger, dafür mehr iranische Milizionäre nach Syrien. Aus der militärstrategischen Beratung der ersten Monate ist eine massive Verstärkung der syrischen Streitkräfte mit Personal und Waffen geworden. Viele verschiedene Videos zeigen Iraner in den Reihen der assadschen Armee, mal als Vorgesetzte, mal als einfache Soldaten. In manchen Stützpunkten werden schriftliche Anweisungen inzwischen zweisprachig ausgehängt – Arabisch und Persisch. Ein Hinweis darauf, dass iranische Milizionäre in Syrien keine Einzelfälle sind, sondern ein strukturelles und dauerhaftes Phänomen.

Iran bezahlt wahrscheinlich den höchsten Preis – im wörtlichen Sinne – für den Erhalt des syrischen Regimes. Teheran soll Damaskus bereits Milliarden überwiesen haben, um einen Staatsbankrott zu verhindern und den Krieg zu finanzieren, die iranische Führung ist deshalb durchaus an einem Ende des Konfliktes interessiert. Außerdem stehen die Zeichen im Iran auf Veränderung. Nach der Wahl von Hassan

Rohani zum neuen Präsidenten im Juni 2013 sind die Verhandlungen über das iranische Atomprogramm wieder aufgenommen worden, international und besonders im seit Jahrzehnten schwer belasteten Verhältnis zu den USA deutet sich eine vorsichtige Annäherung an. Teheran wird es deshalb vermeiden, in der Syrienfrage zu sehr auf Konfrontation mit dem Westen zu gehen. Sollte es irgendwann einen internationalen Friedensplan zu Syrien geben, den auch Russland befürwortet und der den Abgang Assads vorsieht, wird Teheran sich wohl kaum querstellen – schließlich droht das Ende der eigenen Entspannungspolitik mit Europa und den USA.

VOM ERZFEIND ZUM INSTABILEN NACHBARN: IRAK

Ab dem Frühjahr 2003 fahre ich regelmäßig nach Seida Zeinab, denn im Zuge des Irakkriegs wird das Viertel zum Umschlagplatz und zur Drehscheibe für alles, was mit Irak zu tun hat: menschliche Schutzschilde, Satellitenschüsseln, Flüchtlinge, Medikamente, heimkehrende Exiliraker, freiwillige Kämpfer und vieles mehr. Aufgrund der geografischen Lage, der günstigen Transportmöglichkeiten, der niedrigen Lebenshaltungskosten und der großzügigen Einreisebestimmungen wird Syrien über Jahre zum wichtigsten Nebenkriegsschauplatz des Irak-Konflikts.

Die Ersten, die aus dem Irak kommen, sind im März 2003 Ausländer, die als sogenannte Human Shields versuchten, den Angriff der Amerikaner zu verhindern, und damit bekanntlich scheiterten. Dann versuche ich, die ersten irakischen Flüchtlinge zu interviewen, die in Seida Zeinab aus einem Bus steigen. Noch ist Saddam Hussein jedoch im Amt und so beteuern die mit Hausrat und Decken beladenen Iraker, nur »zu Besuch« in Damaskus zu sein. Aha. Reden wollen sie sowieso nicht – das ändert sich erst vier Wochen später.

Am 20. März 2003 beginnt die US-geführte »Koalition der Willigen« ihren Angriff auf Irak. Die Statue des irakischen Diktators in Bagdad wird vom Sockel gestürzt, Saddam Hussein taucht unter. Nichts ahnend fahre ich wieder nach Seida Zeinab und finde mich innerhalb von Minuten von etwa 50 Irakern umringt, die mir alle ihre Geschichte erzählen wollen. Sie drängen sich um mein Mikrofon – ich bin offensichtlich die erste westliche Journalistin, der sie begegnen. Sie reden, schimpfen, fuchteln und jubeln. Anfangs versuche ich noch, strukturierte Gespräche zu führen, aber irgendwann gebe ich auf und nehme einfach auf, was aus den Irakern heraussprudelt. Für mich ist es ein Schlüsselmoment, denn ich spüre zum ersten Mal, was es für Menschen bedeutet, nach Jahrzehnten der Unterdrückung frei reden zu können. Ich bin gerührt und verspreche, ihre Geschichten und Ansichten weiterzutragen in die Welt, auch wenn über meine Radioreportagen natürlich nur ein Bruchteil davon in Europa ankommt.

Es gibt aber nicht nur Iraker, die ihr Land verlassen, sondern auch Iraker, die nach Jahrzehnten im Exil in ihre Heimat zurückkehren wollen – in ein Irak ohne Saddam Hussein. Sie kommen aus den USA, Europa oder anderen Staaten der Region und landen erst mal in Damaskus, weil der Flugverkehr nach Bagdad noch nicht funktioniert. Von Seida Zeinab aus machen sie sich dann auf den Weg. Wer sich die Fahrt im Reisebus für 100 Euro nicht leisten kann, steigt im April 2003 in einen geschlossenen Lastwagen und bezahlt 20 Euro für 15 Stunden im dunklen Laderaum. Die 40 Männer, die ich kurz vor ihrer Abfahrt treffe, gehen mir nicht aus dem Kopf, ob und wie sie Bagdad erreicht haben, erfahre ich nie.

Irak versinkt über Jahre in Chaos und Gewalt – irgendwann kämpft jeder gegen jeden, so scheint es. Mehr als zwei Millionen Iraker fliehen über die Grenzen, die meisten davon nach Syrien. Im Sommer 2007 erreicht die Zahl der irakischen Flüchtlinge dort ihren Höchststand: Laut UN haben die Syrer 1,4 Millionen Iraker aufgenommen, und das bei einer Bevölkerungszahl von damals 19 Millionen. Auf deutsche Maßstäbe hochgerechnet wären das fast sechs Millionen Flüchtlinge, eine unvorstellbare Zahl, wenn man an die wenigen Tausend Kontingentflüchtlinge denkt, die die Bundesrepublik gelegentlich aus Kriegsgebieten ins Land lässt.

Die Schrecken des Irakkriegs sind in Syrien durch die Flüchtlinge über Jahre präsent, sie helfen dem Regime sowohl innenpolitisch als auch geostrategisch. »Besser Stabilität und Sicherheit als Mord und Totschlag wie im Irak«, sagen sich die meisten Syrer und stellen sich zwischen 2003 und 2007 demonstrativ hinter ihren Präsidenten. Auch in der aktuellen Krise fürchten viele Syrer ein gesellschaftliches Abgleiten in die Gewalt wie im Irak – vor allem die Christen, denen die Erfahrungen ihrer irakischen Glaubensbrüder überdeutlich vor Augen stehen. Aus Sicht des Westens wirkt die misslungene Irak-Mission des George W. Bush außerdem abschreckend und nicht zur Nachahmung empfohlen, ein wichtiges Argument gegen einen militärisch herbeigeführten Sturz des Assad-Regimes.

Für die meisten Syrer ist die Aufnahme ihrer irakischen »Brüder« völlig selbstverständlich. Irakische Kinder besuchen syrische Schulen, Verletzte werden gratis in Gesundheitszentren versorgt. Dabei stellen die Flüchtlinge eine große Belastung für das vom Westen isolierte Syrien dar. Mieten und Immobilienpreise in Damaskus explodieren, auch Nahrungsmittel und Benzin werden teurer. Neben der gesellschaftlichen Solidarität normalisiert sich auch das offizielle Verhältnis der beiden Nachbarn. Im Dezember 2006 nehmen Bagdad und Damaskus wieder diplomatische Beziehungen auf – nach 24 Jahren Funkstille.

Das Flüchtlingshilfswerk der Vereinten Nationen UNHCR ist voll des Lobes für die syrische Gastfreundschaft und wirbt international für mehr finanzielle Unterstützung Syriens zur Versorgung der Flüchtlinge. Tatsächlich bringt die Aufnahme der Iraker dem syrischen Regime in den Jahren 2006 und 2007 die ersten positiven Schlagzeilen seit Langem. UN-Vertreter und ausländische Politiker bezeichnen Damaskus' Umgang mit den Flüchtlingen als beispielhaft und beeindruckend.

Umso beschämender ist jetzt der internationale Umgang mit den syrischen Flüchtlingen. Dem UNHCR fehlt Anfang 2014 noch immer ein Drittel der für Syrien notwendigen Gelder. Und innerhalb des Irak ist nur der kurdische Norden Zufluchtsort für die Syrer, da die Regierung von Ministerpräsident Nuri al-Maliki in Bagdad die syrischen Machthaber unterstützt. Inzwischen finden sich in den Reihen der assadschen Armee und Milizen auch schiitische Söldner aus dem Irak. Diese treffen in Syrien auf ihre radikalen sunnitischen Landsleute, die bei den Aufständischen mitkämpfen. Aus syrischer Sicht spielt der Irak folglich in der aktuellen Krise eine äußerst negative Rolle. Er exportiert sunnitische und schiitische Extremisten, die sich nebenan bekriegen und die syrische Gesellschaft mit konfessionellen Spannungen infizieren.

PROBLEMFALL UND TRUMPFKARTE: DIE PALÄSTINENSISCHE HAMAS

Die Politik der offenen Tür hat in Syrien eine lange Tradition. Nach der Staatsgründung Israels 1948 und durch den Sechstagekrieg 1967 folgten zwei Wellen palästinensischer

Flüchtlinge, denen es im Vergleich zu ihren Landsleuten im Libanon in Syrien recht gut geht.

Oft fahre ich freitags mit dem Minibus in das Palästinensercamp Yarmuk und besuche palästinensische Freunde. Wie in einem Flüchtlingslager sieht es dort schon lange nicht mehr aus. Yarmuk und das angrenzende Camp Falastin sind inzwischen zu ganz normalen, eher ärmlichen Stadtteilen von Damaskus zusammengewachsen, in denen zur Hälfte Palästinenser und zur Hälfte Syrer leben.

Anfang 2014 ist Yarmuk allerdings nicht wiederzuerkennen, die anhaltenden Kämpfe und der Beschuss durch das Regime haben aus dem einst lebendigen Viertel eine Geister- und Ruinenstadt gemacht. Im Dezember 2013 warnt der Chef der für die palästinensischen Flüchtlinge zuständigen UN-Organisation UNRWA, in Yarmuk drohe wegen der anhaltenden Blockade eine humanitäre Katastrophe. Seit einem Jahr ist der Stadtteil abgeriegelt, seit September 2013 lässt das Regime selbst UNRWA keine Hilfe mehr leisten. Es werde bald zu spät sein, das Leben Tausender Zivilisten inklusive Kinder zu retten, so der dramatische Appell des UN-Kommissars. Bis zum Jahreswechsel sind 15 Menschen in Yarmuk verhungert.

Ich muss an meine Freunde denken, die das Camp zum Glück rechtzeitig verlassen haben. Damals wohnt die Familie, bei der ich meine Freitage verbringe, inmitten der engen, zum Teil nicht asphaltierten und zugemüllten Gassen im dritten Stock eines unverputzten Hauses in zwei Zimmern. Mutter Sausan, ihr geistig gestörter Mann und sieben Kinder, von denen fünf noch zu Hause sind, als ich sie kennenlerne. Sausan kocht mithilfe eines Gaskochers auf dem Boden die wunderbarsten Gerichte, während ich mit den älteren Kindern Al Jazeera schaue und über Politik rede.

Ziad, der Älteste von ihnen, hilft mir gelegentlich bei Recherchen in seiner Nachbarschaft, denn in den Palästinensercamps gibt es oft Spannendes zu berichten. Er stellt mich zum Beispiel jungen Palästinensern vor, die als freiwillige Kämpfer in den Irak ziehen. Und er bringt mich ein paar Wochen später zu jenen, die desillusioniert und völlig erschöpft von dort zurückkehren. Junge Männer der Generation Intifada, die sich zeit ihres Lebens unterdrückt fühlen, schlecht ausgebildet, ohne Arbeit und ohne Perspektive sind. Junge Männer, die nichts zu verlieren haben, die seit sie denken können zusehen, wie israelische Panzer palästinensische Häuser zerstören, israelische Soldaten auf steinewerfende Jugendliche zielen und israelische Siedler neue Wohnungen bauen. Sie sind es leid, untätig vor dem Fernseher zu sitzen. »Nach Palästina lassen sie mich nicht, also gehe ich in den Irak«, sagt einer von ihnen. In ihrer Wahrnehmung verschmelzen Israel und die USA zu einem gemeinsamen Feind, den sie nun endlich stellvertretend im Irak bekämpfen können. Einziges Problem dabei ist, dass die meisten Iraker nicht bereit sind, für die Verteidigung ihres verhassten Saddam-Regimes zu sterben, und die ausländischen Freiwilligen deshalb auf ziemlich verlorenem Posten kämpfen.

Viele von ihren kehren nicht zurück. Im Frühjahr 2003 hängen an den Hauswänden in Yarmuk wöchentlich neue Todesanzeigen junger Männer, die im Irak gefallen sind. Zusammen mit Ziad sitze ich im Wohnzimmer von Kamle, einer Palästinenserin, deren Sohn Nidal südlich von Bagdad starb. Die 57-Jährige wirkt gefasst, ihr Sohn ist nicht der erste Märtyrer in der Familie. Kamles Mann ist in Beirut gefallen, ihr Vater in Palästina. Schwarz-Weiß-Bilder der Toten hängen im Flur an der Wand. Nidals Foto steht jetzt im Wohnzimmer auf dem Fernseher, in Farbe. Die typische Geschichte einer palästinensischen Familie in Nahost.

Ein paar Wochen später suchen Ziad und ich die Büros der Palästinenserorganisation Hamas im Camp, die auf Verlangen der USA geschlossen werden sollen. Washington setzt das syrische Regime seit seiner Invasion im Irak zunehmend unter Druck. Die Neokonservativen im Team von George W. Bush fordern, die syrisch-irakische Grenze effektiver abzuriegeln, auf die Entwicklung von Massenvernichtungswaffen zu verzichten und »Terrorgruppen« wie Hamas und Hisbollah nicht länger zu unterstützen. Die Syrer empfinden diese Rhetorik als bedrohlich, nicht nur die Regierung, sondern auch die Menschen.

Meine syrischen Freunde, die allen möglichen sozialen Schichten angehören und verschiedene politische Überzeugungen vertreten, sind sich ausnahmsweise einig: Genauso wenig wie im Irak gehe es in Syrien um Massenvernichtungswaffen, sondern um den Plan der Bush-Regierung, den Nahen Osten unter amerikanische Kontrolle zu bringen. Von einer solchen Neuordnung der Region würde Israel am meisten profitieren, da es von amerikanisch dominierten Nachbarn nichts zu befürchten hätte und den Palästinensern am Ende seine eigenen Bedingungen für ein Zusammenleben aufzwingen könnte. Die palästinensische Hamas ist für Syrer wie für nahezu alle Menschen im Nahen Osten eine Widerstandsbewegung, die gegen einen Besatzer im eigenen Land kämpft, und folglich nicht mit einer international operierenden Terrororganisation wie Al Qaida zu vergleichen.

In meinen Gesprächen mit Syrern über den Nahostkonflikt bezeichnen diese den Umgang der israelischen Regierung mit den Palästinensern sowie ihre Politik der gezielten Tötungen und der Angriffe außerhalb der eigenen Grenzen ausnahmslos als Staatsterrorismus. Der israelische Raketenbeschuss eines vermeintlichen Ausbildungscamps der Palästinenserorganisation Islamischer Jihad nördlich von Damaskus bestätigt Anfang Oktober 2003 diesen Eindruck und die Ängste der Syrer vor einem amerikanisch-israelischen Plan gegen Syrien.

Tatsächlich sitzt Syrien mit US-Truppen im Osten und einem hochgerüsteten Israel im Südwesten geopolitisch in der Klemme. Umso wichtiger ist in dieser Situation ein verbündeter Libanon, auf den sich Damaskus außenpolitisch verlassen kann. Doch dazu später mehr.

Im Laufe der folgenden Jahre verkommen die immer gleichen Anschuldigungen gegenüber Syrien zur Leier, deren einziges Ziel es ist, den Druck auf das Regime aufrechtzuerhalten. Egal was Damaskus macht, Washington und Jerusalem fällt stets etwas Neues ein. Mal sollen Saddams verschollene Massenvernichtungswaffen in der syrischen Wüste vergraben liegen, mal macht Israel die Syrer für einen Selbstmordanschlag in Tel Aviv verantwortlich. Was immer im Nahen Osten schiefgeht, die Syrer waren es. So einfach ist es jedoch nicht. Denn nicht jeder Anschlag in Bagdad, nicht jede Autobombe in Beirut und nicht jede Rakete auf Israel folgt einem Befehl aus Damaskus.

Damit mich hier niemand falsch versteht. Natürlich wird Syrien von einer diktatorischen Clique beherrscht, die schon damals unschuldige Menschen in Gefängnisse sperrt und foltert, Meinungsfreiheit unterdrückt und sich persönlich bereichert. Aber jetzt geht es um Geopolitik und da spielen innenpolitische Zustände bekanntlich keine Rolle. Regionalpolitisch verfolgt Syrien lediglich eigene, zum Teil durchaus berechtigte Interessen – genau wie jedes andere Land der Welt. Wie schon an anderer Stelle erwähnt: Die Unterteilung nahöstlicher Akteure in Good Guys und Bad Guys behindert unser Verständnis der Region, es gibt kein Schwarz und Weiß, sondern nur nachvollziehbare Interessen. Und die gibt es auch im Westen.

Womit wir wieder bei der Hamas und der US-Forderung wären, ihre Büros in den Palästinensercamps von Damaskus zu schließen. Im vierten Stock eines großen gepflegten Gebäudes am Rande von Yarmuk sind die Rollläden heruntergelassen, niemand lasse sich mehr blicken, versichert ein Nachbar im Mai 2003 und erklärt, hier habe die Hamas ein Büro gehabt. Doch was ist ein Büro? Ein Computer im Wohnzimmer? Ein Faxgerät im Flur? Ein Handy auf dem Nachttisch? Wichtiger als die Schließung von als »Büros« genutzten Wohnungen ist das Verhalten der Hamas-Vertreter, und das ist in der Tat aufschlussreich.

Die politische Führung der Hamas residiert von 2001 bis Anfang 2012 in der syrischen Hauptstadt. 1997 überlebt Khaled Mashaal, der Chef des Politbüros, nur knapp einen Giftspritzen-Anschlag israelischer Mossad-Agenten in Jordaniens Hauptstadt Amman. Zwei Jahre später verweist Jordanien die Hamas-Spitze des Landes. Mashaal geht zunächst nach Qatar und lässt sich dann in Syrien nieder.

Dreimal treffe ich den Hamas-Chef zum Interview, das erste Mal mit einer befreundeten palästinensischen Journalistin, das zweite Mal mit zwei SPIEGEL-Kollegen, das dritte Mal zusammen mit einem syrischen Kameramann für das ARD-Fernsehen. Die Treffen finden aus Sicherheitsgründen immer an geheimen Orten statt. Ein schwarzer Mercedes mit getönten Scheiben sammelt uns an einem verabredeten Treffpunkt ein und bringt uns dann zu einer Wohnung irgendwo im bürgerlichen Damaskus. Dort stehen in der Regel die palästinensische und die Hamas-Fahne vor einer Fototapete von Jerusalem mit dem Felsendom im Vordergrund. Zur Begrüßung schüttelt Mashaal auch mir als Frau die Hand, was viele konservative Muslime vermeiden würden. Der Hamas-Chef ist keineswegs ein religiöser Fanatiker, sondern ein durchaus pragmatischer Politiker.

Die Hamas, deren Name abgekürzt für »Islamische Widerstandsbewegung« steht, wird als palästinensischer Ableger der ägyptischen Muslimbrüderschaft im Jahr 1987 gegründet, als in den von Israel besetzten Gebieten die erste Intifada ausbricht. Zunächst kümmert sie sich als Wohlfahrtsorganisation um die Erziehung, Bildung und Gesundheit der palästinensischen Bevölkerung. 1992 entsteht mit den Izz-ad-Din-Qassam-Brigaden ihr militärischer Arm.

Der gewaltsame Kampf der Hamas gegen die israelische Besatzung geht einher mit – vom Westen kaum wahrgenommenen – politischen Zugeständnissen. Im Januar 2004 macht Scheich Ahmad Yasin, der Gründer und geistige Führer der Hamas, ein überraschendes Angebot. Er erklärt, die Hamas werde ihren bewaffneten Kampf einstellen, wenn ein palästinensischer Staat in den Grenzen von 1967 entstehe. Bis dahin hatte die Hamas stets einen islamischen Staat in ganz Palästina, also auch auf dem Boden des heutigen Israel, gefordert. Zwei Monate später stirbt der im Rollstuhl sitzende Scheich Yasin durch eine gezielt abgeschossene israelische Rakete, kurz darauf wird sein Nachfolger Abdel Asis Al Rantissi im April 2004 auf gleiche Weise getötet.

Seitdem steht Khaled Mashaal ganz oben auf der Liste der Israelis. Trotz internationaler Proteste kündigt die Regierung von Ministerpräsident Ariel Scharon an, sie werde an ihrer Politik der gezielten Tötungen festhalten. Mashaal taucht unter. Sein kurzer öffentlicher Auftritt im April 2004 in Damaskus' Palästinensercamp Falastin wird deshalb bis zur letzten Minute nicht bestätigt. Doch allein das Gerücht, Mashaal könnte dort bei den Trauerfeiern für den ermordeten Rantissi auftauchen, lockt viele Anhänger und Neugierige an.

Ich reihe mich in die Warteschlange vor dem unscheinbaren Kulturzentrum im Camp Falastin ein. Ein Besucher nach dem anderen muss die elektronische Sicherheitskontrolle passieren und seine Tasche öffnen. Hamas-Vertreter entschuldigen sich für die Unannehmlichkeiten, die Wartenden haben Verständnis. Schließlich könnte »er« heute Abend auftauchen, der Hamas-Chef persönlich, und da hat Sicherheit oberste Priorität.

Tatsächlich steht Mashaal plötzlich am Mikrofon – woher er so schnell gekommen ist, kann ich gar nicht nachvollziehen. Der mittelgroße Mann mit den grauschwarzen Haaren wirkt gelassen. Vor ihm bauen sich sieben Bodyguards auf, die aufmerksam das Publikum beobachten. Seine Rede ist kämpferisch, aber sorgfältig formuliert. Wenig später verschwindet Mashaal durch eine Hintertür in der Dunkelheit – so unauffällig, wie er gekommen ist.

Die Hamas-Führung in Damaskus verhält sich ab 2003 bewusst zurückhaltend – keine Pressekonferenzen, keine politischen Treffen, keine Interviews. Damit will sie dem syrischen Regime angesichts des wachsenden Drucks aus dem Westen Schwierigkeiten ersparen. Erst drei Jahre später zeigt sie wieder Präsenz. Als die Hamas im Januar 2006 die Parlamentswahlen in Palästina gewinnt, betritt Politbürochef Khaled Mashaal das Semiramis-Hotel im Stadtzentrum von Damaskus am helllichten Tag durch den Haupteingang, um sich den Fragen der Journalisten zu stellen. Vorbei scheinen die Zeiten, als er im Schutze der Dunkelheit durch ärmliche Palästinensercamps schleichen musste.

Der Ausbruch der Revolution im Frühjahr 2011 und Assads gewaltsamer Umgang mit Demonstranten bringt die Hamas in eine Zwickmühle. Einerseits erwarten Syriens Machthaber bei ihrem internen Überlebenskampf Loyalität von der Palästinenserorganisation, und diese fühlt sich nach Jahren der syrischen Unterstützung zu Dank verpflichtet. Andererseits steht die Hamas moralisch aufseiten der Unterdrückten und neigt als sunnitische Partei den Positionen von Saudi-Arabien, Qatar und den oppositionellen syrischen Muslimbrüdern zu, die zum Sturz des syrischen Regimes aufrufen und deshalb von der Hamas ein Abrücken von Bashar Al Assad fordern.

Schließlich bekennt die politische Führung im Februar 2012 Farbe. Khaled Mashaal zieht mit seiner Familie nach Qatar, weitere Führungsmitglieder gehen nach Ägypten oder Jordanien. Die enge Verbindung zwischen den Machthabern in Damaskus und der Hamas löst sich auf – mit weitreichenden geopolitischen Konsequenzen. Denn damit steht auch die jahrelange überkonfessionellen Allianz aus schiitischen und sunnitischen Kräften, die sich seit 2003 gegen Israel und die USA zusammengefunden haben, vor einem Bruch.

Ihr gehörten im Kern Syrien, Iran, Hisbollah und Hamas an, also die vier vom Westen als Bösewichte der Region dargestellten Akteure. Sie haben zunächst nicht viel gemein. Zur Erinnerung: Syrien ist eine säkulare Einparteiendiktatur, Iran ein theokratisches System mit demokratischen Elementen. Die libanesische Hisbollah folgt der schiitischen Ideologie des iranischen Revolutionsführers Khomeini, die palästinensische Hamas hat ihre Wurzeln bei den sunnitischen Muslimbrüdern. Was die ungleichen Parteien vereint, sind der Kampf gegen Israel als Besatzungsmacht und das Gefühl, von der westlichen Staatengemeinschaft im Stich gelassen und an den Pranger gestellt zu werden. So entstand das erwähnte Zweckbündnis, dessen Fäden nicht nur geografisch in Damaskus zusammenliefen.

Die syrische Hauptstadt war der einzige Ort, an dem Irans Präsident Mahmoud Ahmadinejad, Hisbollah-Führer Hassan Nasrallah, Hamas-Chef Khaled Mashaal und Syriens Präsident Bashar Al Assad ungestört zusammenkommen konnten. Im Januar 2006 beschlossen die vier Politiker, angesichts der »zionistisch-amerikanischen Aggression« eine gemeinsame Front zu bilden. Dies bedeutete eine ideologisch-strategische Ausweitung des sogenannten »schiitischen Halbmonds«, einer Achse, die seit der Machtübernahme der Schiiten im Irak von Teheran über Bagdad bis nach Beirut reicht.

KOMPLIZIERTE NACHBARSCHAFT: LIBANON

Die Fixpunkte dieser schiitischen Achse – die geistliche Führung des Iran und die Hisbollah im Libanon – gehen auf die iranische Einmischung im von 1975 bis 1990 dauernden libanesischen Bürgerkrieg zurück. 1982 schickt Khomeini 1500 Revolutionsgarden in das von Israel besetzte Land. Sie sollen Libanons Schiiten in ihrem Befreiungskampf unterstützen und zugleich das iranische Modell der islamischen Revolution exportieren. Diese sogenannten »Pasdaran« wirken 1985 bei der Gründung der Hisbollah, der »Partei Gottes«, mit. Ideologisch ist die Hisbollah deshalb bis heute eng mit den theologischen Auffassungen der iranischen Führung verbunden. Daneben erhält sie praktische Unterstützung in Form von Geld und Waffen aus Teheran, die mithilfe Syriens die von der Hisbollah kontrollierten Gebiete im Südlibanon und in der Bekaa-Ebene erreichen.

In den 1990er Jahren gewinnt die Hisbollah an politischem Einfluss, seit 1992 sitzt sie im libanesischen Parlament. Sie ist, ähnlich der palästinensischen Hamas, sowohl bewaffnete Miliz als auch politische Partei und vertritt neben der eher säkular ausgerichteten Amal-Bewegung die Schiiten des Landes. Diese stellen im Libanon die größte Bevölkerungsgruppe, sind aber aufgrund historischer Proporzregelungen politisch unterrepräsentiert, da die französischen Kolonialherren bei der Gründung des Libanon vor allem auf die Christen als Verbündete setzten. Bis heute prägt der Konfessionalismus das politische System des Libanon. So muss das Staatsoberhaupt immer ein maronitischer Christ sein, der Regierungschef ein sunnitischer Muslim und der Parlamentspräsident ein schiitischer Muslim.

Über die Grenzen des Libanon hinaus populär und richtungsweisend wird die Hisbollah, weil sie das schafft, was keiner arabischen Armee je gelungen ist: die israelischen Streitkräfte zu besiegen. 22 Jahre lang besetzt Israel den Süden des Libanon. Als es seine Truppen im Mai 2000 abzieht, feiert die Hisbollah diesen Schritt als »historischen Sieg«. Ihr Generalsekretär Hassan Nasrallah steigt zum populärsten Politiker der arabischen Welt auf. »Charismatisch, redegewandt, integer, glaubwürdig« – so beschreiben ihn nicht etwa seine Anhänger, sondern seine politischen Gegner.

Ich treffe Nasrallah nur einmal im Rahmen eines Gesprächs mit etwa 20 Wissenschaftlern, Nahostexperten und Journalisten im Februar 2004 in Beirut und empfinde ihn als verbindlich und überzeugend. Die Busfahrt und Sicherheitskontrollen im Vorfeld des Treffens dauern erwartungsgemäß länger als das Gespräch. Schließlich ist auch Hassan Nasrallah ein erklärtes Anschlagsziel der israelischen Regierung, die bereits seinen Vorgänger Abbas Mussawi 1992 mit einem gezielten Luftangriff auf sein Auto tötete.

Im Herbst 2004 fahre ich für eine zweiwöchige Hisbollah-Recherche in den Libanon. In Beirut höre ich zwar durchaus Kritik an der Schiiten-Partei, aber kein böses Wort über ihren Chef. »Hassan Nasrallah hat den Arabern ihre verlorene Würde zurückgegeben«, sagt Riad, ein Taxifahrer, der mich in seinem alten Mercedes 320 zum Medienbüro der Hisbollah bringt. Ich will mir Hisbollahs soziales Netzwerk im Süden des Landes ansehen, das als »Staat im Staate« kritisiert wird, und brauche Ansprechpartner vor Ort. Riad kurvt mit mir durch den schiitisch geprägten und von der Hisbollah dominierten Süden Beiruts. Die Straßen sind gesäumt von Plakaten. Immer paarweise hängen Fotos von

Märtyrern neben denen von Hisbollah-Führern. Widerstandskämpfer neben Würdenträger, Tapferkeit neben Tugend – so die Botschaft.

Doch aus dem außenpolitischen Erfolg der Hisbollah als Kampftruppe wird immer mehr ein innenpolitischer Machtkampf. Im Zuge der von den USA beabsichtigten Neuordnung des Nahen Ostens wird der Libanon wieder zum Schauplatz ausländischer Interessen. Ab 2004 kämpfen Syrien und Iran auf der einen Seite und die USA und Europa auf der anderen Seite um die Vormachtstellung in Beirut. Beide bedienen sich dabei ihrer lokalen Verbündeten: Eine von der Hisbollah dominierte Allianz vertritt das syrisch-iranische Lager, die vom Hariri-Clan geführten Kräfte setzen auf den Westen.

Nach dem Irakkrieg, der das Verhältnis zwischen den USA und Europa schwer belastet hat, sind beide Seiten dringend auf der Suche nach einem gemeinsamen außenpolitischen Handlungsfeld. Das finden sie im Libanon, wo Washington und Brüssel endlich wieder einer Meinung sind und folglich effektiv an einem Strang ziehen. Beide wünschen sich den Libanon als zuverlässigen Partner des Westens und versuchen deshalb, den Einfluss Syriens und Irans zurückzudrängen, indem sie die Hisbollah schwächen.

Formal geht es um die Unabhängigkeit des Libanon. Syrien soll seine Truppen aus dem Nachbarland abziehen, so die Forderung des Westens. Diese sind dort 1976 während des libanesischen Bürgerkriegs auf Bitten der internationalen Gemeinschaft und der Libanesen als Ordnungsmacht eingerückt. Allerdings hätte die syrische Armee den Libanon gemäß bilateraler Abkommen schon längst verlassen müssen. Aus der Schutztruppe war eine Besatzungsmacht geworden.

Neben der Bush-Regierung entwickelt sich Frankreich zur treibenden Kraft hinter einer entsprechenden UN-Resolution, die den Abzug der syrischen Truppen und eine Entwaffnung der Hisbollah fordert. Präsident Jacques Chirac ist ein enger Freund des libanesischen Ministerpräsidenten Rafiq Al Hariri. Der als »Mister Libanon« bezeichnete Hariri hat mit Geschäften in Saudi-Arabien ein Vermögen verdient und in den 1990er Jahren den Wiederaufbau seines vom Bürgerkrieg verwüsteten Landes finanziert. Zweimal wird er Ministerpräsident und beide Male legt er aus Protest gegen die politische Einflussnahme Syriens sein Amt nieder.

Warum aber will Syrien im Libanon überhaupt mitbestimmen? Historisch und gesellschaftlich sind die beiden Nachbarn so eng miteinander verbunden, dass es syrischen Politikern jahrzehntelang schwerfiel, den Libanon als eigenständigen Staat anzuerkennen, zumal dieser von den französischen Kolonialherren gezielt geschaffen und in ihrem Sinne ausgestaltet wurde. Davon abgesehen braucht Bashar Al Assad aus existenziellen Gründen einen zuverlässigen Verbündeten in Beirut. Erstens ist die libanesische Hauptstadt Syriens Fenster zu Welt, offizielle und inoffizielle Geschäfte laufen über den dortigen Finanzsektor, mit dem Schmuggel und Schwarzmarktgeschäft entlang der syrisch-libanesischen Grenze verdienen Regime-Vertreter Millionen. Zweitens hält die Hisbollah von libanesischem Territorium aus den Druck auf Israel aufrecht, den auch Syrien braucht, wenn es seinen israelisch besetzten Golan zurückbekommen möchte. Drittens muss sich Damaskus darauf verlassen können, dass Libanon seine Außenpolitik mit Syrien koordiniert, vor allem was den Umgang mit Israel betrifft. Sollte Beirut im Alleingang ein Friedensabkommen mit Jerusalem schließen, ohne dass der syrische Golan befreit ist, wäre das aus syrischer Sicht eine Katastrophe. Und viertens fürchtet Damaskus seit der Irak-Invasion der Amerikaner, dass Washington Beirut als Brückenkopf nutzen könnte, um in Syrien einen Regimewechsel herbeizuführen. Angesichts der Drohgebärden aus Washington empfindet das syrische Regime deshalb die Versuche des Westens, den Libanon seinem Einfluss zu entreißen, als Angriff auf die eigene Souveränität.

Einen Monat nach Verabschiedung der Libanon-Resolution im Weltsicherheitsrat explodiert Anfang Oktober 2004 die erste Bombe in Beirut. Damit beginnt eine Serie von mehr als 20 Anschlägen gegen pro-westliche Politiker, Journalisten und Intellektuelle, die bis Februar 2008 andauert und führende Vertreter der politischen Elite des Landes das Leben kostet.

Prominentestes Opfer ist Rafiq Al Hariri, der sich anschickt, bei den 2005 anstehenden Parlamentswahlen mithilfe einer anti-syrischen Koalition erneut Ministerpräsident zu werden. Am 15. Februar 2005 reißt eine gewaltige Bombenexplosion im Zentrum von Beirut ihn und 22 andere in den Tod. Der Anschlag auf Hariris Fahrzeugkonvoi erschüttert nicht nur die libanesische Hauptstadt, sondern die gesamte Region und markiert einen Wendepunkt in den geopolitischen Verhältnissen des Nahen Ostens.

Für den Westen und seine Verbündeten steht fest, dass die Drahtzieher des Attentates in Damaskus sitzen. Ihre unmittelbar nach dem Anschlag geäußerten Schuldzuweisungen führen zu einer Vorverurteilung, die aus syrischer Sicht unfair ist, einem politischen Kalkül folgt und die wahren Interessen Washingtons entlarvt. Indem die ganze Welt mit dem Zeigefinger nach Damaskus deutet, soll Syrien weiter isoliert und zu einer Änderung seiner Politik gezwungen werden.

Tatsächlich muss Assad einlenken. Nach wochenlangen Massenprotesten im Zentrum von Beirut beginnt Syrien mit dem Abzug seiner verbliebenen 15.000 Soldaten aus dem Libanon. Ende April fahre ich an die syrisch-libanesische Grenze, um mir die eintreffenden syrischen Truppen anzusehen, die mir ziemlich erbärmlich vorkommen. Auf der libanesischen Seite jubeln die Menschen den Soldaten hinterher, weil sie sich nun endlich frei und unabhängig fühlen, auf der syrischen Seite jubeln die Menschen den Soldaten entgegen, damit die Schmach nicht als solche sichtbar wird. Die syrischen Staatsmedien feiern die heimkehrenden Soldaten als tapfere Beschützer und Helfer der »libanesischen Brüder«. Doch egal wie man Assads Rückzug aus dem Libanon interpretiert – ob als erzwungenes Zugeständnis oder mutigen Schritt in die richtige Richtung –, er ist eine Zäsur.

Der Druck auf Damaskus wächst im Laufe des Jahres 2005 weiter. Der deutsche Oberstaatsanwalt und UN-Sonderermittler im Mordfall Hariri Detlev Mehlis erhebt schwere Anschuldigungen gegen das syrische Regime. Insgesamt 19 Syrer und Libanesen stehen im Verdacht, den Mord geplant zu haben, darunter führende Vertreter des syrischen Sicherheitsapparates bis hin zum Schwager und Bruder des Präsidenten.

In Syrien löst der Mehlisbericht eine Welle der Entrüstung und wachsende Sorge aus. Das Regime weist die Anschuldigungen als politisch motiviert zurück, die Syrer solidarisieren sich wie selten zuvor mit ihrem Präsidenten. In der Nähe meiner Wohnung entsteht am Rawda-Platz im Herzen der Hauptstadt ein PR-Camp. In einem großen weißen Zelt diskutieren junge Leute neue Slogans für ihre Plakate, am Straßenrand schwenken Studenten syrische Fahnen, aus Lautsprechern dröhnen nationale Lieder. »Mr. Bush, wir brauchen unsere Demokratie, nicht Ihre!« steht auf einem

Transparent – unübersehbar für jeden, der 30 Meter weiter zur amerikanischen Botschaft will. Studenten, die weder in der Baath-Partei noch große Fans des syrischen Regimes sind, demonstrieren hier gegen den ausländischen Druck. Selbst wenn Syrer in den Mordanschlag verwickelt sein sollten, die Amerikaner benutzten das Thema Hariri lediglich für ihre eigenen Ziele, sagt einer von ihnen. »Die USA wollen Syriens Einfluss im Nahen Osten untergraben, darum geht es«, so der junge Mann.

Detlev Mehlis, Oberstaatsanwalt aus Berlin, wird in Syrien zum Symbol einer ausländischen Verschwörung. Vier- bis fünfmal am Tag läuft im syrischen Radio der Mehlis-Song: »Dein Bericht will vertreiben, töten und verhaften, Mehlis! Das ist ein von langer Hand geplantes Spiel«, heißt es darin. Kein musikalisches Meisterwerk, eher eine plumpe Meinungsmache für das Volk, die funktioniert.

Ab 2006 beginnt sich das geostrategisch so wichtige syrisch-libanesische Verhältnis schrittweise zu verbessern. Als Israel im Sommer 2006 den Libanon bombardiert, hat Syrien Gelegenheit, die Libanesen daran zu erinnern, wer in ihrer Nachbarschaft Freund und wer Feind ist. Der Krieg richtet sich gegen die Hisbollah, bei Luftangriffen auf den Süden des Landes und Teile der Hauptstadt Beirut sterben mehr als 1100 Libanesen, darunter vor allem Zivilisten. Zehntausende fliehen vor den israelischen Truppen über die Grenze nach Syrien, wo sie mit offenen Armen empfangen werden.

Auf dem Universitätscampus von Damaskus kommen die Libanesen in Studentenwohnheimen unter, junge Syrer verbringen ihre Semesterferien damit, sich um die Flüchtlinge zu kümmern. Als letzte Bastion des arabischen Nationalismus betrachtet das Baath-Regime die Libanesen genau wie zuvor die Palästinenser und Iraker als »Brüder«, ihre Aufnahme gilt als nationale Pflicht. Im Fall der Libanesen bemüht sich Damaskus freilich ganz besonders, schließlich geht es darum, ein angeschlagenes Image wiederherzustellen.

Fünf Jahre später sind es die Syrer, die im Libanon Schutz suchen. Im Sommer 2011 kommen zunächst die Blogger, Aktivisten und Künstler, die ihren Kampf gegen das Assad-Regime aus Sicherheitsgründen von Beirut aus führen. Ab Ende 2011 folgen Zehntausende, die vor dem Beschuss der syrischen Armee fliehen und meist unter schwierigen Bedingungen im syrisch-libanesischen Grenzgebiet ausharren. Als ich im Januar 2013 in den Libanon reise, sind die Syrer überall – etwa eine Million Flüchtlinge in einem Land mit viereinhalb Millionen Einwohnern. Da die Regierung sie offiziell als »Gäste« bezeichnet, haben die Syrer keinen rechtlichen Status als Flüchtlinge und werden folglich nicht entsprechend versorgt. Offizielle Lager wie in Jordanien, der Türkei oder im Nordirak gibt es im Libanon nicht. Die Flüchtlinge müssen sich deshalb alleine durchschlagen. Manche kommen bei Verwandten oder Bekannten unter, andere mieten billige Zimmer in den Palästinenserlagern, viele hausen in Garagen, Kellern, Rohbauten, Zelten oder selbst gebauten Unterkünften, die sie aus Werbetafeln, Plastikplanen und Wellblech zusammenzimmern.

Ich besuche das Kinderzentrum einer deutsch-syrischen Hilfsorganisation, das inmitten des Flüchtlingslagers Chatila am Stadtrand von Beirut liegt. Eigentlich leben hier seit Jahrzehnten Palästinenser in ärmlichen Verhältnissen, jetzt wird es in den schmalen dunklen Gassen und den zugigen unverputzten Häusern noch enger. Tausende Syrer sind in den vergangenen Monaten hierher geflüchtet, weil die Mieten günstiger sind als anderswo im Libanon. Der Alltag im Lager ist hart. Viele Familien leben zu sechst bis zehnt Personen in zwei Zimmern, die Wohnungen sind im Winter kalt und feucht, im Sommer heiß und stickig. Arztbesuche und Medikamente sind für die Kriegsopfer unerschwinglich, Nahrungsmittel, Kleidung und Heizöl kaum zu bezahlen.

Die meisten Syrer, die oft nicht nur ihr Hab und Gut, sondern auch Angehörige verloren haben, kommen nach einer gefährlichen und anstrengenden Flucht mittellos in den Nachbarstaaten an und sind dann auf die Hilfe anderer angewiesen. Das Flüchtlingshilfswerk der Vereinten Nationen ist aber stark unterfinanziert und internationale Hilfsorganisationen stoßen überall an ihre Grenzen. So ist selbst die Lage der außer Landes geflohenen Syrer katastrophal.

Wie kein anderer Nachbar ist der Libanon von Syriens aktueller Krise betroffen. Denn der Überlebenskampf des Assad-Regimes spaltet die libanesische Gesellschaft und Politik. Während sich die Hisbollah offen hinter Assad stellt und die Alawiten im Nordlibanon ihr Schicksal an den Machterhalt des syrischen Regimes knüpfen, sympathisieren und unterstützen die Sunniten des Hariri-Lagers die Revolution. Bombenanschläge gehören seit 2013 deshalb wieder zum Alltag im Libanon, mal sind Hisbollah-Anhänger oder die iranische Botschaft das Ziel, mal sunnitische Unterstützer des syrischen Aufstands in Tripoli oder Assad-kritische Politiker in Beirut. Der Libanon entwickelt sich zum Rückzugsgebiet oppositioneller Kämpfer und garantiert mit seinen gut gefüllten Waffenlagern auch den Nachschub von Kalaschnikows, Munition und Panzerfäusten an die Aufständischen.

Dabei hat Assad Glück. Seit Juni 2011 regiert die Hisbollah mit ihren Verbündeten in Beirut ohne eine maßgebliche Beteiligung pro-westlicher Kräfte. Damit bestimmt erstmals eine pro-syrische und pro-iranische Koalition die Politik des Libanon. Bei der Niederschlagung der Proteste und Verfolgung von Oppositionellen erhält der syrische Präsident deshalb wichtige Schützenhilfe aus dem Libanon. Hisbollah-Chef Nasrallah schickt seine Kämpfer zur Unterstützung der Assad-Milizen nach Syrien, fängt Waffenlieferungen an die syrische Opposition ab, lässt syrische Deserteure, die in den Libanon geflohen sind, nach Syrien abschieben und gibt syrischen Geheimdienstlern freie Hand bei der Einschüchterung syrischer Aktivisten in Beirut. Selbst Angriffe der syrischen Armee auf libanesische Dörfer im Grenzgebiet bleiben ohne Folgen. Da der Libanon ein wichtiger Nebenkriegsschauplatz der syrischen Revolution wird, ist die Solidarität der dortigen Regierung mit Damaskus für Assad existenziell.

ASSADS COMEBACK IN EUROPA

Nachdem der Westen das Assad-Regime im Libanon jahrelang diplomatisch bekämpft hat, feiert Bashar Al Assad im Sommer 2008 sein Comeback in Europa. Frankreichs damaliger Präsident Nicolas Sarkozy lädt den syrischen Präsidenten Mitte Juli 2008 zum Gipfeltreffen der Mittelmeerunion nach Paris ein und öffnet ihm damit die Tür nach Europa, die sein Vorgänger Chirac drei Jahre zuvor zugeschlagen hat. Assad zeigt sich erkenntlich, indem er das Treffen mit Libanons Präsidenten Michel Suleiman im Élysée-Palast zu einem diplomatischen Erfolg für den französischen Staatschef macht. Gemeinsam mit Suleiman erklärt Assad, Syrien und Libanon würden erstmals in ihrer Geschichte diplomatische Beziehungen aufnehmen. Ein historischer Durchbruch, jubelt Sarkozy. Und ein würdiges Gastgeschenk des syrischen Präsidenten.

Dass Damaskus den Libanon nach Jahrzehnten der Einmischung als souveränen Staat anerkennt, ist für Europa ein entscheidender Grund, die Isolation gegenüber Syrien zu beenden. Im Dezember 2009 fährt Saad Al Hariri persönlich nach Damaskus, um mit Präsident Assad zusammenzutreffen – eine eigentlich unvorstellbare Begegnung, die zeigt, wie schnell die Verhältnisse in Nahost Kopf stehen. Während Hariri das syrische Regime noch zwei Jahre zuvor als Mörderbande beschimpfte, lobt er jetzt den freundlichen Empfang und das konstruktive Gespräch mit Assad. Wenn selbst der Sohn von Rafiq Al Hariri zu den potenziellen Mördern seines Vaters fährt, um ein gutes nachbarschaftliches Verhältnis zwischen Syrien und Libanon sicherzustellen, warum sollten dann Europas Politiker einen Bogen um Damaskus machen?

Ein weiterer Grund für die Annäherung an Syrien ist die Erkenntnis des Westens, dass sich Gruppen wie Hamas und Hisbollah nicht militärisch besiegen lassen und dass es ohne die Beteiligung der beiden Milizen keine dauerhafte Lösung im Nahostkonflikt geben wird. Wer aber soll mit ihnen reden, wenn Israel und die USA sie als Terrorgruppen betrachten und direkte Verhandlungen kategorisch ablehnen? Syrien mit seinen guten Kontakten zu Hisbollah und Hamas bietet sich als Zwischenhändler an. Gleiches gilt für den Atomkonflikt mit dem Iran, bei dem Frankreich die syrische Führung ausdrücklich um Vermittlung bittet. Statt Damaskus für seine engen Verbindungen zu den vermeintlichen »Schurken« Iran, Hisbollah und Hamas zu bestrafen, will der Westen diese ab sofort für sich nutzen.

Präsident Sarkozy ist es dann auch, der als erster westlicher Staatschef im September 2008 in die syrische Hauptstadt reist – nach fünf Jahren Isolation. Zwar war der deutsche Außenminister Frank Walter Steinmeier bereits im Dezember 2006 als erster europäischer Regierungsvertreter nach dem Hariri-Attentat nach Damaskus gefahren, um auszuloten, inwieweit Assad zu einer »konstruktiven Rolle« bereit sei. Aber richtig spürbar wird Brüssels Interesse an

Syrien erst ab Januar 2009, als sich europäische Politiker, mit ausgelöst durch den Gazakrieg und den Gesprächsbedarf mit der Hamas-Führung, im syrischen Außenministerium die Klinke in die Hand geben. Das Assoziierungsabkommen zwischen der Europäischen Union und Syrien, das im Zuge der Libanonkrise auf Eis lag, ist im Oktober 2009 endlich unterschriftsreif, allerdings lassen es nun die Syrer platzen.

Neben zahlreichen europäischen Außenministern kommen ab 2009 auch wieder amerikanische Politiker nach Damaskus. Die Wahl von Barack Obama zum US-Präsidenten befördert eine langsame Entspannung in den syrisch-amerikanischen Beziehungen, auch wenn Washington im Mai 2009 die erstmals 2004 verhängten Sanktionen erneut verlängert. Das US-Interesse an einem konstruktiven Dialog mit dem syrischen Regime zeigt sich an der Wiederbesetzung des US-Botschafterpostens, der seit März 2005 vakant ist. Robert Ford tritt im Januar 2011 seinen Posten als amerikanischer Chefdiplomat in Damaskus an – zwei Monate vor Ausbruch der syrischen Revolution.

Bashar Al Assad steigt also ab 2008 vom geächteten Spielverderber der Region zum gefragten Gesprächspartner auf, Damaskus wird zum Vermittler in den Konflikten des Nahen Ostens, Syrien entwickelt sich vom Schurkenstaat zum Schlüsselland. Wie brachte der frühere US-Außenminister Henry Kissinger die Verhältnisse in Nahost einst auf den Punkt: »Kein Krieg ohne Ägypten, kein Frieden ohne Syrien.«

Doch Assads Einfluss ist begrenzt. Hamas und Hisbollah werden aufgrund ihrer politischen und militärischen Erfolge immer unabhängiger. Der Wahlsieg der Hamas Anfang 2006, der von der Hisbollah herbeigeführte Abzug der israelischen Besatzungstruppen 2000, der Beweis für die Unbezwingbarkeit der Schiiten-Miliz bei Israels Sommerkrieg 2006 und ihr Sieg im innerlibanesischen Machtpoker im Sommer

2008 machen sowohl die Hamas als auch die Hisbollah zu festen regionalen Größen, die eigenständige Strategien verfolgen.

Für Angriffe auf israelisches Militär und Entführungen von Soldaten brauchen Hisbollahführer Hassan Nasrallah und Hamas-Politbürochef Khaled Mashaal weder das Okay aus Damaskus noch einen Befehl aus Teheran. Sie sind keine Marionetten in den Händen der Syrer, sondern gleichwertige Verbündete. Im Gegensatz zu seinem Vater Hafiz Al Assad erscheint der 1965 geborene Bashar in dem Quartett sogar eher als Juniorpartner – nicht nur wegen seines Alters. Die hohen Erwartungen, die Europa und die USA ab 2008 in Assad setzen, kann dieser deshalb nicht erfüllen. Dass die Fäden in Damaskus zusammenlaufen, heißt nicht, dass Assad sie auch in der Hand hält.

Diese bereits erwähnte außenpolitische Achterbahnfahrt des Westens in Syrien setzt sich auch nach 2011 fort. Wenige Monate nach Ausbruch der Revolution lassen Washington und Brüssel Assad verbal fallen. Sie fordern seinen Rücktritt, weil er mit seiner gewaltsamen Niederschlagung friedlicher Proteste keine Legitimität mehr habe. Über das Verhängen von Sanktionen, das Einfrieren von Geldern und das Einfuhrverbot für syrisches Rohöl kommen die Europäer jedoch nicht hinaus, die Amerikaner warnen und ziehen rote Linien, die sich als leere Drohungen erweisen. Das Regime kann militärisch machen, was es will – nur Giftgas darf es ab September 2013 nicht mehr einsetzen.

Wer innerhalb des Widerstandes auf Hilfe aus dem Westen setzt, wird enttäuscht. Versprechungen, die gemäßigten Rebellen finanziell, militärisch und logistisch zu unterstützen, werden wiederholt nicht gehalten. Insgesamt ist der Beitrag des Westens viel zu zögerlich, um die Kräfteverhältnisse in Syrien zugunsten der Opposition zu verändern. Moderate

Kämpfer sind dadurch schlechter ausgestattet als ihre extremistischen Mitstreiter, die Geld und Waffen von reichen Privatfinanziers am Golf erhalten. Während junge Männer bei den Al-Qaida-nahen Gruppen Nusra-Front und ISIS ein Gehalt bekommen, mit dem sie ihre kriegsgeplagten Familien unterstützen können, gehen Freiwillige bei der Freien Syrischen Armee leer aus.

Die Zurückhaltung der USA und Europas ist im Falle Syriens folglich kontraproduktiv. Weil sie diejenigen Kräfte, die sie gerne stark sähen, im Stich lassen, fördern sie indirekt den Zulauf zu radikal-islamischen Gruppen. Das Signal, das der Westen in Syrien aussendet, lautet: Schlimm, was Assad macht, schlimm, was Al Qaida macht, aber fertig werden müsst ihr damit alleine. Und die Lehre, die die Syrer daraus nach drei Jahren ziehen? Auf Europa und Amerika, die Verfechter von Freiheit, Menschenrechten und Demokratie, ist kein Verlass.

VOM FEIND ZUM FREUND ZUM FEIND: DIE TÜRKEI

Im Gegensatz zur Hisbollah hat sich ein weiterer wichtiger Verbündeter Bashar Al Assads anders entschieden: die Türkei. Ministerpräsident Recep Tayeb Erdogan, der im Laufe der vergangenen Jahre eine enge Freundschaft mit dem syrischen Präsidenten aufgebaut hat, versucht zu Beginn der Proteste, Assad von seinem gewaltsamen Kurs abzubringen und zu durchgreifenden politischen Veränderungen zu bewegen. Doch seine mahnenden Worte verhallen ungehört, sodass sich Ankara ab Sommer 2011 schrittweise von Damaskus abwendet. Für das syrische Regime ist das ein herber Verlust, denn die Türkei hatte sich politisch, wirtschaftlich und geostrategisch zu einem wichtigen Partner in der Region entwickelt. Und das, obwohl die beiden Nachbarn noch Ende der 1990er Jahre fast Krieg gegeneinander geführt hätten.

Jahrzehntelang verlief zwischen dem NATO-Mitglied Türkei und dem sozialistischen Syrien die Grenze zwischen Ost und West, türkisches und syrisches Militär hatten ihre Waffen aufeinander gerichtet. Die beiden Nachbarn kämpften mit drei Problemen, von denen das erste mit Territorium, das zweite mit Wasser und das dritte mit den Kurden zu tun hat. Die ersten beiden gelten inzwischen als weitgehend geregelt. Die Provinz Hatay, die nach der Aufteilung des Osmanischen Reiches zum französischen Mandatsgebiet Syrien gehörte und 1939 mit Zustimmung Frankreichs an die Türkei angeschlossen wurde (die Franzosen verhinderten damit den Kriegseintritt der Türkei auf Seiten Hitler-Deutschlands), haben die Syrer faktisch abgeschrieben und eine gerechte Verteilung des Euphrat-Wassers zwischen den drei Anrainern Türkei, Syrien und Irak ist ausgehandelt. Der dritte Konflikt um die Kurden flammt jedoch in der aktuellen Krise wieder auf.

1998 wäre der Streit schon einmal fast eskaliert, weil sich Syrien zu einem sicheren Rückzugsgebiet für Kämpfer der kurdischen Arbeiterpartei PKK entwickelt hatte. Damaskus benutzte die Kurden damals als strategisches Instrument nicht nur gegen die Türkei, sondern auch gegen den Irak. In Zeiten schlechter Nachbarschaft mit Ankara und Bagdad bot Syrien kurdischen Widerständlern Unterschlupf, allen voran PKK-Chef Abdullah Öcalan und Iraks Kurdenführer Masud Barzani.

Als die Kurden im Irak nach dem Sturz des Saddam-Regimes weitgehende Autonomie erlangen, wird aus dem einstigen Streitpunkt ein gemeinsames Interesse. Assad und der seit 2003 regierende Erdogan fürchten beide die Entstehung eines kurdischen Staates im Norden des Irak, denn dieser könnte die Unabhängigkeitsbestrebungen ihrer eigenen kurdischen Minderheiten beflügeln. Die beiden Politiker setzen deshalb gemeinsam mit dem Iran, der ebenfalls Kurden beheimatet, alles daran, die territoriale Einheit des Irak zu bewahren.

Aus ideologischen Feinden werden ab 2003 strategische Freunde, die sich anschicken, eine Brücke zwischen Europäern und Arabern zu bauen. Zunächst soll eine intensivere wirtschaftliche Zusammenarbeit Vertrauen schaffen. Die Syrer sehen in der Türkei ein Tor nach Europa, gleichzeitig ermöglicht Syrien der Türkei den Zugang zur arabischen Welt und zur Golfregion, denn Syrien ist das erste arabische Land, das ab 2007 eine Freihandelszone mit der Türkei unterhält. Der bilaterale Handel boomt, an der ehemals verminten Grenze entstehen neue Übergänge und durch den Wegfall der Visumspflicht ein reger Grenzverkehr, die Region zwischen dem türkischen Antakia und dem syrischen Aleppo entwickelt sich rasant, Unternehmer und Investoren profitieren auf beiden Seiten. Damaskus und Ankara stehen in engem Kontakt, Assad und Erdogan fahren zusammen in Urlaub, Minister und Wirtschaftsdelegationen pendeln zwischen Syrien und der Türkei hin und her.

Mit seinen traditionell guten Beziehungen zu den USA und Israel einerseits und dem deutlich verbesserten Verhältnis zu Syrien und zum Iran andererseits entwickelt sich Ankara zum gefragten Vermittler. Im Jahr 2008 treffen israelische und syrische Unterhändler mehrfach zu indirekten Gesprächen in Istanbul zusammen, Erdogan wird zum Übermittler von Botschaften zwischen Israels Ministerpräsident Ehud Olmert und Präsident Assad. Doch aus den Verhandlungen über eine Rückgabe des Golan wird am Ende nichts, im Zuge des Gaza-Kriegs stellen Damaskus und Ankara die Gespräche im Dezember 2008 ein.

Ab 2009 kühlt sich Ankaras Verhältnis zu Israel weiter ab. Militärabkommen werden ausgesetzt, der israelische Botschafter muss infolge der Krise um die getöteten Aktivisten der Gaza-Hilfsflotte im September 2011 die Türkei verlassen. Erdogan gilt zunehmend als Freund der Araber und stellt sich 2011 bei den Protestbewegungen in Nordafrika, Nahost und der Golfregion hinter die Demonstranten. Im Rahmen einer Reise in die »befreiten« Länder Ägypten, Tunesien und Libyen wirbt er, der ehemalige Verfechter einer islamischen Ordnung, für die Trennung von Staat und Religion und betont, der Islam sei kein Hindernis für Demokratie und Modernisierung. Selbstbewusst präsentiert Erdogan die Türkei als Vorbild eines demokratischen, wirtschaftlich prosperierenden, säkularen und zugleich islamisch geprägten Staates. Die im Mai 2013 in Istanbul beginnenden Proteste gegen die Regierungspartei AKP und der gewaltsame Umgang mit den Demonstranten kratzen jedoch an diesem Image und lassen Erdogan in seiner Rolle als Unterstützer der Demokratie zunehmend unglaubwürdig aussehen.

Auch in Syrien ergreift Ankara Partei für die Demonstranten. Erdogan kritisiert Damaskus' brutales Vorgehen gegen die eigene Bevölkerung mit immer schärferen Worten und unterstützt die syrische Exil-Opposition, die sich auf türkischem Boden formiert. Mehrfach treffen sich syrische Aktivisten und Politiker zu Konferenzen in der Türkei, vor allem die syrischen Muslimbrüder, denen sich die regierende AKP als islamische Partei besonders verbunden fühlt, stehen in Erdogans Gunst.

Trotz der wachsenden Zahl von Flüchtlingen hält die Türkei ihre Grenzen die meiste Zeit offen. Hunderttausende Syrer finden in den türkischen Lagern entlang der Grenze Unterschlupf, wo die Lebensbedingungen der Flüchtlinge im Vergleich zu Jordanien und Libanon um einiges besser sind. Auch die militärische Führung der oppositionellen Freien Syrischen Armee, die im Sommer 2011 von Deserteuren gegründet wird, residiert zunächst in einem der Camps. Über das türkisch-syrische Grenzgebiet bringen Aktivisten Nachschub ins Land, vor allem medizinische Güter, Nahrungsmittel, Kommunikationstechnik und Geld. Rebellen nutzen die Trampelpfade durch das bergige Gelände, um Verletzte in die Türkei und Waffen nach Syrien zu schmuggeln.

Ab 2012 eskaliert die Lage entlang der Grenze zunehmend. Es fallen Schüsse in Richtung Türkei, Granaten schlagen auf türkischem Boden ein, die syrische Luftabwehr schießt einen türkischen Militärjet ab. Im Januar 2013 stationiert die NATO auf Bitten Ankaras Flugabwehrsysteme in der Türkei, die den NATO-Partner vor Luftangriffen aus Syrien schützen sollen. Die Patriot-Raketen stammen aus den USA, den Niederlanden und Deutschland und dienen vor allem als Zeichen dafür, dass der Westen Ankara in der Syrien-Krise nicht alleine lässt. Aus der symbolischen Rückendeckung könnte allerdings jederzeit eine effektive Überwachung von Schutzzonen innerhalb Syriens werden, wenn die Raketensysteme weiter südlich direkt an der Grenze stationiert würden.

Die Kurden werden in der aktuellen Krise erneut zum politischen Spielball zwischen der Türkei und Syrien. Das Assad-Regime geht mit der Partei der Demokratischen Union PYD, dem 2003 gegründeten syrischen Ableger der PKK, ein strategisches Bündnis ein und benutzt diese sowohl als Druckmittel gegen Ankara als auch innenpolitisch. Sie soll bei der im ganzen Land aufflammenden Revolution den kurdischen Widerstand im Nordosten Syriens in Schach halten und darf dafür vielerorts mitregieren. Schrittweise gewinnt die PYD die Kontrolle über die kurdischen Gebiete, die dadurch wieder zu Rückzugs- und Rekrutierungsräumen der in der Türkei bedrängten PKK-Kämpfer werden. Aus Sicht Ankaras eine eindeutige Provokation. Erdogan unterstützt deshalb aktiv verschiedene Rebelleinheiten, die im Norden Syriens gegen die PYD-Milizen kämpfen.

VON REGIONALER ZUSAMMENARBEIT ZU OFFENER ABNEIGUNG: SAUDI-ARABIEN UND QATAR

Regionale Unterstützung erhält die syrische Opposition nicht nur in der Türkei, sondern auch von Saudi-Arabien und Qatar. Während das öl- und einflussreiche Saudi-Arabien zusammen mit Ägypten und Syrien jahrelang eine Troika bildete, die in der arabischen Welt für Stabilität und Kontinuität sorgte, stieg das kleine Golfemirat Qatar erst in letzter Zeit zu einem diplomatischen Strippenzieher in der Region auf. Diese neue außenpolitische Rolle verdankt Qatar einer Mischung aus Pragmatismus, Geld, Medienmacht und Mut zum Tabubruch. Scheich Hamad Bin Khalifa Al Thani, der das Emirat 18 Jahre lang regierte bis er im Juni 2013 zugunsten seines Sohnes Tamim Bin Hamad Al Thani abdankte, pflegte gute Kontakte zu allen Akteuren der Region, inklusive Israel und Iran. Qatar beherbergt deshalb gleichzeitig das Hauptquartier der US-Truppen im Nahen Osten, eine Vertretung der afghanischen Taliban und Hamas-Chef Khaled Mashaal.

Der in Doha angesiedelte und vom dortigen Herrscherhaus finanzierte Nachrichtensender Al Jazeera gilt seit Ausbruch der arabischen Aufstände als Sprachrohr der Revolutionäre, und zwar bevorzugt der sunnitischen Kräfte unter ihnen. Qatar ermöglichte in Libyen eine zügige NATO-Intervention und finanzierte den Kampf der Rebellen gegen Gaddafi mit Millionen. Geld hat das kleine Emirat genug, es verfügt über die drittgrößten Erdgasvorkommen der Welt und zählt im internationalen Vergleich zu den reichsten Ländern überhaupt.

Mit Geld betreibt auch Saudi-Arabien seit Jahren Politik. Das Königshaus in Riad unterstützt überall in der Region mehr oder weniger radikale, zum Teil rein politische, zum Teil auch bewaffnete sunnitische Gruppen und verfolgt damit zwei Ziele. Erstens will es den Einfluss seines historischen schiitischen Widersachers Iran zurückdrängen und zweitens den sunnitischen Islam zur bestimmenden politischen Kraft in der arabischen Welt machen. Die syrische Revolution kommt Saudi-Arabien deshalb sehr gelegen. Ein Machtwechsel in Damaskus würde sowohl Iran und Hisbollah schwächen als auch das säkulare Baath-Regime beseitigen und passt deshalb perfekt in die saudische Doppelstrategie.

Gemeinsam führen Qatar und Saudi-Arabien innerhalb der Arabischen Liga den Widerstand gegen das Assad-Regime an. Als erste arabische Länder rufen sie im Sommer 2011 ihre Botschafter aus Syrien zurück, Sheikh Hamad Bin Khalifa Al Thani und der saudische König Abdullah Bin Abdulaziz Al Saud finden drastische Worte für das brutale Vorgehen des syrischen Regimes. Aber nicht alle 22 Mitglieder der Arabischen Liga ziehen mit. Vor allem Libanon und Irak, deren Regierungen gute Beziehungen nach Damaskus unterhalten und vom Iran abhängig sind, stellen sich weiter hinter Assad.

Anfang 2012 scheitert die Arabische Liga in Syrien sowohl mit einer Beobachtermission als auch mit einem Friedensplan, der eine schrittweise Machtübergabe vorsieht und von der syrischen Regierung als Einmischung von außen abgelehnt wird. Seitdem steht fest, dass der Konflikt nicht innerhalb der Region gelöst werden kann, sondern einer internationalen Initiative bedarf. Diese wird nach dem Rücktritt von Kofi Annan im August 2012 von dem Algerier Lakhdar Brahimi als Sondervermittler von UN und Arabischer Liga angeführt.

Dass es Saudi-Arabien und Qatar in Syrien nicht um Demokratie und Menschenrechte geht, ist offensichtlich. Beide Länder sind absolutistische Monarchien, die von einer Herrscherfamilie regiert werden, politische Parteien sind verboten oder existieren nicht. Statt Mitbestimmung gibt es materiellen Wohlstand in Form von Gehaltserhöhungen, Sozialleistungen und einem gut ausgebauten Bildungs- und Gesundheitssystem.

Das saudische Königshaus reagiert auf wachsenden Unmut im eigenen Land mit Milliardengeschenken an die Bevölkerung und schickt dem befreundeten Monarchen im benachbarten Bahrain im März 2011 sogar Truppen zur Niederschlagung der dortigen Proteste. Auch Qatar verhält sich im Falle Bahrains auffällig ruhig. Das Motto ist klar: Demonstrieren für Freiheit und Mitbestimmung bitte gerne, aber nicht vor der eigenen Haustür. Solange die säkularen Autokraten in Nordafrika und Nahost stürzen, haben die Golfstaaten wenig zu befürchten. Doch wehe, es regt sich Widerstand in einem der sechs Mitgliedstaaten des Golfkooperationsrates (Bahrain, Kuweit, Oman, Qatar, Saudi-Arabien, Vereinigte Arabische Emirate) – dann setzen die wohlhabenden Scheichs und Könige auf Stabilität und den Erhalt des Status quo.

Syrien ist also nicht Libyen. Die vielschichtigen Interessen und die komplizierte regionalpolitische Gemengelage verhindern eine geeinte internationale Reaktion auf die Verbrechen des Regimes und führen so zur direkten Einflussnahme einzelner Staaten in Syrien. Iran schickt dem Regime Revolutionsgarden, Saudi-Arabien der Opposition Geld zum Waffenkauf, Russland unterstützt Assad mit Militärtechnik, die USA die Aktivisten mit Satellitentelefonen. Die Front der Assad-Unterstützer wird von Russland, China, Iran, Libanon und Irak angeführt, aufseiten der Assad-Gegner machen sich die USA, Europa, die Türkei, Saudi-Arabien und Qatar stark. Der innenpolitische Konflikt entwickelt sich zum geostrategischen Stellvertreterkrieg. Syrien ist vom regionalen Spieler zum internationalen Spielfeld geworden.

Bei all den ausländischen Verflechtungen darf eines jedoch nicht in Vergessenheit geraten: Ausgangspunkt der aktuellen Krise in Syrien ist nicht eine westlich-arabische Verschwörung, sondern der Aufstand des syrischen Volkes, der weder in Washington noch in Riad ausgeheckt wurde. Den syrischen Demonstranten, Aktivisten und Kämpfern der Freien Syrischen Armee geht es um Freiheit, Würde, Mitbestimmung und Gerechtigkeit und nicht um regionale Machtverhältnisse.

Wenn im Verlauf der Revolution einzelne ausländische Interessen die innenpolitischen Entwicklungen zunehmend beeinflussen, dann ist das auch auf die Unentschlossenheit der internationalen Gemeinschaft zurückzuführen. Ihre Mechanismen – egal ob politische, juristische, ökonomische, militärische oder humanitäre – haben in Syrien auf ganzer Linie versagt.

7. Verehrt und verflucht: Bashar Al Assad und seine verpassten Chancen

Das erste Mal, dass ich über Bashar Al Assad schreibe, endet mit einem Berufsverbot. Im Sommer 2009 erkläre ich in einem Artikel für die Deutsche Welle, wie Bashar die Macht 2000 von seinem Vater Hafiz Al Assad übernahm. Natürlich ist das ein heikles Thema, wenn man als Journalistin in Syrien akkreditiert ist und das auch bleiben will. Aber weil meine Ausführungen bei aller Kritik sachlich sind, fühle ich mich sicher. Zu sicher.

Ein Internetportal übernimmt den Text und lässt ihn ins Arabische übersetzen. Diese verunglückte arabische Version meines Artikels enthält jedoch beleidigende Wörter. Assad wird darin als »haywan«, als »Tier«, bezeichnet (eines der übelsten Schimpfworte in der arabischen Welt), mein deutsches »jungenhaft« wird zum arabischen »kindisch« und meine Beschreibung von Bashars »fliehendem Kinn« liest sich auf Arabisch »breitmäulig«.

Syrische Exil-Oppositionelle freuen sich über diese klaren Worte und setzen den arabischen Artikel auf ihre einschlägig bekannte Internetseite. Dort finden ihn syrische Geheimdienstmitarbeiter, die sofort das Informationsministerium alarmieren. Als ich bei meinem nächsten Besuch im Ministerium meine Akkreditierung verlängern lassen will, schlägt mir eisige Kälte entgegen. Ich habe damals keine Ahnung von dem unsäglichen Inhalt des arabischen Artikels und verstehe die Welt nicht mehr.

Die Verantwortlichen verweigern mir eine erneute Berufserlaubnis und verstecken sich hinter Anweisungen des Sicherheitsapparates – sie selbst haben angeblich »keine

Ahnung«, was das Problem sei. Selbst Angestellte, die ich seit Jahren kenne und mit denen ich üblicherweise plaudere und scherze, begegnen mir reserviert. Es ist, als wäre ich über Nacht zur Persona non grata geworden, mit der niemand mehr etwas zu tun haben will. Keiner erklärt mir, was los ist, bis ich von einem der Übersetzer im Ministerium einen Tipp bekomme. Ich solle mich auf Arabisch googeln, da der Ärger mit einem arabischen Artikel von mir zu tun habe. Arabischer Artikel? Ich kann überhaupt nicht auf Arabisch schreiben, erwidere ich, und ahne langsam, woher der Wind weht.

Bei meinem letzten Aufenthalt in Syrien im Februar 2011 versuche ich, mithilfe einer korrigierten Übersetzung meines deutschen Ursprungstextes und unterstützt von Kollegen und Politikern, den Informationsminister davon zu überzeugen, dass mein Berufsverbot auf einer fehlerhaften Übersetzung beruht und es sich somit nur um ein Missverständnis handelt. Doch manch syrischer Kollege hält den Artikel auch so für grenzwertig, und als einen Monat später die ersten Proteste stattfinden, interessiert die Geschichte ohnehin niemanden mehr.

Rückblickend kommt Syriens junger Präsident damals gar nicht so schlecht weg. Das liegt an seiner Art zu reden, sich zu bewegen und mit anderen umzugehen. Bashar Al Assad ist kein Typ für die erste Reihe, kein Mann der vordersten Front. Im Vergleich zu anderen Ex-Potentaten der arabischen Welt wirkt sein Auftreten zurückhaltend, fast schüchtern und unsicher. Die selbstgefällige Geste eines Hosny Mubarak ist ihm ebenso fremd wie die inszenierte Selbstverherrlichung eines Muammar Gaddafi oder das diktatorische Gepolter eines Saddam Hussein. Nein, Bashar ist nicht als Machtmensch geboren, er musste in die Rolle des Staatspräsidenten erst hineinwachsen. Dabei erwiesen sich die Fußstapfen, die ihm sein Vater Hafiz Al Assad hinterließ, als zu groß, Bashar erfüllt die Rolle des Autokraten mehr schlecht als recht. Für das syrische Volk brachte diese präsidiale Fehlbesetzung zunächst Hoffnung, dann Enttäuschung, jetzt bringt sie vor allem Leid.

Ich muss gestehen, dass ich Bashar Al Assad einen solch blutigen Überlebenskampf nicht zugetraut hätte. Dem Regime insgesamt schon, aber ihm persönlich nicht – wahrscheinlich ist das in Syrien aber nicht voneinander zu trennen. Ausgerechnet Bashar, der nie Präsident werden wollte, der Augenheilkunde studierte und am liebsten am Computer saß, geht jetzt über Zehntausende von Leichen, um im Amt zu bleiben. Wie kann sich jemand, den Macht nie interessierte, nun derart daran klammern?

Ist Bashar Al Assad vielleicht gar nicht die treibende Kraft hinter der staatlichen Gewalt, sondern nur das unverzichtbare Teilchen im syrischen Machtpuzzle? Der Kopf eines Regimes, mit dem er nur noch gemeinsam siegen oder untergehen kann? Weiß der 49-Jährige, was in seinem Land geschieht? Weiß er, dass die Shabiha-Milizionäre, die Frauen vergewaltigen und Kleinkinder erstechen, ihre Gefangenen so lange foltern, bis sie Bashar als ihren »Gott« anerkennen? Dass manche von ihnen sogar sein tätowiertes Konterfei auf dem Arm tragen?

Oder glaubt er tatsächlich, dass Regierungstruppen und Sicherheitskräfte wie »Chirurgen« sind, die bei der Rettung des Patienten Syrien »schneiden, säubern und amputieren« und deren Hände nach der Operation zwangsläufig blutverschmiert sind (wie er im Mai 2012 vor dem neu gewählten Parlament erklärte)? Hat er sich so weit eingerichtet in seinem Kartenhaus aus Propaganda, Lügen und Panikmache, dass er gar nicht realisiert, wer die Verantwortung für das massenhafte Sterben und unerträgliche Leid seines Volkes trägt? Nämlich er und seine Berater. Wie wird die Geschichte über ihn urteilen – ist Bashar Al Assad ein Mitläufer oder ein Massenmörder? Um Antworten auf diese Fragen zu finden, hilft es, zurückzuschauen.

AUS DEN BERGEN AN DIE MACHT

Am 10. Juni 2000 kämpft der Sprecher des syrischen Staatsfernsehens mit den Tränen, während er die Nachricht vom Tod Hafiz Al Assads verliest und dessen Verdienste für die Syrer und Araber rühmt. »Sein Mut war ungebrochen, seine Visionen waren unbegrenzt, seine Überzeugungen unerschütterlich«, heißt es darin. Der Tod des Präsidenten versetzt Syrien in eine Art Schockstarre. 30 Jahre lang hatte Hafiz Al Assad das Land regiert, hatte es außenpolitisch zu einer bedeutenden Regionalmacht entwickelt und innenpolitisch mit eiserner Faust stabilisiert. Der »Löwe von Damaskus«, wie er in Anlehnung an seinen Namen Assad, dem arabischen Wort für Löwe, genannt wird, galt als kluger Stratege und gewiefter Strippenzieher, aber auch als unnachgiebig und gnadenlos gegenüber politischen Gegnern. Den Zuschauern an den Fernsehgeräten im Lande ist klar: Eine Ära geht zu Ende.

Eine Ära, die vom Einfluss des Militärs geprägt war, denn aus dessen Reihen kam Hafiz Al Assad selbst. Er wurde 1930 als neuntes von insgesamt elf Kindern in Qardaha geboren, einem etwa zehn Kilometer von der Mittelmeerküste entfernt liegenden Ort in den Bergen, der damals nur über einen Trampelpfad zu erreichen war. Hafiz' Vater hatte es vom einfachen Bauern zu einem namhaften und gebildeten Dorfvorsteher gebracht, der in der Funktion eines örtlichen Richters Streit schlichtete und aufgrund seiner Fähigkeit zu lesen und zu schreiben und seines Interesses an Politik allgemein Respekt genoss. Dieses gesellschaftliche Ansehen soll Hafiz' Vater bei der Änderung des Familiennamens geholfen haben. 1927 wurde der ursprüngliche Name »Wahhish« (»wild«) in »Assad« (»Löwe«) umgewandelt.

Hafiz Al Assad war das erste der elf Kinder, das eine formale Schulausbildung genoss. Er besuchte die von der französischen Mandatsmacht neu eröffnete Dorfschule in Qardaha und ging anschließend in die Küstenstadt Latakia, um dort eine weiterführende Schule abzuschließen. So wie sich schon sein Vater und Großvater innerhalb der alawitischen Gemeinschaft kontinuierlich hochgearbeitet und der Familie dadurch zu wachsendem Ansehen und Einfluss verholfen hatten, folgte auch Assad einem entschlossenen Weg nach oben. Er nahm die für Alawiten damals einzige Möglichkeit des sozialen Aufstiegs: eine Karriere im Militär.

In den 1950er Jahren wurde Hafiz Al Assad teilweise in der Sowjetunion zum Piloten ausgebildet. Nach der Machtergreifung der Baath-Partei 1963, in die er schon als 16-Jähriger eingetreten war, übernahm er das Amt des Luftwaffenchefs, drei Jahre später das des Verteidigungsministers. 1970 putschte sich Assad unblutig an die Spitze des Staates, 1971 wurde er offiziell als Präsident vereidigt.

Die Syrer wünschten sich damals vor allem eines: Stabilität. Zwischen ihrer Unabhängigkeit von Frankreich im Jahr 1946 und Assads Machtübernahme hatten sie 14 Präsidenten erlebt, manchmal vergingen nur Monate bis zum nächsten Putsch. Hafiz Al Assad stützte seine Macht deshalb auf Militär und Geheimdienste und machte aus dem Vielvölkerstaat Syrien eine selbstbewusste Nation. Ideologisch propagierte er den arabischen Nationalismus, der religiöse und konfessionelle Unterschiede in den Hintergrund treten lässt. Als Angehöriger der lange Zeit benachteiligten alawitischen

Minderheit setzte Hafiz Al Assad auf die sozialistisch-säkularen Ideen der Baath-Partei. Das bis dahin dominierende, überwiegend sunnitische städtische Bildungsbürgertum verlor unter seiner Regentschaft an Einfluss.

Im Jahr 2000 wirkt das Land jedoch, als sei die Zeit stehen geblieben. Zehn Jahre nach dem Zusammenbruch der Sowjetunion herrscht in Damaskus weiterhin real existierender Sozialismus. Syrien gleicht einem Relikt aus dem Kalten Krieg: nach außen abgeschottet, in arabisch-nationalistischen Parolen gefangen, von sozialistisch-planwirtschaftlichen Strukturen gelähmt. Der erst 34-jährige Bashar Al Assad tritt das Präsidentenamt deshalb unter völlig anderen Vorzeichen an: Seinem Vater ging es um Kontinuität, ihm geht es um Veränderung.

Doch Bashar ist unerfahren. Groß, schlaksig und mit dem erwähnten fliehenden Kinn wirkt er unsicher und jungenhaft, sein leichtes Lispeln verstärkt diesen Eindruck noch. Viele zweifeln an seinen staatsmännischen Fähigkeiten. Ursprünglich war auch gar nicht er für die Nachfolge vorgesehen, sondern sein älterer Bruder Basel, in dessen Schatten Bashar seine Kindheit und Jugend verbracht hatte. Erst als Basel 1994 bei einem Autounfall starb, rückte Bashar nach. Der Verlust des von Anfang an als »Thronfolger« aufgebauten ältesten Sohnes war für die gesamte Familie ein Schock – für Bashar wurde es der Wendepunkt in seinem Leben.

Am 11. September 1965 wurde Bashar Al Assad als drittes von fünf Kindern geboren. Neben dem verunglückten Basel starb Majed, ein weiterer Bruder, 2009 nach langer Krankheit. Heute leben deshalb nur noch drei der Geschwister. Bashars ältere Schwester Bushra und sein jüngster Bruder Maher spielen beim familiären Machterhalt entscheidende Rollen, doch dazu später.

Über die Kindheit und Jugend des syrischen Präsidenten ist wenig Aufschlussreiches bekannt. Er soll nett, hilfsbereit und bescheiden gewesen sein. Keiner, der seine Position als Präsidentensohn ausnutzte und auf Privilegien bestand, sondern ein junger Mann, der am liebsten einer unter vielen war. Interessant ist es, sich die äußeren Umstände zu vergegenwärtigen, unter denen er aufwuchs. Bashar war zwei, als sein Vater als Verteidigungsminister Krieg gegen Israel führte, er war fünf, als dieser sich an die Macht putschte, und acht Jahre alt, als Hafiz Al Assad 1973 im Oktoberkrieg versuchte, den Golan von Israel zurückzuerobern.

Einige Jahre später erlebte er als Teenager, wie die Macht seiner Familie ins Wanken geriet. Als die Muslimbrüder das Baath-Regime herausforderten und Hafiz Al Assad im Februar 1982 die Stadt Hama bombardieren ließ, war Bashar 16 Jahre alt. Kurz darauf kam es zum Familienzwist. Rifaat Al Assad, Hafiz' jüngster Bruder, der mit seinen Spezialkräften angeblich den Angriff auf Hama angeführt hatte, griff nach der Macht, als Hafiz einen Herzinfarkt erlitt. Dafür musste er 1984 das Land für immer verlassen.

Rifaat Al Assad, heute Mitte 70, führt seitdem ein Luxusleben im europäischen Exil. Mithilfe seiner Söhne Ribal und Somar bemüht er sich vergeblich um eine Führungsrolle beim Widerstand gegen seinen Neffen Bashar. Mitte November 2011 sagt er in Paris, seine Rolle bei der Zerstörung von Hama beruhe auf einem »Mythos«, und bringt sich als Kandidat eines politischen Übergangs ins Gespräch. Im Juni 2012 erklärt Ribal, seine Familie sei »bereit zur Machtübernahme«. Angebote, die die meisten Syrer angesichts der dunklen Vergangenheit und der persönlichen Bereicherung Rifaat Al Assads als dreist oder gar zynisch empfinden.

Doch zurück zu Bashars Jugend. Nur wenige Monate nach dem Massaker von Hama nahm der 16-Jährige im Sommer 1982 an einem militärischen Trainingscamp in Damaskus teil, das für alle Jugendlichen eines Jahrgangs verpflichtend ist. Ein Altersgenosse, den ich in Deutschland zu den Hintergründen jener Zeit befrage, erinnert sich an das gemeinsame Training mit dem Präsidentensohn. In den ersten Tagen habe er gar nicht realisiert, wer dieser unauffällige Typ in Wahrheit war. »Bashar hatte keine Präsenz, keine Aura, kein Charisma«, sagt der Zeitzeuge und betont, Bashar Al Assad sei der heutigen Krise nicht gewachsen.

Dagegen soll der drei Jahre ältere Basel eine geborene Führungsfigur gewesen sein: selbstbewusst, athletisch, mutig, ein guter Reiter mit einer Leidenschaft für schnelle Sportautos, beliebt bei den Frauen und bewundert von Syriens Jugend. Auch Bashar soll zu seinem älteren Bruder aufgeschaut haben, in jedem Fall richtete er sich in dessen Schatten ein und ging seinen eigenen Weg – außerhalb der politischen Machtzirkel.

Trotz seiner mittelmäßigen schulischen Leistungen durfte er als Sohn des Präsidenten an der Universität von Damaskus Medizin studieren. Er spezialisierte sich als Augenarzt, arbeitete in einem Militärkrankenhaus und ging dann 1992 nach London, um sich dort am Western Eye Hospital weiterbilden zu lassen. Der Tod seines Bruders ließ Bashar weniger als zwei Jahre später nach Damaskus zurückkehren – wie sehr dieser Aufenthalt in Großbritannien seine Ansichten und Überzeugungen geprägt hat, ist unklar. Wahrscheinlich hat er aber privat einen Stein ins Rollen gebracht, denn der Kontakt zu seiner zukünftigen Ehefrau Asma Al Akhras, einer in London geborenen Tochter eines syrischen Kardiologen und einer syrischen Diplomatin, soll angeblich damals zustande gekommen sein.

Zurück in Damaskus begann Bashars systematische Vorbereitung auf das Präsidentenamt. Er absolvierte eine Militärkarriere im Schnelldurchlauf, sein Vater führte ihn innerhalb weniger Jahre in das politische Geschäft ein. Eine Imagekampagne stilisierte Bashar damals zu »Syriens Hoffnung«. Dabei half ihm sein Interesse an Computern und seine Begeisterung für das Internet, denn wer elektronisch auf Fortschritt setzt und mit der Welt kommuniziert, wird Syrien öffnen und modernisieren, so die Erwartungen vieler Syrer. Schon 1989 hatte Bashar Al Assad die »Syrian Computer Society« mitgegründet, die sich für die Verbreitung von Informationstechnik einsetzt und im Laufe der Zeit zur Kaderschmiede für ambitionierte Nachwuchspolitiker entwickelte.

Ende der 1990er Jahre knüpfte Bashar Kontakte zu Geschäftsleuten, die sich dringend eine Reformierung des sozialistischen Systems und mehr Freiheiten für die Privatwirtschaft wünschten. Er führte Kampagnen gegen Korruption an und kritisierte die ausufernde Bürokratie in seinem Land. Außerdem traf er sich mit Politikern und Intellektuellen, die mehr Meinungsfreiheit forderten. Diese Offenheit ließ Hoffnungen aufkeimen, dass sich Syrien unter seiner Regentschaft tatsächlich langsam, aber grundlegend verändern würde.

Um den Generationswechsel an Syriens Staatsspitze zu garantieren, hatte der zusätzlich zu seinen Herzproblemen an Leukämie erkrankte Hafiz Al Assad die Machtübergabe von langer Hand vorbereitet. Rechtzeitig vor seinem Tod beseitigte er einflussreiche Figuren innerhalb des Regimes, die seinem Sohn gefährlich werden konnten. Im Juni 2000 hinterlässt er eine Führungsriege, die geschlossen hinter Bashar steht – die Erbfolge verläuft dadurch reibungslos. Unmittelbar nach Bekanntwerden des Todes senkt das Parlament das Mindestalter des Präsidenten von 40 auf 34 Jahre, eine Woche später ernennt die Baath-Partei Bashar Al Assad zum

Generalsekretär, Präsidentschaftskandidaten und Ober-befehlshaber der Streitkräfte. Einen Monat darauf wird er durch ein Referendum mit 97 Prozent der Stimmen gewählt, am 17. Juli 2000 schließlich vereidigt.

Von Anfang an setzt Bashar auf technologischen Fortschritt, wirtschaftliche Öffnung, die Erneuerung der Infrastruktur – Syrien soll den Anschluss an die Moderne nicht verpassen. Er macht das World Wide Web für die breite Bevölkerung zugänglich, Internetcafés boomen, Satellitenfernsehen wird offiziell erlaubt, neue Zeitungen und Zeitschriften entstehen. Tief greifende politische Veränderungen stehen dagegen nicht auf Assads Agenda – er versteht sich als Modernisierer, nicht als Reformer. Die Syrer sollen lernen, ihr Geld auf Banken statt unter der Matratze zu lagern, eine Wartenummer zu ziehen, statt sich vor dem Schalter zu drängeln, sicher Rolltreppe zu fahren und Geldautomaten zu bedienen. Die Vorherrschaft der Baath-Partei infrage zu stellen oder die Macht der Assads anzuzweifeln bleiben jedoch Tabus.

So gesehen beruht der »Damaszener Frühling«, die Phase der öffentlichen Debatten und des politischen Erwachens im Jahr 2001, auf einem Missverständnis. Bashar Al Assad hat die Syrer in seiner Antrittsrede aufgefordert, sich aktiv an einer Neugestaltung Syriens zu beteiligen, dabei aber vergessen, die roten Linien zu umreißen. Als sich die Intellektuellen des Landes dann in geräumigen Privathäusern treffen, um über die Zukunft zu diskutieren, müssen sie selbst die Grenzen der neuen Rede- und Meinungsfreiheit austesten. Während manchmal mehr als hundert Leute leidenschaftlich über Korruption, Demokratie und Pluralismus streiten, sitzen die Jungs vom »mukhabarat«, dem syrischen Geheimdienst, in ihren schwarzen Lederjacken dabei und schreiben Berichte. Als sich irgendwann niemand mehr von ihnen stören lässt, ist der Moment gekommen, in dem es für die Machthaber gefährlich wird.

Bevor der Damaszener Frühling richtig aufblühen kann, wird er im Keim erstickt. Die führenden Köpfe jener Zeit landen im Gefängnis, die Debattierclubs werden – bis auf das Atassi-Forum, das sich noch bis 2005 trifft – verboten, die Geheimdienste bringen das öffentliche Leben wieder unter ihre Kontrolle. Bashar Al Assad hat sich zum ersten Mal gegen einen politischen Neubeginn und für den persönlichen Machterhalt entschieden.

Rückblickend werden im Herbst 2001 die Weichen für den Umgang mit der aktuellen Krise gestellt. Denn schon damals überlässt es Bashar dem Sicherheitsapparat, mit der Bedrohung fertig zu werden, während er seine Hände in Unschuld wäscht und das Image vom weltoffenen Modernisierer pflegt.

Bis Mitte Juli 2012 wird dieser Sicherheitsapparat von zwei Männern dominiert, die nicht nur zur Führungsspitze, sondern auch zum engsten Familienkreis gehören: von Bashars zwei Jahre jüngerem Bruder Maher und seinem 15 Jahre älteren Schwager Asef Shaukat. Letzterer stirbt bei einem Anschlag auf den Nationalen Sicherheitsrat in Damaskus am 18. Juli 2012. Seitdem kann sich der syrische Präsident nur noch auf seinen Bruder hundertprozentig verlassen.

Maher Al Assad, der wie sein ältester Bruder Basel eine militärische Karriere durchlief, befehligt die Vierte Division des Militärs, die vielerorts die Niederschlagung der Proteste anführt, sowie die Republikanische Garde, die auch für den Schutz der Assads zuständig ist. Beide Einheiten gelten als gut ausgestattet und absolut loyal gegenüber dem Regime. Maher selbst soll die harte rechte Hand Bashars sein, ihm wird Kaltblütigkeit und Führungsstärke nachgesagt.

In der aktuellen Krise trägt der Präsidentenbruder als mächtigster Militär die Hauptverantwortung für die tödlichen Schüsse auf friedliche Demonstranten und den Beschuss von »oppositionellen« Wohnvierteln und Ortschaften. Als potenzieller Nachfolger seines Vaters schied Maher nach Basels Tod wohl wegen seines aufbrausenden Charakters aus. Im Streit soll er 1999 seinem Schwager Asef Shaukat in den Bauch geschossen haben. Dieser überlebte und die beiden wurden in den darauffolgenden Jahren ein militär- und sicherheitsstrategisches Team.

Obwohl Shaukat inzwischen tot ist, lohnt es sich, seine Verbindung zu den Assads zu beleuchten, denn sie sagt einiges über die Mitglieder der Familie und deren Verhältnis untereinander aus. Der 62-jährige war mit Bushra, der älteren Schwester der ursprünglich vier Assad-Söhne, verheiratet, leitete jahrelang den militärischen Geheimdienst, wurde 2009 stellvertretender Oberbefehlshaber der Streitkräfte und war seit September 2011 stellvertretender Verteidigungsminister. Er galt als der militärische Chefstratege hinter den Kulissen, intelligent, charismatisch und rücksichtslos. Als einflussreicher Strippenzieher innerhalb des Sicherheitsapparates und erfahrener General führte Shaukat den Überlebenskampf einer Herrscherfamilie an, der er selbst seinen Aufstieg verdankte.

Mitte der 1980er Jahre lernte der junge alawitische Offizier aus bescheidenen Verhältnissen Hafiz Al Assads einzige Tochter Bushra kennen, die damals an der Universität von Damaskus Pharmazie studierte. Die Verbindung fand weder die Zustimmung des Vaters noch des ältesten der vier Brüder. Basel soll Shaukat insgesamt viermal verhaften haben lassen, um Treffen mit seiner Schwester zu verhindern. Vergebens. Bushra gilt als intelligent und durchsetzungsstark, ideologisch soll sie die Hardlinerin der Familie sein – bekannt für ihre kompromisslose anti-israelische und anti-islamistische Haltung. Wie unnachgiebig sie sein kann, zeigte sich ein Jahr nach Basels Tod, als sie 1995 den zehn Jahre älteren Asef Shaukat gegen den Willen ihrer Familie heiratete.

Um einen öffentlichen Skandal zu vermeiden, nahm Hafiz Al Assad den unerwünschten Schwiegersohn kurz darauf offiziell in die Familie auf. Dieser freundete sich mit Bashar an, der sich in Fragen der Sicherheit zunehmend auf Shaukat verließ. Überzeugt von dessen Fähigkeiten wies der alternde Präsident Shaukat an, »niemals von Bashars Seite zu weichen«. Und tatsächlich stärkte der General dem jungen zukünftigen Staatschef im Hintergrund den Rücken. Bei Hafiz' Begräbnis stand Shaukat demonstrativ an Bashars rechter Seite. Bushra förderte die Verbindung zwischen den beiden geschickt und so stieg Shaukat im Zuge von Bashars Präsidentschaft zeitweise zum stärksten Mann Syriens auf.

Überschattet wurde das Verhältnis der beiden Männer lediglich durch die Misstöne zwischen ihren Ehefrauen. Asma Al Assad, Syriens populäre First Lady, soll mit ihrer Präsenz in der Öffentlichkeit Schwägerin Bushra zunehmend verärgert haben. Dabei brachte Asma mit ihrem natürlichen Charme, ihrer weltoffenen sowie unkomplizierten Art und ihrem Glamour der Präsidentenfamilie innerhalb und außerhalb Syriens viel Sympathie ein.

VON LADY DI ZU MARIE ANTOINETTE

Asma Al Akhras Al Assad wurde 1975 in England geboren und wuchs als Tochter einer gut integrierten syrischen Familie in West-London auf. Zwei Brüder, der Vater ein erfolgreicher Herzspezialist, die Mutter syrische Diplomatin – behütete Verhältnisse im gehobenen Mittelstand. Sie besuchte eine anglikanische Elite-Mädchenschule und studierte Informatik sowie Französische Literatur am renommierten King's College London. Nach der Ausbildung reiste sie sechs Monate durch Europa und den Fernen Osten, anschließend arbeitete sie als Investmentbankerin bei der Deutschen Bank in London und für J. P. Morgan in Paris und New York. Erfahrungen, die ihr die viel gerühmte Sicherheit auf dem internationalen Parkett brachten.

In Bashar Al Assad verliebte sich die junge Computerexpertin eigenen Angaben zufolge 1999. Da standen die beiden aber bereits einige Jahre in Kontakt – heimlich, denn eine Verbindung zum Sohn des syrischen Präsidenten hatte Brisanz, um so mehr, da Asma Sunnitin ist. Entsprechend überraschend kam die Hochzeit der beiden im Dezember 2000, ein halbes Jahr nach Bashars Amtsantritt. Besonders begeistert sollen Bashars Verwandte und die Stützen seiner Macht anfangs nicht gewesen sein, schließlich hatte Asma bislang eher das Leben einer selbstbewussten und karriereorientierten Engländerin geführt und wenig Ahnung von ihrer Heimat. In ihrer Kindheit und Jugend hatte sie Syrien nur oberflächlich kennengelernt, vor allem im Rahmen regelmäßiger Verwandtschaftsbesuche in Homs. Ausgerechnet aus Homs, dem Zentrum des syrischen Widerstands, stammt nämlich ihr Vater. Wie sie es erträgt, dass die Heimatstadt ihrer Familie in Schutt und Asche gelegt wird, ist vielen Syrern ein Rätsel.

Aus der Tatsache, dass bei ihrer Ankunft in Syrien Ende 2000 weder sie das Land kannte noch das Land sie, machte Asma das Beste: Sie reiste drei Monate lang inkognito durch Syriens Provinzen und sammelte Eindrücke von ihrem zukünftigen Tätigkeitsfeld. Die Förderung und Entwicklung ländlicher Gebiete wird zu ihrem Steckenpferd. Kaum zurück von ihrer Erkundungstour, gründete sie mit FIRDOS

(Fund for Integrated Rural Development of Syria) Syriens erste Nichtregierungsorganisation in diesem Bereich (sofern man den Begriff NGO im Zusammenhang mit einer Diktatorengattin gelten lassen will). Ehemalige Mitarbeiter beschreiben die Finanzfachfrau als verbindlich, interessiert, unprätentiös und konzentriert.

Doch ihr Engagement konnte die wachsenden Unterschiede zwischen reicher Stadt- und armer Landbevölkerung nicht aufhalten. Ironischerweise erheben sich ab März 2011 genau jene Gesellschaftsgruppen, die Asma seit Jahren zu fördern beabsichtigte: arbeits- und perspektivlose, ums tägliche Überleben kämpfende und vernachlässigte Bewohner in den ländlichen Gebieten und Elendsvierteln der Großstädte.

Daneben setzte sich Asma Al Assad für eine aktive Rolle der Frau, für Bildung als Schlüssel zur Entwicklung und für benachteiligte Kinder ein. Sie organisierte Konferenzen, reiste mit ihrem Mann durch die Welt und bekam nebenbei drei Kinder (Sohn Hafiz, Tochter Zein und Sohn Karim). Dabei sah sie stets blendend aus, ohne affektierte Gesten und Effekthascherei.

Asma wurde zum Vorbild vieler junger Syrerinnen, die in ihr die Verkörperung der ziemlich perfekten Frau sahen: selbstbewusst im Auftreten, aber zurückhaltend in den Gesten, liebevolle Mutter, dabei attraktiv und stets perfekt gestylt, treue Partnerin und gleichzeitig beruflich ambitioniert und erfolgreich, weltgewandt, aber nicht abgehoben. Kein Wunder, dass sich westliche Medien in ihren Attributen gegenseitig übertrafen: »Lady Di des Orients«, »Rose in der Wüste«, »Lichtelement in einem Schattenreich«.

Ein Image – zu schön, um wahr zu sein. Aber für Bashar Al Assad äußerst hilfreich. Wo die beiden auch auftauchten – ob in der Oper von Damaskus, mit den Kindern in einem

Ausflugslokal oder beim Staatsbankett in Paris –, dachten die Menschen: »Wer eine solche Frau an seiner Seite hat, kann so schlecht nicht sein.« Asma lieferte den lebendigen Beweis für den Reformwillen ihres Mannes, sie verkörperte das »neue Syrien«, von dem alle träumten. Die Tatsache, dass so viele Syrer und ausländische Politiker so lange auf Bashar hofften (und manche von ihnen diese Hoffnung auch jetzt nicht aufgeben wollen), hat deshalb entscheidend mit Asma Al Assad zu tun.

Während der aktuellen Krise wollte die Öffentlichkeit über Monate nicht wahrhaben, dass ausgerechnet diese Frau dem Morden im eigenen Land einfach zusieht. Es kursierten Gerüchte, Asma habe sich mit den Kindern nach London abgesetzt oder sei bei einem Fluchtversuch mit ihrer Schwiegermutter auf dem Weg zum Flughafen Damaskus gestoppt und zurückgeschickt worden. Wunschdenken, wie sich herausstellte.

Die First Lady taucht seit Januar 2012 wieder regelmäßiger in der Öffentlichkeit auf. Mal mischt sie sich unter jubelnde Demonstranten bei einem Spontanauftritt ihres Mannes auf dem Omayadenplatz keine zehn Minuten von ihrem Wohnhaus entfernt. Mal gibt sie zusammen mit dem Präsidenten ihre Stimme zum Verfassungsreferendum ab, mal packt sie Hilfspakete für die notleidende Bevölkerung in Homs, mal spielt sie in Jeans und T-Shirt Badminton. Die Fotos von diesen Auftritten sind Asmas Antwort auf das weltweite Rätselraten. »Alles unter Kontrolle, wir kümmern uns« ist die Botschaft an ihre Landsleute, »Ich stehe fest an Bashars Seite« geht an das westliche Ausland, »Macht euch keine Sorgen« richtet sich an Familie und Freunde.

Die Befürchtungen ihres Vaters in London, der Asma und die drei Kinder angeblich als Gefangene des Regimes betrachtet und sich im Falle eines Regime-Sturzes große Sorgen um ihr Wohlergehen macht, würden viele nur zu gern teilen. Aber einiges deutet darauf hin, dass sich Asma und Bashar in der gleichen Realität eingerichtet haben. Darin passiert zwar viel Schlimmes (als Computerexperten und Internetfans müssen die beiden über die Gewalt bestens informiert sein), aber insgesamt ist das Land in Gefahr und sie sind es, die es retten können. Dafür müssen sie vor allem eines: durch- und zusammenhalten.

Eine einende Rolle als Integrationsfigur innerhalb des Herrscher-Clans spielt wohl Anisa Makhluf, die heute weit über 70-jährige Mutter der Assad-Geschwister. Sie soll im Falle von Streitigkeiten innerhalb der Familie vermitteln und ausgleichend wirken. Als First Lady an Hafiz' Seite hielt sie sich jahrzehntelang im Hintergrund, die Kinder schottete sie in früheren Jahren erfolgreich von der Öffentlichkeit ab. Auch heute ist von ihr so gut wie nichts zu sehen oder zu hören. Im Januar 2013 setzte sie sich mit ihrer Tochter Bushra und deren fünf Kindern nach Dubai ab. Angesichts der weitgehenden Abwesenheit des Vaters war Mutter Anisa aber für Bashar und seine Geschwister die Hauptbezugsperson, bis heute hält er eigenen Angaben zufolge engen Kontakt zu ihr.

Anisas wichtigsten Beitrag zur Sicherung der Macht liefert ihre Verwandtschaft, die erweiterte Makhluf-Familie, denn sie ist es, die das Regime finanziell absichert. Ihr Bruder Mohammed Makhluf, der ehemalige Finanzberater von Hafiz Al Assad und inzwischen über 80-jährige Senior des Clans, machte aus der einst armen alawitischen Familie ein weitverzweigtes Wirtschaftsimperium. Mit ihren Aktivitäten im Bereich Telekommunikation, im Handel und bei der Stromerzeugung, in der Erdöl- und Gasbranche sowie im Bankensektor kontrollieren die Makhlufs den Großteil der syrischen Wirtschaft.

Mohammeds ältester Sohn Rami Makhluf gilt als reichster Geschäftsmann des Landes. Als Besitzer von Syriens erstem Mobilfunkanbieter Syriatel ist er in der Bevölkerung zum Symbol für Vetternwirtschaft und Kleptokratie geworden und als solcher einer der am meisten gehassten Regime-Vertreter. Ramis Brüder und ein weiterer Cousin mütterlicherseits sitzen in führenden Geheimdienstpositionen.

Auch Bashars Verwandtschaft väterlicherseits ist über einen Bruder, einen Halbbruder und eine Schwester Hafiz Al Assads mit dem undurchdringlichen Netzwerk aus Militär, Geheimdiensten und Milizen verwoben. Unter ihren Kindern sind hochrangige Armeevertreter, einige der Cousins sind in die Machenschaften der gefürchteten Shabiha-Milizen verstrickt. All diese Familienangehörigen, die mit Nachnamen entweder Assad, Makhluf, Shalish (über Hafiz' Schwester) oder Najib (über Anisas Schwester) heißen, stehen auf der Sanktionsliste der Europäischen Union, weil sie die Gewalt gegen Zivilisten befehligen, verantworten, finanzieren oder anderweitig fördern.

Insgesamt stützt sich der syrische Machtapparat auf so viele loyale Beine und ist innerhalb der Präsidentenfamilie so weit verzweigt, dass offensichtlich selbst das Ausscheiden einer zentralen Figur wie Asef Shaukat nicht zum Zusammenbruch führt. Das ist wichtig zu wissen für mögliche politische Lösungsansätze (wer darf sich ins Ausland absetzen, wer kommt straffrei davon, wer muss im Interesse des gesellschaftlichen Friedens zur Verantwortung gezogen werden) und für all die Planspiele, die die Zeit nach dem Assad-Regime betreffen (welche Rolle spielen Mitglieder der Herrscherfamilie im Sicherheitsapparat, kann man die Geheimdienste einfach auflösen, wer könnte für einen geordneten Übergang sorgen).

Schon vor Ausbruch der Revolution erwies sich die Arbeitsteilung innerhalb der familiären Führungsriege – der Präsident als freundliches Gesicht nach außen, Bruder Maher und Schwager Asef Shaukat als Verantwortliche für Stabilität im Inneren und Cousin Rami Makhlouf als Garant für die finanzielle Absicherung des Clans – über Jahre als effizient. Bashar sprach von Reformen, Bruder und Schwager sperrten Regimegegner weg, Cousin Rami kontrollierte die Wirtschaftselite – die Rollen waren perfekt verteilt.

Tief greifende politische Veränderungen, die am Ende zwangsläufig die eigene Macht infrage gestellt hätten, waren in dieser Konstellation von Anfang an undenkbar. Das Argument, Assad habe zunächst unter dem Einfluss langjähriger mächtiger Weggefährten seines Vaters, der sogenannten »alten Garde«, gestanden und nicht anders handeln können, stimmt nur zum Teil. Zwar war Bashar für diese Veteranen, die zunächst weiter an den Schalthebeln der Macht saßen, im Jahr 2000 ein willkommener Konsenskandidat. Denn jung, wie er war, erschien er ihnen leicht beeinfluss- und steuerbar zu sein. Aber Bashar nutzte die ersten Jahre seiner Amtszeit, um sich von ihrem Einfluss freizuschwimmen und seine eigene Machtbasis aufzubauen. Er tauschte Geheimdienstchefs aus und ersetzte die Vertreter der alten Garde durch gleichgesinnte loyale Technokraten. Damit bewies er innerhalb des Regimes Führungsstärke. Die ersehnte politische Öffnung des Landes blieb dennoch weiter aus. »Kann oder will Bashar Al Assad nicht?« wurde zur meist diskutierten Frage seiner Regierungszeit.

Inzwischen fällt die Antwort leichter: Hätte Bashar wirklich gewollt, hätte er theoretisch gekonnt. Praktisch stand ihm sein Charakter im Weg. Denn für echte Veränderungen hätte er den Einfluss des Militärs und der Geheimdienste beschneiden müssen, die jedoch in dem von seinem Vater angelegten System die Stützen seiner eigenen Macht und zugleich seine einzige Legitimität waren. Er hätte sich folglich zunächst vom Volk legitimieren lassen müssen, um dann seine Familie und sonstige Profiteure des Systems konfrontieren zu können. Ein Weg, den Bashar womöglich politisch nicht überlebt hätte, und der deshalb auch noch die Bereitschaft zum persönlichen Machtverlust erforderlich machte. Kurzum: Für einen geordneten, unblutigen Übergang zur Demokratie in Syrien hätte es den Mut, die Weitsicht und die persönliche Größe eines Michael Gorbatschow gebraucht – Eigenschaften, über die Bashar Al Assad nicht verfügt.

Verschiedene Chancen, das Blatt zu wenden, verstrichen im Laufe seiner zwölfjährigen Amtszeit deshalb ungenutzt. Genau genommen bot sich Bashar fünfmal die Möglichkeit zum Kurswechsel. Das erste Mal im Rahmen des bereits erwähnten Damaszener Frühlings, wobei die Aussicht auf eine politische Neuordnung im Jahr 2001 wegen Bashars Unerfahrenheit und seiner geringen Machtbasis denkbar schlecht war. Hätte er die politischen Diskussionen in der Gesellschaft damals einfach weiterlaufen lassen, wäre der Sicherheitsapparat wahrscheinlich von alleine eingeschritten und hätte Bashar kurzerhand durch eine »zuverlässigere« Figur ersetzt.

Vier Jahre später sah die Lage anders aus. Bashar Al Assad hatte die Spitzen in Militär und Geheimdienst mit eigenen Leuten besetzt und brachte nun, im Juni 2005, auch die Führung der Baath-Partei hinter sich. Ihr erster Kongress unter Bashar endete mit einer vorsichtigen politischen Öffnung, dem Bekenntnis zur sozialen Marktwirtschaft und einer Kampfansage an die Korruption. Die Macht der Geheimdienste wurde erstmals eingeschränkt, Syrer benötigen seit damals zur Eröffnung von Restaurants, Reisebüros oder Läden keine Genehmigung des Sicherheitsapparates mehr. Aus einem angekündigten neuen Parteiengesetz und der Einbürgerung staatenloser Kurden wurde jedoch nichts, Reformprojekte verliefen im Sand und am Ende war klar, dass die Mini-Veränderungen nur dem Machterhalt und dem politischen Überleben der Baath-Partei dienten. Die zweite Chance war verpasst.

2007 dann standen Parlaments- und Präsidentschaftswahlen an und Syrien verfiel in einen nationalen Taumel. Ich erinnere mich noch gut an jenen Sommer in Damaskus, den ich heißer als sonst in Erinnerung habe. Denn zusätzlich zu den Temperaturen von über 40 Grad heizte die Politik den Leuten ein. Wochenlang befand sich Syriens Hauptstadt im Ausnahmezustand – auf den Straßen wurde bis spät in die Nacht getanzt, gejubelt und gehupt, als wollte Syrien Fußball-Weltmeister werden. Dabei ging es nur um die Wiederwahl des Präsidenten – ein eher langweiliges Unterfangen, denn der damals 41-jährige Bashar trat ohne Gegenkandidaten an.

Für viele Syrer war das Referendum eine willkommene Abwechslung vom Alltag. Jugendliche zogen grölend durch die Straßen, um ihre Liebe zu Bashar auch um drei Uhr morgens noch laut herauszuschreien, Parteifunktionäre saßen in bunt geschmückten Zelten am Straßenrand und tranken literweise Kaffee auf das Wohl des Präsidenten. Soldaten schmückten ihre klapprigen dunkelgrünen Militärtransporter und Motorräder mit syrischen Fahnen, um damit durch die Straßen zu flanieren und jungen Mädchen hinterherzuschauen. Staatsangestellte ließen Aktenberge Aktenberge sein und versammelten sich vor dem Ministerium, um eine Runde »Debke« zu tanzen: Sie fassten sich bei der Hand und hüpften im Kreis, statt Formulare abzustempeln.

Der Versuch, in diesen Wochen irgendeinen Behördengang zu erledigen, geriet zum Albtraum. »Nein, Abu Mohammed ist gerade demonstrieren, kommen Sie doch morgen wieder.« Am besten ließ man sich in dem entsprechenden Dienstzimmer erst nach dem Referendum wieder blicken. Jeden Morgen überlegte ich, wann in welchem Stadtteil ein Aufmarsch für den Präsidenten stattfinden würde, um die betroffenen Straßenzüge rechtzeitig zu meiden. Aber auch das gelang nicht immer. Einmal saß ich in einem Taxi, dessen Fahrer sich als Angestellter des Wasserministeriums entpuppte. Nach einer halben Stunde Stop and go bat er um Verständnis: Er müsse pünktlich um 19 Uhr zur Kundgebung erscheinen, wolle er keinen Ärger riskieren. Ich landete mitten im Getümmel und konnte nur noch zu Fuß entkommen. Auf solchen Demonstrationen schwenkten die Syrer dann selbst gebastelte Plakate und schworen ihrem jungen Regenten die Treue: »Wir sagen von Herzen ja zum Führer Bashar, der das Vaterland beschützt« oder einfach »Wir lieben dich«.

Die Syrer feierten ihren Präsidenten damals so, als wollten sie dem Ausland etwas beweisen. Die Entwicklungen in der Region – amerikanische Truppen und Bürgerkrieg im Irak, der Rückzug der syrischen Armee aus dem Libanon 2005, die Anschuldigungen gegen Syrien im Zusammenhang mit dem Anschlag auf Libanons Ex-Premier Hariri und die israelischen Angriffe auf den Libanon im Sommer 2006 schweißten die Syrer zusammen. Erst recht angesichts der Drohgebärden aus Washington und der Isolationspolitik der Europäer.

Nie zuvor und nie wieder danach standen die Syrer so geeint hinter ihrem Präsidenten. Bashar war über die Grenzen Syriens hinaus zu einem Vorkämpfer arabischer Interessen aufgestiegen, der Israel und dem Westen als einer von wenigen noch Paroli bot. Er hatte die Herzen der arabischen

Massen gewonnen. Der perfekte Moment, um sich in freien Wahlen demokratisch legitimieren zu lassen. Doch wieder fehlte Bashar der Mut. Seine zweite Amtszeit begann im Juli 2007 wie die erste: Bei dem Referendum ohne Gegenkandidaten erhielt er 97 Prozent der Stimmen. Dritte Chance verpasst.

Ein Jahr später war Bashar Al Assad zurück auf dem westlichen Parkett. Frankreichs damaliger Präsident Sarkozy holte ihn im Juli 2008 zur Konferenz der Mittelmeerunion nach Paris, damit wurde Assad für die EU von der Persona non grata zum gefragten Gesprächspartner. Europäische Regierungschefs und Außenminister gaben sich in Damaskus die Klinke in die Hand in der Überzeugung, Syrien in die Lösung der Konflikte im Nahen Osten mit einbeziehen zu müssen. Das Argument, Druck von außen verhindere Reformen im Inneren, war damit hinfällig geworden. International gefestigt hätte Bashar Al Assad zu Hause endlich die ersehnte politische Öffnung wagen können, doch auch diese vierte Chance nahm er nicht wahr.

Über seine fünfte und wahrscheinlich letzte Chance ist viel geschrieben worden. Bashar hätte den Protesten im März 2011 mit durchgreifenden Reformen von Anfang an den Wind aus den Segeln nehmen können. Denn im Gegensatz zu Tunesien und Ägypten richtete sich der Volkszorn zunächst gar nicht gegen ihn persönlich, sondern gegen jahrzehntelange Unterdrückung durch die Geheimdienste, gegen juristische Willkür, wirtschaftliche Ungerechtigkeit und die Bereicherung einer korrupten Elite. Die Slogans der Demonstranten klangen in den ersten Wochen wie konkrete Forderungen an den Präsidenten. Assad hätte sich deshalb an die Spitze eines demokratischen Wandels stellen und frühzeitig den Dialog zu den Aktivisten und Oppositionellen suchen können, statt auf sie schießen zu lassen.

Für den Fall, dass er damit innerhalb des Machtapparates gescheitert wäre, weil seine Entourage auf die gewaltsame Lösung bestand, hätte er zumindest eine persönliche Entscheidung treffen und das Land verlassen können. »Nicht mit mir« wäre dann die einzig konsequente Reaktion gewesen. Doch wie schon beim ersten Damaszener Frühling entschied er sich auch bei diesem zweiten gesamtsyrischen Frühling für die brutale Niederschlagung der Demokratiebewegung und den persönlichen Machterhalt. Damit hat Assad im Laufe von zwölf Jahren fünf Chancen verspielt. Mindestens eine zu viel, um ungeschoren davonzukommen.

Die Frage, wie viel Unterstützung der syrische Präsident heute noch in der Bevölkerung hat, ist schwer zu beantworten. Vor allem deshalb, weil eine öffentliche Abkehr vom Regime lebensgefährlich ist und wir von einer hohen Dunkelziffer heimlicher Assad-Gegner ausgehen müssen. Beteiligten sich im Jahr 2007 viele Syrer noch gerne an den inszenierten Veranstaltungen, sind heutzutage nur wenige zunehmend militante Anhänger bereit, freiwillig für Bashar Al Assad zu jubeln. Vergleicht man die Pro-Assad-Demonstrationen in Damaskus vom Sommer 2011 mit denen ein Jahr später, sieht man den Sympathieverlust und den schwindenden Einfluss des Regimes auf Angestellte und Beamte, Schüler und Studenten, die sich eben nicht mehr so einfach zwingen lassen, an einer Veranstaltung für den Präsidenten teilzunehmen. In diesem Fall ist das Zuhausebleiben schon eine Form von zivilem Ungehorsam und ein politisches Statement – wer sich nicht traut, gegen Assad auf die Straße zu gehen, lässt sich zumindest nicht mehr als Pro-Assad-Demonstrant instrumentalisieren.

Dennoch sehen manche in Bashar Al Assad die einzige Führungsfigur für einen politischen Übergang. Wer sich an die Vorstellung klammert, der Präsident sei eigentlich zur schrittweisen Demokratisierung bereit, müsse dafür aber zunächst den Hardlinern freie Hand lassen, um das Chaos in den Griff zu bekommen und mit der »Bedrohung« (von außen, durch Terroristen, Islamisten etc.) fertig zu werden, der mag noch immer an Bashar glauben. Vor allem auch deshalb, weil innerhalb der Opposition kein alternativer Kandidat sichtbar ist, der das Funktionieren des Staates nach einem Sturz des Regimes sicherstellen könnte.

Deshalb gilt Bashar Al Assad, bei aller Verantwortung für das Blutvergießen, einer Reihe von Syrern noch immer als der einzige Politiker, der das Land in einer Phase des Übergangs zusammenhalten und sowohl einen Zusammenbruch staatlicher Strukturen als auch einen Zustand der Rechtlosigkeit und der innergesellschaftlichen Gewalt verhindern könnte.

Doch diese Option ist in Wirklichkeit keine. Den Aufbruch in die Demokratie mit Bashar zu beginnen erscheint nach mehr als 130.000 Toten sowie Millionen Verhafteten, Gefolterten und Vertriebenen nicht nur zynisch, sondern angesichts des Hasses der Betroffenen, die in ihrem persönlichen Schmerz schon jetzt die Todesstrafe für den Präsidenten fordern, auch vollkommen unrealistisch.

Die meisten, die jahrelang hofften, mit Bashar werde alles irgendwann besser, sind schon vor Ausbruch der Revolution enttäuscht worden. Darunter die vernachlässigte Landbevölkerung, die verarmten Bewohner der Vorstädte sowie die jungen Leute – perspektivlose Studenten und Millionen arbeitsloser Jugendlicher. Die anderen, denen es unter Bashars wirtschaftlicher Liberalisierung ganz gut ergangen ist und die ihn deshalb für einen fähigen, vielversprechenden Präsidenten hielten (Angestellte der Privatwirtschaft, Beamte, Geschäftsleute, Händler und Großunternehmer), sind erst im Verlauf der Revolution vom Glauben an Bashar abgefallen.

Dabei ist der 30. März 2011 eine Art Wendepunkt in der öffentlichen Wahrnehmung. An jenem Mittwoch tritt Präsident Assad das erste Mal seit dem Ausbruch der Proteste an die Öffentlichkeit. Er hält eine Rede vor dem Parlament, die nicht nur in Syrien, sondern auch im Ausland mit großer Aufmerksamkeit verfolgt wird. Ich bin bei der Deutschen Welle, um Assads Ausführungen zeitnah im Fernsehen zu kommentieren, und erinnere mich noch, wie ich seinen Worten mit wachsendem Unglauben folge.

Alle rechnen damit, dass er den Ausnahmezustand aufheben und versöhnliche Worte finden wird – schließlich sind bereits mehr als 60 Menschen bei Demonstrationen im Süden des Landes getötet worden. Doch stattdessen spricht Assad von einer ausländischen Verschwörung gegen Syrien und von Terroristen, die es zu bekämpfen gelte. Er kündigt zwar Reformen an, betont aber, ihre Umsetzung brauche Zeit. Gleichzeitig überspielt er die eigene Unsicherheit mit Scherzen, über die er selbst kichert, was völlig deplatziert wirkt und seine Landsleute vor den Kopf stößt. Keine Entschuldigung für die Eskalation in Daraa, kein Eingeständnis von Fehlern der Sicherheitskräfte, nicht einmal Worte des Mitgefühls für die Familien der Opfer kommen ihm über die Lippen. Stattdessen leeres Gerede (wie die Behauptung, es gebe keinen Schießbefehl) und der Versuch, den starken Mann zu markieren. Zwischendurch hysterische Abgeordnete, die Bashar so bejubeln, dass es den Zuschauern zu Hause vor dem Fernseher peinlich ist. Einer ruft, Syrien sei zu klein für einen Führer wie Bashar, er sollte die ganze Welt regieren.

Die Syrer sind geschockt. Weniger die Intellektuellen und Oppositionellen, die sich in ihrer Kritik bestätigt fühlen, sondern diejenigen, die an Bashar geglaubt hatten und seine ignorante Reaktion auf die Geschehnisse nicht fassen können. Spätestens jetzt hat es sich der junge Präsident mit der Mehrheit seiner Landsleute verscherzt. Seine weiteren Reden werden kaum noch beachtet. Sie bringen auch inhaltlich nichts Neues, da Bashar Al Assad an seiner Doppelstrategie und bisherigen Gewinnformel festhält: Pseudo-Reformen plus brutale Gewalt gleich Machterhalt.

Mit der Zeit scheint ihm jedoch die Kontrolle über die gewaltsame Niederschlagung des Aufstands zu entgleiten. Massaker an Zivilisten, bei denen wie in Al Houla, Al Qubeir, Banyas, Bayda und an einigen anderen Orten Kinder aus nächster Nähe erschossen oder erstochen werden, sind nicht in Bashars Interesse. Vor allem die Shabiha-Milizen verselbständigen sich zusehends. Die Strategie, diese fast ausschließlich alawitischen Söldnertruppen die Drecksarbeit machen zu lassen (prügeln, vergewaltigen, foltern, plündern, morden), führt zu unberechenbaren Gewaltexzessen gegenüber der Zivilbevölkerung.

Da sich die Shabiha-Milizen über ihre Loyalität zu Bashar Al Assad definieren, werden ihre Grausamkeiten automatisch mit dem Präsidenten in Verbindung gebracht. Wer unter Schlägen gezwungen wird, ein Glaubensbekenntnis zu Bashar Al Assad nachzusprechen (»Es gibt keinen Gott außer Bashar«), dessen Hass richtet sich nicht mehr nur gegen Willkür und Korruption (wie zu Beginn der Proteste), sondern auch gegen den Präsidenten persönlich.

Bashar Al Assad hat sich folglich innenpolitisch selbst demontiert. Auch wenn es in Syrien ursprünglich weniger um die Person des Präsidenten, sondern um einen jahrzehntealten korrupten und brutalen Geheimdienst- und Parteiapparat ging, ist Bashars Abdanken inzwischen der entscheidende Schritt für eine Befriedung des Landes. Denn solange er im

Amt ist, ohne Aussicht auf eine zeitlich geregelte Machtübergabe, werden die Kämpfe weitergehen. Kein Rebell, ob gemäßigt oder radikal, wird einem Waffenstillstand zustimmen, der die Assads weiterherrschen lässt. Bashar selbst sieht das naturgemäß anders. In Interviews mit ausländischen Medien gibt er sich regelmäßig gelassen, siegessicher und entschlossen, Präsident zu bleiben.

Mit einem Diktator, der die Kontrolle über weite Teile des Landes unwiederbringlich verloren hat, sich aber als Herr der Lage fühlt, ist eine politische Lösung schwer vorstellbar. Warum sollte Bashar Al Assad seine Entmachtung verhandeln, wenn er Zentral-Damaskus und die Achse über Homs an die Küste zum alawitischen Kernland dank seiner Shabiha-Milizen und ausländischer Verstärkung halten kann und viele der dortigen Bewohner angesichts des Vormarschs sunnitischer Extremisten Angst vor seinem Sturz haben? Warum sollte er das Land verlassen, wenn doch seinem Gefühl nach die meisten Syrer hinter ihm stehen? Nein, er darf seine Heimat nicht im Stich lassen, er muss Verantwortung übernehmen und Syrien vor dem Chaos bzw. Al Qaida bewahren – das ist die Wahrnehmung des syrischen Präsidenten. Sämtliche Appelle, er solle im Interesse seiner Landsleute endlich von der Macht lassen, prallen deshalb an ihm ab und beweisen aus Sicht des Regimes nur, dass der Westen wieder einmal nichts kapiert hat.

Bashar Al Assad hat sich – bewusst oder unbewusst – anders entschieden: Er kämpft um alles oder nichts. Das ist ein riskantes Spiel, denn er hat eine Menge zu verlieren. Im Gegensatz zu Tunesiens Ben Ali, Ägyptens Mubarak, Libyens Gaddafi und Jemens Saleh hat der 49-jährige Assad noch ein Leben vor sich. Was aber tut man, wenn man ein Land an sein Volk verloren hat? Wenn man als Massenmörder und Mann der verpassten Chancen in die Geschichtsbücher eingeht und sich dort selbst noch weitere 30 Jahre lang nachschlagen kann?

Bei der Abwicklung diktatorischer Regime und der Aufarbeitung ihrer Gräueltaten treten Ermittler und Juristen normalerweise in einen Wettlauf mit der Zeit. Denn der Gerechtigkeit soll Genüge getan werden, solange die politischen Verantwortlichen noch leben und kranke oder schnell alternde Ex-Präsidenten noch vor ein Gericht zu stellen sind. Im Falle von Bashar Al Assad ist jedoch Zeit genug.

Der syrische Präsident weiß das und hat sich vielleicht auch deshalb gegen die tunesische und ägyptische Lösung (Flucht oder Rücktritt) entschieden. Er weiß, dass viele Syrer nicht ruhen werden, ehe er für die Verbrechen der vergangenen drei Jahre bezahlt hat. Aus seiner Sicht steht er vor der Wahl, öffentlich hingerichtet zu werden, für immer im Gefängnis zu sitzen oder mit allen Mitteln an der Macht zu bleiben.

Noch gelingt das politische Überleben um jeden Preis – vor allem, weil das westliche Ausland Assad gegenüber keine klare Linie verfolgt. Auf der einen Seite stehen Russland, Iran und China als aktive Unterstützer der syrischen Machthaber, auf der anderen Seite die USA und Europa, die viel reden, aber wenig tun. Bereits im Sommer 2011 erklären verschiedene westliche Staatschefs, Assad habe jede Legitimität verloren und müsse abtreten. Statt aber dem syrischen Widerstand – dem friedlichen wie dem bewaffneten – in dem ungleichen Kampf gegen das übermächtige Assad-Regime beizustehen, hält der Westen sich raus. Der notwendige Druck entsteht erst zwei Jahre später durch die glaubwürdige Drohkulisse amerikanischer Luftschläge Ende August 2013 nach dem Chemiewaffeneinsatz bei Damaskus. Doch als Assad daraufhin der Vernichtung seiner Chemiewaffen zustimmt, wird er für die internationale Gemeinschaft wieder zum Partner. Aus UN-Sicht kann nur er garantieren, dass Syriens Chemiewaffenprogramm tatsächlich unschädlich gemacht wird. Bis die letzte Tonne Sarin abtransportiert und vernichtet ist, braucht er folglich von außen nichts zu befürchten und kann die Syrer weiter ungestört mit konventionellen Waffen töten lassen.

Die Rehabilitierung des Bashar Al Assad geht jedoch noch weiter. Weil die Al-Qaida-Gruppe ISIS in Syrien immer mächtiger wird, steht in Washington und Brüssel ab Herbst 2013 die Terrorismus-Bekämpfung im Vordergrund – Assads Terror interessiert kaum noch jemanden. Anfang 2014, nach 130.000 Toten und der Vertreibung von Millionen Syrern, sitzt Syriens Präsident deshalb wieder fester im Sattel als zuvor.

Ein nüchterner Blick auf die Opferbilanz sollte uns jedoch von der Vorstellung heilen, Assad im Vergleich zu international operierenden Jihadisten als »kleineres Übel« zu betrachten. Während Al Qaida in den letzten 15 Jahren weltweit für den Tod einiger Tausend Menschen verantwortlich ist, gehen auf Assads Konto in nur drei Jahren mehr als 70.000 Zivilisten (natürlich »nur« im eigenen Land). Hinzu kommt, dass Assad extremistische Gruppen gezielt fördert und sie in Nachbarländern wie Libanon und Irak zur Durchsetzung eigener Interessen benutzt. Das syrische Regime als Verbündeten im Kampf gegen den Terror zu betrachten, ist deshalb absurd – Assad ist im Umgang mit Al Qaida kein Bollwerk, sondern Nutznießer. Und er betreibt einen Staatsterrorismus, der selbst Herrscher wie Saddam Hussein oder Muammar Al Gaddafi in den Schatten stellt.

Die vergangenen drei Jahre haben gezeigt, dass mit ihm an der Macht Gewalt und Extremismus zunehmen. Je länger Assad Syrien mit Terror überziehen kann, desto radikaler werden seine Gegner und desto mehr Zulauf haben Salafisten. Wer internationalen Terrorgruppen in Syrien den Boden entziehen will, muss deshalb zunächst das Regime beseitigen, um dann die Syrer gegen den ausländischen Jihadismus zu einen. Denn Al Qaida hat keine Chance, wenn Millionen Syrer am Ende des Tunnels ein Licht sehen, das Freiheit, Gerechtigkeit und politische Selbstbestimmung verheißen könnte.

Fest steht: Die Mehrheit der Syrer wird weitermachen bis die Herrschaft der Assads vorbei ist. Große Gebiete im Norden, Osten und Süden des Landes hat Bashar bereits an seine Feinde verloren, für die Kontrolle über Damaskus und die Küste braucht er Militärhilfe aus dem Iran und von der libanesischen Hisbollah. Im für Assad besten und für Syrien schlechtesten Fall zerfällt das Land in mehrere Einflusszonen, die von verschiedenen Milizen und Rebellengruppen »regiert« werden. Assad wäre nicht mehr Präsident Syriens, sondern einer von mehreren Warlords. Spätestens dann könnte er bereuen, sich nicht früher ins sichere Exil begeben zu haben.

8. Weg in die Freiheit oder in den Abgrund? Die syrische Revolution und ihre gesellschaftlichen Spuren

Immer wieder heißt es, wir wüssten nicht, was in Syrien passiere. Ausländische Journalisten könnten dort nicht unabhängig berichten und das Material der Aktivisten sei »nicht überprüfbar«. Das stimmt theoretisch. Aber wer sich über den Konflikt kontinuierlich und kritisch im Internet informiert, kann ziemlich genau wissen, was in Syrien los ist. Ein Teenager, dessen untere Gesichtshälfte in Fetzen herabhängt und der deswegen mit seinen Augen schreien muss, lässt sich nicht inszenieren. Genauso wenig wie der junge Mann mit dem Kopfschuss, der auf der Straße in seinem Blut liegt, nachdem die Demonstration, bei der er eben noch mitgelaufen ist, unter Feuer geraten war. Oder der über einem Ort kreisende Helikopter, der auf ein Wohngebiet schießt. Oder die Raketeneinschläge und Rauchwolken über Homs. Für solche Szenen gibt es keine Drehbücher – wir sind nicht in Hollywood, sondern im Krieg. Und zwar in einem Krieg des Assad-Regimes gegen das syrische Volk.

Tausende von Videos zeigen die Brutalität dieses Krieges und den dramatischen Alltag der Revolution. Da alle Aufnahmen inzwischen Ort und Datum nennen, sind sie in ihrer großen Mehrheit nicht nur glaubwürdige Dokumente, sondern werden auch irgendwann als Beweismittel bei der Aufarbeitung der Gewalt dienen. Kein Konflikt dieser Welt wurde bislang so umfassend medial festgehalten wie der syrische. Früher – etwa bei den Auseinandersetzungen auf dem Balkan, in Algerien, im Sudan, in Ruanda und Tschetschenien – gab es die technischen Möglichkeiten noch nicht.

Und heute sind diese nicht überall verfügbar (in Afghanistan und Somalia zum Beispiel).

Zwar spielen die neuen Medien auch bei den Umwälzungen in anderen arabischen Ländern eine wichtige Rolle, aber in Tunesien, Ägypten, Libyen, Jemen und Bahrain ist die internationale Presse durchaus präsent, und die Aufstände dort waren viel schneller vorbei oder sind weniger blutig verlaufen als in Syrien. In diesem Umfang werden Handys, Smartphones, Satellitentelefone, Computer und Internet bislang nur in Syrien eingesetzt. Nicht einmal der Bürgerkrieg im Irak wurde derart detailliert dokumentiert. Denn dort waren jahrelang ausschließlich professionelle Medien am Werk, die zwar schnell und ausführlich über Bombenexplosionen und Selbstmordattentate berichteten, dabei aber aus Gründen der Sicherheit und Unabhängigkeit stets auf Distanz blieben.

In Syrien hat sich aus Ermangelung anderer Quellen eine neue Form von Journalismus herausgebildet, der sogenannte Bürgerjournalismus. Aktivisten filmen Demonstrationen, Granateinschläge, Bombenexplosionen, zerstörte Häuser und Opfer, sie machen Eins-zu-eins-Reportagen aus Untergrundkliniken und Stand-ups vor Trümmerbergen. Sie führen Interviews, dokumentieren, recherchieren und verbreiten ihre Informationen dann über das Internet. Diese syrischen Bürgerjournalisten haben eine beachtliche Professionalität entwickelt, sie sind im Gegensatz zu ausländischen Korrespondenten immer vor Ort und viel näher dran. Ihre Aufnahmen sind unmittelbar, ungefiltert und unverfälscht. Natürlich liefern sie immer nur subjektive Ausschnitte, die zudem meist emotional kommentiert sind. Aber 70 Ausschnitte pro Tag (durchschnittlich wird etwa alle zehn Minuten ein Video aus Syrien bei YouTube hochgeladen) ergeben auch ein Gesamtbild.

Dieses Bild wird regelmäßig von unabhängiger Seite verifiziert. Sei es durch eine Mitarbeiterin von Amnesty International, die wochenlang undercover durch den Norden des Landes und nach Aleppo reist, den Mitbegründer von Ärzte ohne Grenzen, der in Homs medizinische Hilfe leistet, die Rechercheure von Human Rights Watch, die Flüchtlinge und übergelaufene Soldaten interviewen, oder die UN-Beobachter, deren Filmaufnahmen vom Beschuss der Stadt Homs genau so aussehen wie die der Opposition. Auch die wenigen ausländischen Journalisten, die im Verlauf der Revolution aus den Zentren des Widerstands berichtet haben, die friedliche Demonstrationen, Kämpfer der Freien Syrischen Armee, den Einsatz von Artillerie gegen Wohngebiete, Verletzte und Tote sowie die Versorgungslage in eingeschlossenen Stadtteilen und Ortschaften persönlich erlebt haben, bestätigen die Berichte der Aktivisten.

Die CNN-Korrespondentin Arwa Damon zum Beispiel, die verschiedenen Orts Proteste filmt und aus den eingeschlossenen Vierteln von Homs berichtet. Oder die erfahrene amerikanische Kriegsreporterin Marie Colvin, die in Baba Amr dabei ist, als der im Vorwort erwähnte Junge aufhört zu atmen, und einen Tag später selbst von einer Granate tödlich getroffen wird. Ihr Kollege, der britische Fotograf Paul Conroy, beschreibt die Militäraktionen des Regimes nach seiner Evakuierung aus Homs (bei der drei syrische Aktivisten sterben) als »systematisches Massaker an der Zivilbevölkerung«. Immer wieder bringen erfahrene Kameraleute Filmmaterial aus Syrien mit – so entstehen mehrere eindrückliche Dokumentationen für westliche Fernsehsender. Zwei BBC-Reporter sind zufällig in der Nähe, als Ende August 2013 eine Brandbombe des Regimes in einer Schule bei Aleppo explodiert. Das Bild der 18-jährigen entstellten Siham, die mit 70 % Verbrennungen in einem türkischen Krankenhaus liegt und unter höllischen Schmerzen fragt, warum man sie beim Lernen in der Schule bombardiert, ist mit das Grausamste, was im europäischen Fernsehen zu Syrien gezeigt wurde. Wochen später wird Siham von ihren Qualen erlöst und stirbt. Auch in den Artikeln des Schriftstellers Jonathan Littell und des Journalisten Wolfgang Bauer für die ZEIT, in den Berichten des italienischen Reporters Gabriele del Grande für die taz und in den Reportagen von Christoph Reuter für den SPIEGEL finde ich das Bild wieder, das sich bei mir über das Internet gebildet hat.

Wie gefährlich journalistisches Arbeiten derzeit in Syrien ist, zeigt die beträchtliche Zahl der Opfer. Ende 2013 zählte die internationale Nichtregierungsorganisation Reporter ohne Grenzen 27 getötete Berufs-Journalisten (darunter acht ausländische Reporter) und mehr als 90 getötete Bürgerjournalisten seit Beginn der Revolution. Manche der Aktivisten filmten ihren eigenen Tod, weil sie bei der Arbeit erschossen oder von einer Granate getroffen wurden. Eine Kamera oder ein Handy zu halten ist für die Regime-Kräfte so, als hätte man ein Gewehr im Anschlag – sie gelten als effektive Waffen der Revolution. Auf die mutige und wichtige Arbeit der Bürgerjournalisten in Syrien macht Reporter ohne Grenzen immer wieder aufmerksam. So ging ihr Netizen-Preis im Jahr 2012 an die Medienzentren der Lokalen Koordinationskomitees – stellvertretend für alle Internetaktivisten und Bürgerjournalisten in Syrien.

Seit 2013 haben Journalisten in Syrien einen weiteren Feind: die Extremisten von Al Qaida. Die ISIS-Gruppe duldet keine Kritik und keine andere Meinung, sie bedroht und entführt regelmäßig Reporter und Aktivisten in den von ihr kontrollierten Gebieten. Anfang Dezember 2013 exekutiert ISIS einen irakischen Kameramann – zum ersten Mal wird ein ausländischer Journalist von einer bewaffneten Oppositionsgruppe getötet. Diese Entwicklung bestätigt Reporter ohne Grenzen in ihrem Urteil, dass Syrien für Journalisten das derzeit gefährlichste Land der Welt ist.

DIE PROTESTE: DEZENTRAL, MITTEN AUS DEM VOLK UND FÜHRUNGSLOS

Die Tatsache, dass neue Medien bei der syrischen Revolution eine so zentrale Rolle spielen, zeigt, wie wichtig die jungen, intelligenten und zum Teil gut ausgebildeten Syrer für den Aufstand sind. Sie sind es, die zunächst die friedlichen Proteste organisieren und koordinieren, die Plakate und Karikaturen malen, Slogans erfinden und zu zivilem Widerstand aufrufen. Mit der Zeit haben sie jedoch kaum noch Kraft und Ressourcen für diese politische Arbeit. Einige dokumentieren die Gräueltaten und erstellen Statistiken über die Opfer, andere schreiben Artikel, Blogs oder geben Interviews über die Lage in ihrem Gebiet. Die meisten Aktivisten aber sind mit der Versorgung der Bevölkerung beschäftigt. Sie organisieren, schmuggeln und verteilen Lebensmittel, Kleidung und Medikamente und springen damit ein, wo internationale Hilfsorganisationen versagen. Aus der Revolution wird ein Krieg, aus Revolutionären werden Kämpfer und aus politischen Aktivisten humanitäre Helfer.

Begonnen hatte alles auf dem Land – im südsyrischen Daraa –, denn in den ländlichen Gebieten und Vororten der großen Städte fühlte sich die Mehrheit der Syrer von der wirtschaftlichen Entwicklung Syriens abgehängt und von der Regierung vernachlässigt, einige Gegenden litten zudem jahrelang unter anhaltender Dürre. Die syrische Revolution ist deshalb anfangs eine Revolution der Peripherie.

In Orten wie Daraa hatte sich wirtschaftliche Not mit politischer Unfreiheit und der alltäglichen Gängelung durch die Geheimdienste zu einem leicht entzündlichen Gemisch zusammengebraut, dem nur die Initialzündung fehlte. Mitte März 2011 brach das Feuer aus. Alles, was es dazu brauchte, war der Funke, der von den arabischen Revolutionen in Tunesien und Ägypten übersprang, und ein lokales Ereignis wie die Verhaftung einiger Schulkinder in Daraa, die regimekritische Parolen an Hauswände gemalt hatten. Nachdem sich die Behörden geweigert hatten, die Jugendlichen freizulassen, und der örtliche Geheimdienstchef Atef Najib, ein Cousin des Präsidenten, den Eltern empfohlen hatte, sie sollten ihre Kinder vergessen und lieber nach Hause gehen und neue machen, trugen die Bewohner von Daraa ihre Wut auf die Straße.

Zeitgleich gab es erste Anzeichen von Widerstand in der Hauptstadt. Am 15. März 2011 marschierten 40 bis 50 Leute durch den Suq Al Hamidiye, die zentrale Einkaufsgasse der Altstadt, und riefen nach Freiheit. Kurz darauf wurden sie von Regime-Anhängern angegriffen und auseinandergetrieben. Einen Tag später versammelten sich etwa hundert Oppositionelle und Verwandte inhaftierter Dissidenten vor dem Innenministerium und forderten die Freilassung der politischen Gefangenen, Polizeikräfte griffen ein, einige Aktivisten wurden verhaftet. Die ersten größeren Proteste fanden aber in Daraa statt, am Freitag, den 18. März 2011 starben dort auch die ersten Demonstranten. Daraa gilt deswegen zu Recht als der Geburtsort der syrischen Revolution.

Dass aus dem lokalen Feuer ein landesweiter Flächenbrand wurde, hat sich das Regime selbst zuzuschreiben. Das brutale Vorgehen der Sicherheitskräfte gegen die Demonstranten schreckte nicht wie beabsichtigt ab, sondern trieb die Menschen in ihrer Empörung erst recht auf die Straße.

Für jeden getöteten Aktivisten entstanden zehn neue, jeder beschossene Protestzug löste Solidarität andernorts aus. »Wir stehen zu dir, Daraa«, skandierten die Demonstranten in Banyas und Homs Ende März 2011, nur um im gleichen Moment selbst Opfer staatlicher Gewalt zu werden. Auf diese Weise erfasste die Revolution langsam, aber stetig immer mehr Städte und Ortschaften.

Aus den anfänglichen Forderungen nach dem Rücktritt des Gouverneurs von Daraa, der Freilassung der inhaftierten Kinder, einem Ende der Korruption und mehr Freiheit wurden bald Parolen, die den Sturz des Regimes beinhalteten, später auch den Sturz des Präsidenten und schließlich dessen Hinrichtung. Je gewaltsamer der Umgang mit den unbewaffneten Demonstranten, desto radikaler deren Positionen. Vielerorts wurden Assad-Plakate niedergerissen, Statuen von Ex-Präsident Hafiz Al Assad vom Sockel gestürzt, Präsidentenfotos von den Wänden geholt und angezündet.

Die beiden wichtigsten Städte des Landes, Damaskus und Aleppo, blieben in den ersten Monaten mit Ausnahme der Randbezirke weitgehend ruhig. Das Regime verhinderte nach den Erfahrungen in Kairo und Tunis effektiv das Besetzen öffentlicher Plätze und einen Marsch der Millionen. Syriens Revolution bestand deshalb aus täglich Hunderten von kleineren und größeren Demonstrationen, die im ganzen Land stattfanden, aber lokal bekämpft und niedergeschlagen wurden. Dieser Flickenteppich des gewaltlosen Widerstands entwickelte weder eine durchschlagende Dynamik, die das Blatt wenden konnte, noch die notwendige mediale Wucht. Statt sich wie ihre Mitstreiter in Ägypten und Tunesien auf breiten Hauptstraßen, vor bekannten Gebäuden und auf repräsentativen Plätzen zu versammeln, flüchteten die Syrer in die Sicherheit der engen Gassen ihrer ärmlichen Wohngebiete.

Die syrische Revolution wirkt deshalb bis heute schäbig, blutig und begrenzt. Wenn überhaupt, finden Proteste in umkämpften Gebieten nur abends im Schutz der Dunkelheit statt, Aktionen im Zentrum von Damaskus dauern meist nur Minuten, denn sobald Polizei, Militär oder Schläger anrücken, zerstreuen sich die Demonstranten. Da diese Proteste keine unmittelbare Wirkung und wenige Zeugen haben, ist das Wichtigste, sie zu filmen. Daraus entstehen regelrechte Inszenierungen. Der Kameramann nimmt die Demonstranten aus Sicherheitsgründen nur von hinten auf. Die Leute halten ihre Schilder verkehrt herum in die Luft, sodass ihre Sprüche nicht von vorne, sondern nur für die späteren Betrachter des Filmes lesbar sind. Begonnen wird erst, wenn alles vorbereitet ist.

Grundsätzlich dienen die Videos in Syrien als Beweis dafür, dass es überhaupt eine Revolution gibt. Dass sich Menschen tatsächlich auf die Straße trauen und mit friedlichen Mitteln gegen das Regime aufbegehren. »Seht her, hier sind wir! Wir sind keine Terroristen und keine Agenten des Auslands, sondern Syrer!«, so lautet die Botschaft dieser Aufnahmen, die zum Teil auch skandiert wird. Angesichts der Propaganda und Desinformation der staatlichen Medien ist diese Dokumentation überaus wichtig. Denn im Chaos gilt: Nur wenn Bilder von einem Protest im Internet landen, fand dieser sicher statt.

Dabei sagen die Videoaufnahmen viel aus über die Machtverhältnisse in dem jeweiligen Ort. Werden die Gesichter der Demonstranten nicht gezeigt oder im Nachhinein unkenntlich gemacht, fürchten die Aktivisten Verhaftung und Verfolgung – das bedeutet, dieses Gebiet ist in Regierungshand und der Protest ein mutiger Versuch, sich der Revolution anzuschließen. Am gleichen Tag können aber anderswo in Syrien Tausende Menschen sichtbar und stolz ihre selbst gemalten Plakate und Zeichnungen in die Kamera halten, eine Stunde lang Revolutionslieder singen und dazu Arm in Arm Debke tanzen (den bereits erwähnten traditionellen Gruppentanz). Diese Demonstranten wähnen sich offensichtlich in Sicherheit und rechnen nicht mit dem Zugriff des Regimes – ein Hinweis darauf, dass der Ort oder Stadtteil in diesem Moment als »befreit« gilt.

Seitdem Jihadisten die Revolution zu unterwandern versuchen, wird auch gegen sie demonstriert. In Aleppo, Azaz, Raqqa, Maarat Al Numan und einigen anderen Städten finden immer wieder Proteste gegen die neuen örtlichen Machthaber statt, die den Bewohnern ihre extrem konservative Auslegung des Islam aufzwingen inklusive Tabakverbot und Kleidervorschriften, und die Andersdenkende einschüchtern oder willkürlich verhaften. Denn angesichts des hohen Preises, den die Syrer für ihre Freiheit bezahlt haben, wollen sie sich diese nicht von ausländischen Extremisten wieder wegnehmen lassen. Am 3. Januar 2014 fordern Demonstranten in verschiedenen Städten Nordsyriens neben dem Sturz des Assad-Regimes auch den Rückzug von ISIS. Auf ihren Plakaten steht »Wir brauchen eine sofortige direkte Intervention oder eine geeinte Freie Syrische Armee gegen ISIS«. Aber die Menschen in Syrien sind kräftemäßig am Ende. Für einen breiten Aufstand gegen die Jihadisten fehlt ihnen die Energie, die meisten sind nur noch mit dem eigenen Überleben beschäftigt. Die ISIS-Kämpfer können deshalb von Ort zu Ort ziehen und desillusionierte syrische Jugendliche um sich scharen, die seit zwei Jahren keine Schule mehr besuchen, angesichts der Gräuel um sie herum verrohen und folglich dankbar sind für jede Orientierung. Neben Geld und Waffen bietet ISIS diesen jungen Männern auch eine Ideologie: die Weltsicht von Al Qaida.

Für alle anderen Syrer – egal ob Sunniten oder Säkulare, ob Alawiten, Christen oder Drusen – bedeutet der Aufstieg der Jihadisten womöglich das Ende eines Traums. Wo im Herbst 2012 noch Aufbruchstimmung und Euphorie herrschten, wo neue Lehrpläne geschrieben und lokale Räte gewählt wurden, da machen sich Anfang 2014 Verzweiflung und Wut, Resignation und Angst breit. Assad hatten sie besiegt, doch dann ließ die Staatengemeinschaft sie ein zweites Mal im Stich und machte damit den Weg frei für Radikale aus aller Welt. Statt in den »befreiten« Gebieten ein wirklich »freies« Syrien aufzubauen, müssen die Aktivisten nun fürchten, von ISIS-Mitgliedern als »Agenten des Westens« oder »Ungläubige« beschimpft, verfolgt, verschleppt und getötet zu werden. Viele von ihnen sind verschwunden oder ins Ausland geflüchtet.

Diese Entwicklung ist umso tragischer als dass es auch anders hätte laufen können. Die syrische Revolution hatte 2011 und 2012 eine breite Basis in der Bevölkerung. Zwar erwecken die meist unspektakulären Videoaufnahmen von den vielen kleinen Demonstrationen den Eindruck, der Aufstand sei eine isolierte und wenig populäre Angelegenheit gewesen. Das Gegenteil war jedoch der Fall. Wenn man sich die Masse und Frequenz der Demonstrationen ansieht und sich die Bedingungen klarmacht, unter denen diese stattfanden, zeigt sich der wahre Charakter dieser Revolution. Sie hatte großen Rückhalt in der Bevölkerung, und zwar unter Vertretern aller Gesellschaftsschichten im ganzen Land – auch wenn dieser nicht überall sichtbar war.

Bis heute unterstützen viele, die sich nicht auf die Straße trauen, den Aufstand im Verborgenen. Unternehmer finanzieren Wohnungen für abgetauchte Aktivisten oder spenden Nahrungsmittel und Kleidung für vertriebene Familien. Ärzte und Apotheker besorgen Medikamente für die Untergrundkliniken, Geschäftsleute schmuggeln Filmmaterial ins Ausland, betuchte Frauen sammeln Geld für Witwen, deren

Männer erschossen oder zu Tode gefoltert wurden. Die Revolution ist somit weder auf die ländlichen Gebiete noch auf die Städte begrenzt, sie mobilisierte sowohl ungebildete Bauern und Landarbeiter als auch arbeitslose Akademiker, Studenten und Bildungsbürger. Sie brach sich an Hunderten von Orten gleichzeitig Bahn. Eine föderale Graswurzelbewegung par excellence – mitten aus dem Volk, spontan und antiautoritär.

Da 70 Prozent der Syrer unter 30 Jahre alt sind, gehen – ähnlich wie in Tunesien und Ägypten – überwiegend frustrierte Jugendliche auf die Straße, die nichts zu verlieren und deshalb den notwendigen Mut haben. Diese Generation der 15- bis 35-Jährigen denkt pragmatisch und hat die Nase voll von Ideologien, Hierarchien und Zentralismus. Sie will nicht gehorchen, sondern selbst gestalten. Und sie hat im Gegensatz zu den älteren etablierten Oppositionellen keine Zeit, sich in Grabenkämpfe, Eitelkeiten und politische Strategien zu verstricken. Syriens Revolutionäre sind entschlossene Macher – entsprechend unverständlich ist ihnen die Tatenlosigkeit des Auslands und entsprechend erbost sind sie über die Unfähigkeit der Exil-Opposition.

Was die Aktivisten im Laufe dieser Revolution geschafft haben, ist beeindruckend. An Hunderten von Orten haben sich lokale Komitees gegründet, die sich in verschiedenen Arbeitsgruppen um die Organisation der Proteste, ihre mediale Verbreitung, die Versorgung von Verletzten, die Beschaffung von Nahrungsmitteln und Medikamenten, zum Teil sogar den Abtransport von Müll kümmern. Damit übernehmen diese Komitees nicht nur Verantwortung, sondern auch Aufgaben des Staates überall dort, wo dieser nicht mehr ordnungsgemäß funktioniert.

Seit Sommer 2013 verlieren genau diese Aktivisten an Einfluss. In immer mehr Orten übernimmt die Al-Qaida-

Gruppe ISIS das Kommando, die im Gegensatz zur Nusra-Front nicht nur kämpft, erobert und sich dann zurückzieht, sondern versucht, die jeweilige Gegend dauerhaft unter ihre Kontrolle zu bringen. Für die Mitglieder der Komitees bedeutet das eine akute Bedrohung. Wie die »Machtübernahme« der Jihadisten in der Provinzhauptstadt Raqqa gezeigt hat, werden zivile Kräfte, die zuvor Hand in Hand mit örtlichen Rebellengruppen gearbeitet haben, verdrängt, bedroht und teilweise entführt.

Dennoch zeigt sich in Syrien auch weiterhin eine beeindruckende Kreativität. In Manbij, einer »befreiten« Stadt nordöstlich von Aleppo, findet im Dezember 2013 zum zweiten Mal ein kleines Kulturfestival statt. Der syrische Regisseur Jamil ist mit seinem Puppentheater »Top Goon« wieder dabei. Die seit Beginn der Revolution im Internet auftretenden Fingerpuppen machen sich über Bashar Al Assad lustig und zeichnen den Aufstand in all seinen Facetten nach – unter Syrern gelten sie längst als Kult. Zwar sei die Reise im Vergleich zum Vorjahr wegen des wachsenden Einflusses der ISIS noch gefährlicher gewesen, sagt Jamil, aber der Gemeinschaftssinn unter den Bewohnern, der Hunger nach Kunst, die Lust zur politischen Diskussion und die Toleranz im Alltag seien unverändert. Selbst ihn als Drusen und – noch schlimmer – als Säkularen hätten die konservativen Islamisten der Stadt ins Herz geschlossen, erzählt Jamil und erinnert sich an den Abschied eines ziemlich langbärtigen Kämpfers. »Du glaubst zwar nicht an Gott, aber ich mag dich trotzdem.«

Woher die Aktivisten angesichts des Blutbads um sie herum die Kraft nehmen, Gedichte zu schreiben, Lieder zu komponieren, Theaterstücke einzustudieren und Karikaturen zu zeichnen, erscheint im ersten Moment völlig schleierhaft. Doch die Kunst hilft ihnen. Sie dient als Ventil für Trauer und Wut, sie schafft Gemeinschaft und mobilisiert mehr Menschen.

Bei vielen Demonstrationen wird getanzt, je nach Lied folgen die jungen Männer dabei einer bestimmten Choreografie. Leute, die noch nie vor Publikum geredet haben, treten ans Mikrofon und tragen eigene Gedichte vor. Eine Flut von Zeichnungen und Bildern macht sich über den Präsidenten lustig. Und während in Aleppo nachts Straßen umbenannt werden, indem Aktivisten die Schilder mit den Namen ihrer Märtyrer überkleben, färben ihre Mitstreiter in Damaskus Brunnenwasser rot ein, lassen aus versteckten Lautsprechern Revolutionslieder in öffentlichen Gebäuden erklingen oder Tausende Tischtennisbälle mit der Aufschrift »Freiheit« und »Verschwinde« durch die Straßen nahe des Präsidentenpalastes hüpfen. Mit solchen originellen Aktionen beginnen die Syrer, sich den öffentlichen Raum zurückzuerobern, den das Assad-Regime jahrzehntelang für sich beanspruchte.

Besonders faszinierend ist der künstlerische Output einer kleinen Gemeinde in der nördlichen Provinz Idlib: Kafranbel, oder »das besetzte Kafranbel«, wie es sich selbst nennt. Das Cover dieses Buches zeigt eine Demonstration in dem kleinen unscheinbaren Ort, von dem die wenigsten Syrer zuvor wussten, dass es ihn überhaupt gibt. Die farbigen Plakate sind das Markenzeichen der Aktivisten dort. In den Karikaturen und mit scharf formulierten Sprüchen (die dank eines lokalen Englischlehrers stets zweisprachig arabisch und englisch zu lesen sind) spotten sie nicht nur über Assad und seine Verbündeten, sondern attackieren die gesamte internationale Gemeinschaft inklusive UN, Kofi Annan und Barack Obama. Jeden Freitag verarbeiten sie aktuelle politische Entwicklungen zu künstlerischen Botschaften, die innerhalb und außerhalb Syriens Aufmerksamkeit erregen. Dankbar für die englischen Texte und eindeutigen Illustrationen nutzen internationale Fernsehsender die Bilder aus Kafranbel gerne für ihre Berichte über Syrien. Das Beispiel Kafranbel veranschaulicht einen wichtigen Nebeneffekt der Revolution: Die Syrer lernen ihr eigenes Land besser kennen. Auf einmal machen staubige Dörfer und graue Vororte wie Rastan, Baba Amr, Al Quseir, Al Houla, Khan Sheikhun, Salaheddin, Al Bab, Dael und Douma von sich reden, für die sich zuvor niemand interessierte.

Dieser revolutionäre Föderalismus, dieser freie und kreative Geist sind es, die mir Hoffnung für die Zukunft machen, denn sie deuten auf das Erwachen einer Zivilgesellschaft hin. Nach fast 50 Jahren Unterdrückung, Bevormundung und politischer Grabesruhe sitzen junge Syrer zusammen, diskutieren, entscheiden, verteilen Aufgaben und lösen existenzielle Probleme. Und das alles ohne Berührungsängste. Oppositionelle Sunniten, Christen, Drusen und Alawiten arbeiten Hand in Hand, sie koordinieren sich mit den Aktivisten anderswo und den Deserteuren der Freien Syrischen Armee. Sie sind Meister darin, sich zu verstecken, andere zu schützen, Regime-Vertreter auszutricksen, Lebenswichtiges zu schmuggeln und sich gegenseitig zu helfen.

Die meisten Aktivisten gehören einer der drei Basisorganisationen an: den Lokalen Koordinationskomitees, der Generalkommission der Syrischen Revolution oder der Koordinationsunion der Syrischen Revolution. Innerhalb dieser Zusammenschlüsse gibt es kaum Hierarchien, sondern flache Strukturen. Unter ihren Mitgliedern sind viele Frauen, die Prominentesten habe ich bereits an anderer Stelle erwähnt: die in Syrien ausharrende Rechtsanwältin Razan Zeitouneh und die nach Paris geflohene Suheir Al Atassi.

Daneben beweisen Tausende Aktivistinnen zum Teil unglaublichen Mut. Manche verschleiern sich, um unter mehreren Lagen Stoff Medikamente in das belagerte Homs zu schmuggeln, andere stellen sich mit einem selbst gemalten Plakat im Zentrum von Damaskus zwischen fahrende Autos, bis sie verhaftet werden. Vielerorts organisieren sie eigene Frauendemos oder marschieren mit den Männern mit. Ausgerechnet in der als besonders konservativ geltenden Stadt Aleppo sind Studentinnen eine feste Größe bei den Protesten. Zum Teil versuchen sie dort unter Einsatz all ihrer Kraft, die Verhaftung männlicher Kommilitonen zu verhindern. Dabei werden Frauen keineswegs verschont. Wie Berichte internationaler Menschenrechtsorganisationen zeigen, zählen sexuelle Übergriffe, Erniedrigung sowie die Massenvergewaltigung von Frauen zur gängigen Praxis in syrischen Verhör- und Haftzentren.

Was der Revolution fehlt, sind folglich nicht gesellschaftliche Unterstützung oder Koordination. Alles, was ihr fehlt, sind Köpfe, bekannte Gesichter, politische, intellektuelle, populäre Führungsfiguren. Vielleicht gibt es diese bereits. Wahrscheinlich hat jedes lokale Komitee seine Vordenker und Charismatiker. Aber sie können angesichts der akuten Gefahren nicht öffentlich in Erscheinung treten. Viele von ihnen sind tot – Organisatoren von Demonstrationen, Parolen-Sänger, Bürgerjournalisten. Wer sich exponiert, wird zur Zielscheibe des Regimes.

Der Liedermacher und Sänger Ibrahim Qashoush ist ein solcher tragischer Held. Im Juni 2011 führt er mit seiner Revolutionshymne die Proteste in seiner Heimatstadt Hama an, etwa zehntausend Regimegegner sind auf der Straße. Qashoush formuliert Sätze, die in Syrien bis dahin ungehört waren, und die Demonstranten singen sich in einen Rausch. »Yalla irhal ya Bashar«, »Verschwinde, Bashar« – zehntausendfach. Als ich mir den Auftritt Qashoushs am Computer ansehe, rutscht mir das Herz in die Hose. Ich versuche, alle

Zeilen des Liedes zu verstehen, und kann nicht glauben, was die Menge da aus voller Kehle schreit. Ein Bann ist gebrochen, eine weitere Kette gesprengt. Ich kann die Atmosphäre bis ins ferne Berlin spüren, die Genugtuung der Menschen, die Überraschung und der Jubel über ihren eigenen Mut, die Gewissheit, sich nie wieder kleinzumachen.

Am 4. Juli 2011 wird Ibrahim Qashoushs Leiche am Ufer des Orontes gefunden. Seine Kehle ist aufgeschlitzt, die Stimmbänder herausgerissen. Eindeutiger kann eine Botschaft nicht sein.

In Hama entwickelt sich in jenen Wochen eine besondere Dynamik. Mitte Juni zieht sich das Militär aus der Stadt zurück, Aktivisten, Demonstranten und Oppositionelle bleiben unbehelligt. Es ist, als ob das Regime testen möchte, wie gefährlich die Proteste tatsächlich sind. Der Juli 2011 wird auf diese Weise zum vorläufigen Höhepunkt der Revolution. Jeden Tag gehen mehr Menschen auf die Straße, der zentrale Orontes-Platz wird in Freiheitsplatz umbenannt, Kairo scheint greifbar. Einmal lässt sich sogar der Bürgermeister von Hama blicken, der die Demonstranten nach ihren Forderungen fragt. »Den Sturz des Regimes«, antwortet die Menge, der Bürgermeister zieht sich zurück. Der Schlachtruf jener Wochen lautet: »Hey, ihr Hauptstädter, hier in Hama ist das Regime gestürzt!« Die viertgrößte Stadt des Landes scheint befreit.

Erinnerungen werden wach. Ausgerechnet Hama, die Stadt, die schon einmal einen schrecklich hohen Preis für ihren Widerstand gegen das Assad-Regime bezahlt hat, als sie während des Aufstands der Muslimbrüder 1982 in großen Teilen zerstört wurde, zeigt nun, was passiert, wenn das Regime friedliche Proteste zulässt. Am Freitag, den 22. Juli 2011, versammeln sich geschätzte 500.000 Demonstranten auf dem Orontes-Platz und bilden mit schwarzen, weißen und roten T-Shirts eine etwa zweihundert Meter lange syrische Fahne (damals nutzt die Opposition noch die reguläre Flagge, erst ab Herbst 2011 setzt sich bei den Demonstrationen die schwarz-weiß-grüne Unabhängigkeitsfahne durch). Die Szene ist ein Hinweis auf die logistischen Fähigkeiten der Organisatoren und erinnert unweigerlich an Ägyptens Tahrir-Platz. Das war's, Bashar, deine Tage sind gezählt, denke ich und kann den Anblick der Menschenmassen noch immer nicht fassen. Von verschiedenen Seiten strömen immer mehr Demonstranten auf den Platz, die Menge singt »oh, wie schön ist die Freiheit« – ein Schauer nach dem anderen läuft mir den Rücken hinunter.

Spätestens jetzt ist klar: Wenn das Regime nicht einschreitet, wird die Revolution irgendwann die Hauptstadt erreichen. Assad reagiert. Und zwar schnell, denn am 1. August beginnt der Ramadan und damit eine Zeit der täglichen gemeinsamen Gebete in den Moscheen des Landes, die sich als Ausgangspunkte für Versammlungen und Protestzüge nutzen lassen. In den letzten Julitagen kehrt das Militär nach Hama zurück, schlägt die Proteste mit Gewalt nieder und bringt die Stadt wieder unter staatliche Kontrolle.

Aus heutiger Perspektive erlebt die Revolution damals eine Wende. Die Hoffnung auf landesweite friedliche Massenproteste, die sich irgendwann zu einem gewaltigen Marsch vereinen könnten, ist gestorben. Assad lässt keinen Zweifel daran, dass er die Protestbewegung überall im Land gezielt zerschlagen wird. Nie mehr danach konnten sich so viele Syrer zu Anti-Assad-Protesten versammeln wie Ende Juli 2011 in Hama. Die Zeichen stehen seitdem auf Krieg. Immer mehr Oppositionelle kommen zu dem Schluss, das Regime lasse sich nicht mit friedlichen Mitteln, sondern nur mit Gewalt stürzen. Angesichts der zunehmenden Brutalität der Sicherheitskräfte und steigender Opferzahlen wächst das Bedürfnis nach Schutz – und damit nach bewaffnetem Widerstand.

ASSADS GETREUE: ARMEE, GEHEIMDIENSTE, GEISTER

Als Assad im Sommer 2011 nach den Erfahrungen in Hama einsehen muss, dass er friedliche Massendemonstrationen politisch nicht überleben wird, setzt er auf einen verstärkten Einsatz der Armee. Dieser folgt überall einem bestimmten Muster: Das Militär riegelt die Zentren der Proteste zunächst ab, Kommunikationswege wie Telefonleitungen, Mobilfunknetze und Internetverbindungen werden gekappt, die Stromversorgung wird unterbrochen. Damit will das Regime verhindern, dass Nachrichten über den bevorstehenden Angriff nach außen dringen.

Die Soldaten errichten Straßensperren, postieren Scharfschützen auf Dächern und rücken mit Panzern vor. Demonstrationen werden durch Schüsse zerschlagen, ihre Organisatoren und Teilnehmer verfolgt, verhaftet, gefoltert oder exekutiert. Soldaten, Geheimdienstmitarbeiter und Milizionäre gehen dann von Tür zu Tür, finden sie eine gesuchte Person nicht vor, nehmen sie nicht selten andere Familienmitglieder mit. In den Häusern werden Frauen und Männer vor der eigenen Familie gedemütigt, es gibt Berichte über Töchter, die vor den Augen ihrer Väter vergewaltigt werden, oder Kinder, die in Anwesenheit ihrer Geschwister ermordet werden. Läden, Häuser und Wohnungen von Oppositionellen und vermeintlichen Unterstützern werden geplündert und anschließend niedergebrannt.

Angesichts dieser Gewalt formiert sich zunehmend bewaffneter Widerstand. Kämpfer der Freien Syrischen Armee versuchen, die Demonstranten zu schützen, und treten ab Herbst 2011 vielerorts den anrückenden Truppen entgegen. Das Regime kann nicht mehr überall gleichzeitig die Kontrolle behalten und verliert einzelne Gebiete an die Rebellen. Deshalb geht die Armee ab Februar 2012 dazu über, Zentren der Opposition von außen mit schwerer Artillerie anzugreifen und die Zivilbevölkerung dadurch kollektiv zu bestrafen. Einen Monat lang bombardiert sie Baba Amr, einen Stadtteil von Homs, bis dieser in Schutt und Asche liegt. Seitdem ist der anhaltende Beschuss von Wohngebieten mit Granaten, Raketen und Fässerbomben – die auch von Helikoptern und Kampfjets abgefeuert werden – Alltag in Syrien.

Gilt der Widerstand als gebrochen, ziehen die berüchtigten Shabiha-Milizen ein, die »Geister« der Assads (»shabih« bedeutet auf Deutsch »Geist«). Tatsächlich tauchen sie auf und verschwinden, wie sie wollen, und verbreiten in der Zwischenzeit Terror unter der Zivilbevölkerung. Sie bestehen überwiegend aus Alawiten und gelten als besonders loyal gegenüber dem Regime.

Gegründet wurden diese Milizen ursprünglich in den 1980er Jahren in der Küstenregion um Latakia, wo sie für verschiedene Mitglieder des Assad-Clans den Schmuggel mit dem Libanon abwickelten. Sie verkauften Zigaretten, Nahrungsmittel und Verbrauchsgüter, die in Syrien subventioniert waren, zu einem deutlich höheren Preis im bürgerkriegsgeplagten Libanon und importierten dafür Waffen, Drogen und Autos. Über Jahre waren die Shabiha gemeine Gangster, die unter dem Schutz hochrangiger Regime-Vertreter und dadurch stets über dem Gesetz standen. Sie konnten sich deshalb im Umgang mit lokalen Autoritäten alles herausnehmen und waren in der Bevölkerung für ihre Brutalität bekannt und wegen ihrer Skrupellosigkeit gefürchtet.

Damals wie heute werden die Shabiha nach bestimmten Kriterien ausgewählt. Sie stammen in der Regel aus armen Verhältnissen, sind wenig intelligent, schlecht ausgebildet und folglich leicht beeinflussbar. Ihre Anführer sehen (auf den Fotos, auf denen sie sich selbst präsentieren) zum Fürchten aus – massige muskulöse Gestalten mit kahl geschorenen Köpfen, langen Bärten, Tätowierungen und weißen Turnschuhen. Ihre Mitglieder wirken dagegen eher wie arme Schlucker, zumindest in den Videos der Freien Syrischen Armee, in denen sie als Gefangene präsentiert werden. Vom Regime bekommen die Shabiha ein gutes Gehalt, alle möglichen Waffen und – ganz wichtig – eine gründliche Gehirnwäsche. In ihrer Wahrnehmung bekämpfen sie radikale Wahabisten und Salafisten, die alawitische Frauen verschleiern, den geliebten Arrak verbieten und Rache an ihnen nehmen wollen. Es geht um Sieg oder Verderben, töte oder du wirst getötet.

Ab Juni 2011 erleben die Shabiha ein Comeback als Verteidiger der herrschenden Ordnung, als blinde Anhänger Bashar Al Assads. Tatsächlich verehren sie den syrischen Präsidenten wie einen Gott und knüpfen ihr eigenes Schicksal so eng an das seine, dass Bashars Machterhalt automatisch auch ihr Überleben sichert. Konfrontiert mit Oppositionellen (oder Kindern, die zu solchen werden könnten) folgen sie der Logik »entweder sie oder wir« und steigern sich dann vor Ort in einen Blutrausch hinein, der unerträgliche Gewaltexzesse zur Folge hat. Die grausamsten Verbrechen dieses Konfliktes, vor allem das massenhafte Massakrieren unschuldiger Zivilisten aus der Nähe, gehen nach Recherchen internationaler Menschenrechtsorganisationen auf ihr Konto.

Desertierte Soldaten berichten, dass Maher Al Assad, Bashars jüngster Bruder, ein Netzwerk aus Shabiha-Milizen aufgebaut hat. Jede Gruppe soll einem Geheimdienstoffizier unterstellt sein, der direkte Befehle von Maher erhält. Ein weiterer Hinweis darauf, dass die Herrschaft der Assads nicht wie ein Staat, sondern wie eine Mafia funktioniert (wie Oppositionelle und Politikwissenschaftler seit Jahren betonen).

Seit dem Frühsommer 2012 scheinen sich manche Shabiha-Verbände allerdings zu verselbständigen. Massaker mit Dutzenden von getöteten Kindern und Frauen suggerieren, dass die Milizen zum Teil auf eigene Rechnung arbeiten. Sollte das Regime die Kontrolle über die Shabiha verlieren, würden diese vollends zu entfesselten Mörderbanden. Schon jetzt gibt es Hinweise darauf, dass der Unmut innerhalb der alawitischen Gemeinschaft wächst. Während viele Alawiten das Morden für sinnlos und gefährlich halten, weil es die Zukunft ihrer eigenen Gemeinschaft auf's Spiel setzt, geht manchen das staatliche Durchgreifen nicht weit genug. Diese Leute fühlen sich zunehmend berufen, den Kampf selbst in die Hand zu nehmen, schließlich konnte das Regime die »Terroristen« in eineinhalb Jahren nicht besiegen. Durchaus möglich, dass Bashar Al Assad die Geister, die er rief, nicht wieder loswird.

Das Wort Shabih verdeutlicht wie kein anderes die Zweiteilung des Landes. Von den Milizionären selbst wird es stolz als Heldentitel getragen, die Opposition benutzt es dagegen als Schimpfwort. Syrien ist ein Land mit zwei Realitäten geworden, die gegensätzlicher nicht sein könnten und manchmal nur ein paar Hundert Meter auseinanderliegen.

In den ersten Monaten galten die Zentren der Hauptstadt Damaskus und der Wirtschaftsmetropole Aleppo als Oasen der Stabilität und des geordneten Alltags (auch wenn geschulten Augen die Geheimdienstleute an jeder Ecke nicht entgingen), während in den Außenbezirken demonstriert, verhaftet und geschossen wurde. Auf der einen Seite trank die obere Mittelschicht weiterhin in Ruhe Kaffee, auf der anderen Seite riskierten Syriens Unterprivilegierte ihr Leben für mehr Freiheit. Wer bis Herbst 2011 die Wahrheit nicht sehen wollte, konnte es sich mit der staatlichen Version der Ereignisse gemütlich machen und darauf warten, dass alles bald vorbei ist.

Mit den ersten Bombenanschlägen in Damaskus und Aleppo im Dezember 2011 zerplatzten diese »Heile-Welt-Blasen«. Die Explosionen, die seitdem regelmäßig zentrale Plätze und Ausfallstraßen erschüttern, rüttelten sämtliche Stadtbewohner wach – Straßensperren, Scharfschützen, Spitzel und Busladungen voller Schläger prägen nun auch ihren Alltag. Im Juli 2012 erreicht der Krieg endgültig die beiden größten und wichtigsten Städte des Landes. Anhaltende Straßenkämpfe, Raketenangriffe auf Wohngebiete und eine immer schlechtere Versorgungslage treiben Hunderttausende in die Flucht. Wer sich eine Ausreise nicht leisten kann oder als Regierungsmitglied oder wehrfähiger junger Mann das Land nicht verlassen darf, sucht Schutz bei Verwandten in anderen Stadtteilen oder verbarrikadiert sich bei akuter Gefahr in der Wohnung. Viele, die aufgrund ihrer Aktivitäten oder wegen eines dummen Zufalles auf einer der endlosen Listen des Regimes stehen, müssen an jeder Grenze mit Verhaftung rechnen und verlassen Syrien deshalb illegal in Richtung Jordanien, Libanon, Türkei und Irak.

Hinzu kommen mehr als fünf Millionen Binnenflüchtlinge, die vor den Kämpfen fliehen. Sie haben in den zerbombten Stadtteilen von Homs, Hama, Idlib, Aleppo, Deir Al Zor und Daraa oder in den vielen stark zerstörten Ortschaften der gleichnamigen Provinzen zum Teil alles verloren und suchen nun in ruhigeren Gebieten Schutz. Dort erzählen sie, was hinter ihnen liegt – ihre Schicksale tragen den Krieg folglich auch in die sichersten Ecken des Landes. Niemand kann mehr behaupten, von nichts gewusst zu haben. Jeder Syrer hat Verwandte, Freunde, Angestellte, Nachbarn oder Kollegen, die betroffen sind, die demonstrieren oder den Aufstand unterstützen, die verhaftet oder vertrieben wurden, verschwunden oder tot sind, die von Folter, Straßensperren oder Kämpfen berichten. Spätestens im Frühjahr 2012, also ein Jahr nach ihrem Beginn, hat die Revolution das ganze Land und alle Syrer erfasst.

Die Zweiteilung sieht dadurch anders aus. Die Grenzen verlaufen nicht mehr zwischen betroffenen und nicht-betroffenen Orten, sondern zwischen Pro-Regime- und Anti-Regime-Vierteln. Regionen, die von der Assad-Armee kontrolliert werden, stehen Gegenden gegenüber, die in Rebellenhand sind. In Letzteren hat ab 2013 immer seltener die Freie Syrische Armee das Sagen, sondern entweder regional starke islamistische Verbände wie Ahrar Al-Sham, Liwa Al-Tawhid und die Islamische Armee oder die beiden Al-Qaida-Gruppen Nusra-Front und ISIS. Wohngebiete, die beschossen und bombardiert werden, liegen mitunter direkt neben Wohngebieten, die von den regulären Truppen beschützt und von den Shabiha-Milizen als Rückzugsräume genutzt werden.

Am deutlichsten werden diese beiden Parallelwelten in Homs. Dort sitzen wochenlang UN-Beobachter auf dem Dach ihres Hotels und beobachten die einschlagenden Granaten in der etwa einen Kilometer weit entfernten Altstadt. Während die eine Hälfte der Stadt in Ruinen liegt, pulsiert das Leben in der anderen umso mehr. Aus zerstörten Stadtteilen wie Baba Amr, Khalidiya, Inshaat, Bayadah und Juret Al Shajah sind die Menschen in die verbliebenen wohlhabenderen sunnitischen Gegenden geflüchtet, deren Bewohner Homs zum Teil verlassen haben. Dort sind sie in Wohnungen, Moscheen, Einkaufszentren oder Ladengeschäften untergekommen und leben vor allem von der Hilfe ihrer Mitbürger.

Was ihnen einst gehörte, findet sich in anderen Teilen der Stadt wieder. In dem alawitischen Viertel Zahra zum Beispiel, wo Möbel und Kleidung, die die Shabiha-Milizen bei ihren Streifzügen durch die zerbombten Gegenden gestohlen haben, als Kriegsbeute verkauft werden. Die Armee hat eine Art Schutzring um die alawitischen Viertel von Homs errichtet, die dadurch zugleich militärisches Aufmarschgebiet und Heimat der Shabiha geworden sind. Angesichts dieser von außen herbeigeführten Zweiteilung der Stadt können Alawiten inzwischen gar nicht anders, als sich hinter das Regime zu stellen. Selbst Alawiten, die Assad gegenüber kritisch sind, sehen sich gezwungen, jetzt zu ihm zu halten. Alles andere wäre Selbstmord. In Zahra die Opposition zu verteidigen ist mindestens genauso gefährlich wie als Alawit aus Zahra in die von den Rebellen kontrollierten Gebiete zu gehen.

Diese Realität ist im schlimmsten Fall ein Vorgeschmack auf Syriens Zukunft. Als Hauptstadt der Revolution und Schmelztiegel der verschiedenen Religionsgruppen zeigt die Entwicklung in Homs das, was sich auch andernorts andeutet: der Zerfall des Landes entlang konfessioneller Linien.

Vorerst zerfällt jedoch die Armee. Sie ist in Assads Machtapparat das schwächste Glied. Die Mehrheit der 300.000 Soldaten sind Sunniten, in den oberen Rängen sitzen überwiegend Alawiten. Zwar weigern sich schon in den ersten Monaten der Revolution einzelne Soldaten, auf ihre Landsleute zu schießen, aber angesichts der strikten Überwachung ist es zunächst äußerst riskant, zu desertieren. Je mächtiger die Freie Syrische Armee wird, desto mehr reguläre Soldaten laufen über. Ab Herbst 2011 sind es nicht mehr einzelne Offiziere, sondern größere Gruppen oder ganze Bataillone, die sich absetzen, unter ihnen immer mehr hochrangige Armeevertreter. Schätzungen zufolge haben Assads Truppen bereits bis zu 60.000 Angehörige an die Opposition verloren – ein Fünftel der staatlichen Soldaten.

Daraus ergibt sich ein weiteres Problem für das Regime. Welchen Einheiten kann die militärische Führung noch trauen? Auf welche Truppenverbände ist Verlass? Schon früh setzen die Assads bei der Niederschlagung der Proteste und später im direkten Kampf mit der bewaffneten Opposition bevorzugt zwei Einheiten der Armee ein: die Vierte Division und die Republikanische Garde. Beide sind Maher Al Assad direkt unterstellt und gelten deshalb als loyal. Aber sie können nicht überall sein und so kommt es, dass bei Auseinandersetzungen mit der Freien Syrischen Armee ganze Artillerieverbände, Luftwaffeneinheiten und Polizeistationen überlaufen.

Es verwundert daher nicht, dass Assad zunehmend auf ausländische Schützenhilfe angewiesen ist. Zwar gibt es keine zuverlässigen Angaben über die Zahl iranischer Revolutionsgarden und Hisbollah-Kämpfer in Syrien, aber verschiedene Quellen bestätigen deren weit verbreiteten Einsatz. Im Laufe des Jahres 2013 wird deutlich, dass Assad strategisch wichtige Regionen ohne iranische Unterstützung nicht halten bzw. zurückerobern kann – im internen Machtkampf ein Zeichen der Schwäche, nicht der Stärke.

Anfang Juli 2012 flieht mit Manaf Tlass – einem sunnitischen Brigadegeneral der Republikanischen Garde – ein erstes Mitglied des engeren Führungskreises. Der Sohn des jahrzehntelangen Verteidigungsministers Mustafa Tlass und Jugendfreund Bashars erklärt von Paris aus seine Abkehr vom Regime und bringt sich als Führungsfigur einer Übergangsphase ins Gespräch.

Die desertierten Soldaten und Geheimdienstoffiziere werden zu wichtigen Quellen für internationale Nichtregierungsorganisationen und UN-Kommissionen. Die Vielzahl der Aussagen, ihre Detailfülle und große Übereinstimmung belegen, dass Militär und Geheimdienste gemeinsam für die Verhaftung und systematische Folter von vermutlich mehr als 200.000 Syrern verantwortlich sind. Menschenrechtsgruppen wie Amnesty International und Human Rights Watch haben in mehreren Berichten grausame Formen von Folter dokumentiert und dem Regime damit Verbrechen gegen die Menschlichkeit nachgewiesen.

Tatsächlich gelten in dem Konflikt nicht die geringsten menschlichen Standards. Selbst vor Krankenhäusern, Ärzten, Pflegern und Sanitätern machen die Geheimdienste nicht halt. Das Schlimmste in Syrien ist deshalb nicht, dass Demonstranten beschossen und Zivilisten bei der Bombardierung ihrer Häuser verletzt werden. Das Schlimmste ist, dass ihnen nicht geholfen werden kann. In staatlichen Krankenhäusern sind verletzte Oppositionelle nicht sicher. Von geflohenen Ärzten wissen wir, dass Geheimdienstmitarbeiter eingelieferte Aktivisten entweder mitnehmen oder im Falle von Militärkrankenhäusern in speziell dafür eingerichteten Räumen foltern und töten lassen. Ärzte, Pfleger und Krankenschwestern werden zu Helfershelfern einer staatlichen Mordmaschinerie. Sanitäter des Syrischen Roten Halbmonds werden während ihres Einsatzes erschossen, und Medizinstudenten, die verletzten Demonstranten helfen, werden gefesselt und angezündet.

Die gesamte Versorgung von Verletzten und Kranken muss deshalb im Untergrund stattfinden. In Wohnzimmern, Küchen und Hausfluren, die manchmal nur für Tage in Behelfskliniken umgewandelt werden, bevor das Team weiterzieht aus Angst, entdeckt zu werden. Verblutende Männer, Kinder, die nicht wiederbelebt werden können, Frauen mit schweren inneren Verletzungen liegen auf Matratzen oder

Decken und warten auf den Tod. Im besten Fall sind sie von Schmerzmitteln benebelt und hören nicht die Schreie von Verletzten, deren Wunden unter unzureichender Narkose genäht oder deren Beine amputiert werden. Die Videos, die die Arbeitsbedingungen und Hilflosigkeit der Ärzte in Baba Amr, Al Quseir und Aleppo zeigen, sind mit das Erschütterndste, was ich im Laufe der Revolution gesehen habe.

DER BEWAFFNETE WIDERSTAND: DESERTEURE, SYRISCHE FREIWILLIGE, JIHADISTEN

Ab Herbst 2011 konzentriert sich die Berichterstattung über Syrien zunehmend auf die bewaffneten Auseinandersetzungen. Aufständische greifen Stützpunkte der Assad-Soldaten an, Ortschaften werden eingenommen und zurückerobert, Gebiete mal von diesen, mal von jenen Truppen kontrolliert. In den westlichen Medien klingt das oft so, als stünden sich zwei gleichwertige Armeen gegenüber, die in ihrem Kampf um Macht gleichermaßen über Leichen gehen und Menschenrechte verletzen. Aber das ist ein verzerrtes Bild, die Verhältnisse stimmen nicht.

Zwei Tatsachen sind in diesem Zusammenhang wichtig. Erstens: Das Regime hat mit der Gewalt angefangen und die Opposition bewusst in den bewaffneten Kampf getrieben. Zu keinem Moment stellte Assad die Verfolgung und Ermordung von Zivilisten ein, um einer Verhandlungslösung eine Chance zu geben. Dadurch setzte sich bei vielen Syrern die Erkenntnis durch, dieses Regime sei nur mit Gewalt zu besiegen. Zunächst haben jedoch nicht Zivilisten zu den Waffen gegriffen, sondern Soldaten (also bereits bewaffnete Männer) begonnen, friedliche Demonstranten zu beschützen und gegen die Diktatur zu kämpfen. Diese Deserteure haben genau das getan, was sich alle Welt im Falle von Protesten gegen eine despotische Führung von Soldaten erhofft: den Schießbefehl zu verweigern und sich auf die Seite des Volkes zu schlagen. Sie verstehen sich deshalb als die eigentliche Armee Syriens, während Assads Truppen nur dem Machterhalt einer herrschenden Clique dienen.

Zweitens: Menschenrechtsverletzungen und Gewaltexzesse seitens der Rebellen sind durch nichts zu rechtfertigen, stellen aber einen Bruchteil der Verbrechen dar, die das Regime begeht. Es stimmt, dass einzelne Einheiten der Freien Syrischen Armee und einige radikal-islamische Brigaden gefangen genommene Shabiha-Milizen und Soldaten verhören, standrechtlich verurteilen und im Falle »nachgewiesener« Schuld auch hinrichten. Aber diesen mehreren Tausend getöteten Mördern und Vergewaltigern stehen mehr als 70.000 unschuldige zivile Tote sowie Hunderttausende Gefolterte gegenüber. Und wenn die Opposition 15-jährige Jungen zum Transport von Nahrungsmitteln und Medikamenten in eingeschlossenen Stadtteilen (und damit in Frontnähe) einsetzt, dann erscheint das weniger schwerwiegend, als wenn Soldaten sich Kinder als menschliche Schutzschilde in ihren Militärbus holen, bevor sie in einen Ort einrücken.

Von einem offenen Krieg zwischen Kämpfern der Opposition und den Streitkräften des Regimes lässt sich ab Frühsommer 2012 reden (Ende Juni 2012 benutzt Assad erstmals das Wort Krieg). Seitdem sind die Rebellen deutlich besser bewaffnet als zuvor und gewinnen militärisch an Boden. Sie zerstören Panzer und Armeefahrzeuge, schießen Hubschrauber ab und nehmen reihenweise Shabiha-Milizionäre und Soldaten gefangen. Vor allem in den ländlichen Regionen der nordwestlichen Provinzen Idlib, Aleppo, Homs und Hama können sie sich relativ frei bewegen und dadurch ihren Nachschub über die Türkei und den Libanon sichern.

Mitte Juli erreichen die Kämpfe Damaskus und Aleppo. Es zeigt sich, dass die staatlichen Truppen nicht überall gleichzeitig sein können und dass Assad die großen Städte des Landes nicht mehr gleichzeitig unter Kontrolle halten kann. Aber wer wissen will, wer diese Kämpfer sind, woher sie kommen, was sie wollen und warum sie sich immer islamischer geben, muss zurückblicken in den Sommer 2011.

Anfang Juni 2011 kursiert ein Video im Internet, das einen jungen Mann in dunkelgrüner Uniform vor einem Beduinenzelt zeigt. Der Soldat hält seinen Armeeausweis in die Kamera und stellt sich als Oberstleutnant Abdelrazaq Mohammed Tlass vor, Mitglied der Fünften Division in Homs. Er sei zur Armee gegangen, um sein Volk vor dem israelischen Feind zu beschützen, und nicht, um auf unbewaffnete Bürger zu schießen, erklärt er.

Abdelrazaq Tlass, der wie erwähnt in Homs als Held gilt und eine Brigade der Freien Syrischen Armee befehligt, ist einer der ersten und aufgrund seiner Videobotschaft bekanntesten Deserteure. Hinzu kommt, dass die Familie Tlass über seinen Onkel Mustafa Tlass (den jahrzehntelangen Verteidigungsminister und Vertrauten von Hafiz Al Assad) und dessen Sohn Manaf Tlass (den desertierten Brigadegeneral der Republikanischen Garde) zu den wichtigsten sunnitischen Säulen des Regimes zählte.

Knapp zwei Monate später haben sich die Deserteure organisiert. Am 29. Juli 2011 geben sieben uniformierte Überläufer unter der Leitung von Riad Al Asaad in einem Internetvideo die Gründung der Freien Syrischen Armee (FSA) bekannt. Sie erklären, gemeinsam mit dem Volk das Regime stürzen zu wollen, Demonstranten vor der Gewalt der Sicherheitskräfte beschützen zu werden, und bezeichnen jeden, der Zivilisten angreift, als legitimes Ziel. Ihr Hauptquartier wird ein Flüchtlingslager an der türkisch-syrischen Grenze, aber eine effektive hierarchische Befehlsstruktur entwickelt die FSA zunächst nicht.

Sie wird stattdessen zum Sammelbecken für bewaffnete Gruppen aller Art. Eine Art Label, mit dem sich jeder, der für die Revolution kämpft, schmückt, um irgendwie dazuzugehören. Vor Ort folgen die Kämpfer jedoch eigenen Strategien und Prinzipien, was das Bild vom außer Kontrolle geratenen bewaffneten Aufstand befördert. Dabei müssen wir unterscheiden. Militärisch betrachtet bleibt den verschiedenen Einheiten gar nichts anderes übrig, als vor Ort autonome Entscheidungen zu treffen – angesichts der Übermacht ihres Feindes sind Absprachen und lange Befehlsketten nicht praktikabel. Was fehlt, sind eine gemeinsame Moral, ein Bekenntnis zu übergeordneten inhaltlichen Zielen und Leitlinien für den Guerillakampf.

Im August 2012 veröffentlichen die Lokalen Koordinationskomitees einen Verhaltenskodex für die Rebellen. Darin verpflichten sich diese, Gefangene korrekt zu behandeln, nicht zu foltern, zu vergewaltigen, zu plündern oder außergerichtlich hinzurichten. Zahlreiche FSA-Kommandeure und Einheiten unterzeichnen das Papier und distanzieren sich damit von den Verbrechen anderer bewaffneter Gruppen.

Dieses Beispiel zeigt, dass der zivile und der bewaffnete Widerstand in der Praxis nicht voneinander zu trennen sind. Die gleichen Leute, die monatelang demonstrierten, kämpfen nun in den Reihen der FSA. Und diejenigen Aktivisten, die den bewaffneten Kampf aus persönlicher Überzeugung ablehnen, respektieren zumindest die Rolle der FSA. Beide Bewegungen arbeiten vor Ort eng zusammen. Proteste werden von Aktivisten geplant und von bewaffneten Kämpfern beschützt. Der Schmuggel von Verbandsmaterial und Medikamenten, die Evakuierung von Schwerverletzten sowie das Einschleusen ausländischer Journalisten bedürfen der Ortskenntnis der Aktivisten und der logistischen Fähigkeiten der Deserteure.

Auch inhaltlich ist man sich einig. Sowohl die verschiedenen Gremien der Protestbewegung als auch die Führung der FSA bekennen sich zur Einheit Syriens und zur Vielfalt seiner Bewohner. Damit sprechen sie für die große Mehrheit der Syrer, die die konfessionelle und ethnische Vielfalt ihrer Heimat bewahren will und deshalb radikal-islamische Positionen ablehnt.

Ein großes Problem sind jedoch Querelen innerhalb der FSA-Führung. Wer besitzt mehr Autorität, der Ranghöhere oder der, der früher desertiert ist? Da die FSA ihren Mitgliedern im Land außer dem Label kaum etwas bieten kann, gelingt es ihr anfangs nicht, bewaffnete Einheiten zuverlässig an sich zu binden. Im Dezember 2012 gründet sich deshalb in Absprache mit der Nationalen Koalition der Oberste Militärrat, der sich aus den FSA-Führungen verschiedener Provinzen sowie einflussreichen islamistischen Brigaden zusammensetzt. Vorsitzender und somit formal »Stabschef« der FSA wird General Salim Idriss, der im Norden des Landes ein Hauptquartier unterhält.

Idriss ist ein Armeeführer wie ihn der Westen sich wünscht. Er studierte Elektrotechnik in der DDR, lehrte als Professor an der Militärakademie von Aleppo und desertierte im Juli 2012. Er gilt als gemäßigt und wirbt für einen säkularen demokratischen Staat in Syrien. Um das Assad-Regime zu stürzen, brauche es keine ausländischen Kämpfer, sondern nur entsprechende Waffen, betont Idriss mehrfach, doch selbst seine Appelle verhallen in Brüssel und Washington ohne große Resonanz. Natürlich ist die FSA keine Vorzeigetruppe, Mitglieder und lokale Anführer stehen in der Kritik zu plündern oder sich zu bereichern. Aber angesichts der Alternativen ist die Freie Syrische Armee sicherlich der Teil des bewaffneten Widerstands, den der Westen von Anfang an, also ab Herbst 2011, hätte unterstützen sollen.

Doch statt die FSA wenigstens jetzt, wo sie mit dem Obersten Militärrat ein annehmbares Führungsgremium gebildet hat, zu einer schlagkräftigen, geeinten und mächtigen Armee zu machen, zögert der Westen weiter aus Angst, Waffen könnten in die »falschen« Hände fallen. Genau in diese Hände treibt er damit Tausende Kämpfer, die statt bei der FSA bei den besser ausgestatteten Jihadisten landen.

Im Februar 2012 fordert Al-Qaida-Chef Aiman Al Sawahiri die Muslime der Region auf, den Kampf gegen das »antiislamische syrische Regime« zu unterstützen. Ab Frühsommer 2012 beginnt der Aufstieg der Nusra-Front, ein halbes Jahr später gilt sie als die militärisch mächtigste Rebellengruppe in Syrien und steht wegen ihrer Verbindungen zu Al Qaida im Irak auf der Terror-Liste der USA. SPIEGEL-Korrespondent Christoph Reuter, der so viel wie kein anderer deutscher Journalist während der vergangenen drei Jahre durch Syrien reiste, war der Nusra-Front über mehrere Monate auf der Spur. Er geht davon aus, dass die ersten Anschläge, zu denen sich die Nusra-Front bekannte (im Dezember 2011 in Damaskus und im März 2012 in Aleppo) vom syrischen Geheimdienst inszeniert wurden, um die Organisation überhaupt ins Leben zu rufen. Denn die Nusra-Gruppen, die Reuter in verschiedenen Orten traf, existierten erst seit Sommer 2012. »Als ich sie nach diesen frühen Anschlägen fragte, sagten sie, im Frühsommer hatten wir zu fünft eine Kalaschnikow, ganz sicher nicht eine halbe Tonne Sprengstoff, damit haben wir nichts zu tun«, erzählt der SPIEGEL-Journalist. Die Kämpfer hätten sich Nusra angeschlossen, weil diese mit effektiver PR-Arbeit Geldgeber am

Golf gefunden habe, die sie nun großzügig unterstützten, erklärt Reuter.

Dieses Verhalten bestätigt einen allgemeinen Trend innerhalb des syrischen Widerstands. Je islamischer eine Brigade in ihren Videos auftritt desto mehr Unterstützung bekommt sie. Das bedeutet erstens, nicht der Aufstand an sich ist islamistisch, sondern seine Finanzierer. Und zweitens, zur Schau gestellte Ideologien sind eher unter dem Aspekt der Geldbeschaffung zu bewerten und nicht als verfestigte politische Überzeugungen.

Der zweite Al-Qaida-Ableger, Islamischer Staat im Irak und in der Levante (ISIS), betritt Anfang 2013 die syrische Bühne. Im Gegensatz zur Nusra-Front besteht ISIS anfangs fast ausschließlich aus Nicht-Syrern, die aus dem Irak ins Land kommen. An der syrisch-irakischen Grenze hat sich seit der US-geführten Invasion gegen Saddam Hussein 2003 ein reger Grenzverkehr entwickelt. Während Kämpfer und Waffen jahrelang über Syrien in den Irak einsickerten, hat sich seit 2012 die Richtung geändert. Jetzt gelangen Jihadisten, die im Irak viel Terror-Erfahrung gesammelt haben, nach Syrien, um in der gesamten Region ein sunnitisches Kalifat mit eigenem Emir zu errichten. Mit dem Freiheitskampf der Syrer hat das nichts zu tun, aber im ersten Schritt haben die ausländischen Jihadisten und die syrischen Kämpfer den gleichen Feind: das Assad-Regime.

Vor allem mit der Nusra-Front arbeiten andere syrische Brigaden deshalb durchaus zusammen – für größere Militäraktionen brauchen sie die Schlagkraft der Radikalen. ISIS geht dagegen von Anfang an eigene Wege und konzentriert sich darauf, möglichst viel Territorium zu kontrollieren. Im Laufe des Jahres 2013 gelingt es der Al-Qaida-Gruppe, Kämpfer der Nusra-Front abzuwerben, junge Syrer (meist nicht älter als 20) anzuwerben und weite Teile des Nordostens Syriens unter ihren Einfluss zu bringen. Da sie dabei auf offene Konfrontation mit den Kurden und der FSA gehen, aber kaum direkt gegen Regimekräfte kämpfen, vermuten viele, der syrische Geheimdienst versuche mit Hilfe der ISIS, den bewaffneten Widerstand zu zersplittern und gegeneinander aufzuhetzen.

Zwischen diesen beiden Extremen, der säkular-nationalistischen FSA und den von außen eingesickerten Al-Qaida-Terroristen, gibt es ein breites Mittelfeld aus regional verwurzelten, mehr oder weniger radikalen Islamistengruppen, die von der Türkei, Saudi-Arabien, Qatar und anderen Golfstaaten finanziert werden. Sie sind syrisch, konservativ-sunnitisch und streben einen islamisch geprägten Staat an ohne Minderheiten vertreiben zu wollen. Ihre politischen Vorstellungen sind eher vage, aber Religion und Glaube sind das, was sie in diesem irrsinnigen Krieg zusammenhält und motiviert. Im Oktober 2013 vereinigen sich die wichtigsten dieser Brigaden zur Islamischen Front, die dadurch mit geschätzten 50.000 Kämpfern zum größten Rebellenbündnis in Syrien wird. Auch die Nusra-Front ist dabei. Die islamische Front erkennt weder das Oberkommando der FSA noch die Nationale Koalition als politische Vertretung an und lehnt zugleich ein Bündnis mit ISIS ab.

Insgesamt klingt die Revolution immer »islamischer«. Ab dem Frühjahr 2012 gibt es kaum noch Internetvideos ohne Gottesbezug. Demonstranten rufen »Wir unterwerfen uns nur Gott«, Bürgerjournalisten kommentieren Raketeneinschläge mit »Gott stehe uns bei«, Rebellen benutzen den Ausspruch »Gott ist größer« als Schlachtruf und jede Erklärung eines Deserteurs oder einer FSA-Einheit beginnt mit den Worten »Im Namen Gottes, des Erbarmers, des Barmherzigen«.

Das ist aus mehreren Gründen nicht verwunderlich. Erstens grenzen sich Aktivisten und Kämpfer mit dem Bezug auf die

Religion vom pseudo-säkularen Diskurs des Regimes ab. Sie beugen sich eben nicht vor Assad, sondern nur vor Gott. Zweitens ist die syrische Gesellschaft wie an anderer Stelle ausgeführt eine durch und durch religiöse Gesellschaft, der Islam ist für Syriens Muslime ebenso selbstverständlicher Bestandteil des täglichen Lebens wie das Christentum für die Christen. Sprüche wie die oben genannten gehören zum Alltagsvokabular, über das sich niemand groß Gedanken macht. Und drittens brauchen die Syrer ihren Glauben gerade dringend, um daraus Kraft zu schöpfen, denn in ihrer verzweifelten Lage ist Gott für die meisten von ihnen der einzige Beistand.

Für westliche Ohren klingt jedes »Allahu akbar« bedrohlich. Ich erwische mich selbst bei diesen typischen Gedanken: »Die Jungs der FSA könnten sich mal wieder rasieren« oder »Warum reden die jetzt nur noch von Gott, wo es ihnen doch eigentlich um Freiheit geht?«. Aber ich weiß, dass »Allahu akbar – Gott ist größer« alles Mögliche ausdrücken kann. Angesichts von Gewalt und Zerstörung lässt es sich mit »Oh mein Gott« (in Bayern) oder »Ach du Schreck« (in Berlin) übersetzen. Bei Demonstrationen und im Kampf bedeutet es »Wir schaffen das schon«, »Wir kämpfen für eine große Sache«, »Keine Angst, wir sind nicht allein« oder »Lasst uns zusammenhalten«. In den allermeisten Fällen bedeutet es jedenfalls nicht das, was Europäer heraushören, nämlich dass hier jemand einen Gottesstaat errichten und Andersgläubige verfolgen will. Den Gottesstaat wollen wie erwähnt andere einführen, die in Syrien leichtes Spiel haben, weil den gemäßigten Kräften die Rückendeckung aus dem Westen fehlt.

DIE ROLLE DES WESTENS: LEERE VERSPRECHEN, EIN VERMEINTLICHER CHEMIEWAFFEN-DURCHBRUCH UND VERGEBLICHE VERHANDLUNGEN

Wenn wir uns im Frühjahr 2014 fragen, was wir aus drei Jahren Revolution, zweieinhalb Jahren bewaffnetem Aufstand und zwei Jahren Stellvertreterkrieg lernen können, dann ist es Folgendes. Erstens: Die Brutalität des Assad-Regimes kennt keine Grenzen, Armee und Milizen sind zu allem bereit und zu allem in der Lage. Zweitens: Je länger der Konflikt andauert desto radikaler werden Assads Gegner. Syrische Rebellen fühlen sich vom Westen im Stich gelassen und bekommen stattdessen von Extremisten Unterstützung, die sie ausstatten, finanzieren und ideologisch beeinflussen. Drittens: Eine ganze Gesellschaft verroht, brutale Verbrechen finden auf allen Seiten statt, die Syrer gleiten in einen Teufelskreis aus Rache und Vergeltung ab. Viertens: Die größten Verlierer sind die Aktivisten der ersten Stunde. Sie werden aufgerieben zwischen den Bomben des Regimes, der Gewalt der Rebellen, der katastrophalen Versorgungslage und dem wachsenden Einfluss von Al-Qaida-Terroristen. Fünftens: Die größten Gewinner sind die ausländischen Jihadisten, die Syrien als Aufmarschgebiet nutzen, den Syrern einen Steinzeit-Islam aufzwingen wollen und ihren Plan vom regionalen Gottesstaat verfolgen, der mit den Zielen der syrischen Revolution nichts gemein hat.

Diese fünf Erkenntnisse nutzen wir im Westen dankbar dazu, uns in Syrien nicht wirklich einzumischen. Ein wenig Nahrungsmittel und Medikamente hier, ein paar Verbandskästen, Handykameras und Kalaschnikows dort, dazu gelegentlich ein Medientraining für Aktivisten oder Stipendien für regimekritische Autoren. Europa nimmt einige Tausend der insgesamt drei Millionen außer Landes geflohenen Syrer auf. Und die USA stellen ihre ohnehin begrenzten Lieferungen an die FSA im Dezember 2013 ein, weil das Hauptquartier und die Waffenlager des Obersten Militärrates in Nordsyrien zunächst von der Islamischen Front und dann von der ISIS eingenommen wurden. Statt die FSA in ihrem Kampf gegen Assad und Al Qaida aufzurüsten, beklagt man in Washington und Brüssel ihren Machtverlust im Land – für General Idriss und seine Gefolgsleute klingt das scheinheilig, schließlich hatte der Westen ihnen viel versprochen und nur wenig davon gehalten. Genau dieses halbherzige Engagement befeuert den Konflikt weiter. Denn alle Beteiligten bekommen gerade so viel Hilfe von außen, dass sie weiterkämpfen können, aber nicht genug, um zu siegen. Selten war westliche Außenpolitik so kurzsichtig und kontraproduktiv wie in Syrien.

Die USA und Europa wollen in Syrien nicht militärisch eingreifen. Dabei geht es nicht um Bodentruppen oder großangelegte NATO-Manöver. Es geht nicht darum, wie in Libyen einen Regimewechsel herbeizubomben. Und es geht auch nicht darum, wie im Irak aus eigenen imperialistischen Interessen einen Krieg zu beginnen. Nein, in Syrien geht es darum, einen Krieg beenden zu helfen, der den Syrern von ihrem Regime aufgezwungen wurde und der ein Volk zu vernichten droht. Schutzverantwortung nennt sich das – wo, wenn nicht in Syrien, sollte dieses neue völkerrechtliche Prinzip mehr Berechtigung haben?

Dass der Westen dazu nicht bereit ist, zeigt sich spätestens im August 2013. Nach dem Giftgasangriff des Regimes auf die östlichen Vororte von Damaskus sitzt US-Präsident Barack Obama in der Klemme. Ein Jahr zuvor hatte er den Einsatz von Chemiewaffen als »rote Linie« bezeichnet, die zu überschreiten Konsequenzen nach sich ziehen würde. Er muss deshalb einerseits Stärke zeigen, will sich aber andererseits nicht in den syrischen Krieg hineinziehen lassen. Er droht mit einzelnen Militärschlägen als »klare Botschaft« an Assad – ein sinnloser Plan, der nur Tote fordern würde, ohne an der militärischen Pattsituation im Land etwas zu ändern.

In letzter Minute – die FSA-Führung in Nordsyrien hat sich schon bereit gemacht, die Luftangriffe so gut es geht für sich zu nutzen – liefert ausgerechnet Russland Obama den rettenden diplomatischen Ausweg. Moskau überzeugt Assad, sein Chemiewaffenprogramm aufzugeben. Ein Durchbruch, jubelt man in Washington und New York, in London, Paris und Berlin. Nur in Syrien jubelt keiner, denn das Töten mit konventionellen Waffen geht unvermindert weiter.

Der Chemiewaffendeal mit den Machthabern in Damaskus wird international verständlicherweise begeistert aufgenommen. Obama kann sein Gesicht wahren, ohne Kampfjets nach Syrien zu schicken und er kann behaupten, seine Drohkulisse habe Assad zum Einlenken gebracht. Amtskollege Putin inszeniert sich als Friedensstifter, der Weltsicherheitsrat ist sich zum ersten Mal in Sachen Syrien einig, sodass die UN dort endlich nicht nur reden, sondern handeln können, und Europa greift dankbar nach dem diplomatischen Strohhalm, den Moskau scheinbar ausstreckt. Schließlich bekommt die für die Umsetzung der Syrien-Resolution zuständige Organisation für das Verbot chemischer Waffen (OPCW), Assad sei Dank, noch den Friedensnobelpreis. Zynismus pur aus Sicht der Syrer. Für sie ist der Chemiewaffendeal ein Freibrief zum Morden, sie fühlen sich vom Rest der Welt verraten und verkauft. Die Aktivisten von Kafranbel bringen es auf einem Plakat mal wieder auf den Punkt: »Sollte es euch bei Assad nur um Chemiewaffen gehen, dann lasst sie ihm bitte, denn durch Giftgas sterben, ist viel besser als von Scud-Raketen bombardiert zu werden.«

Längst entscheiden nicht mehr die Syrer selbst über den Verlauf dieses Krieges, geschweige denn können sie ihn aus eigener Kraft beenden. Syrien ist zum Schauplatz eines regionalen und internationalen Stellvertreterkrieges geworden, der nicht mit dem Sieg der einen und der Niederlage der anderen Partei enden wird – zu viele Akteure mit zu unterschiedlichen Interessen sind involviert. Nein, der Syrien-Konflikt wird wie die meisten blutigen Auseinandersetzungen am Verhandlungstisch enden. Aber angesichts des Herumlavierens aller Beteiligten und der denkbar schlechten Ausgangslage ist eine politische Lösung bis auf weiteres nicht absehbar.

Eines der Hauptprobleme ist, dass der politische Prozess von den Ereignissen im Land abgekoppelt ist. Die eine Seite will, die andere Seite kann die Kämpfe nicht beenden. Das Regime gibt sich noch immer entschlossen, den »Terrorismus« zu bekämpfen, wird also weiterhin oppositionelle Wohngebiete bombardieren und Kritiker zu Tode foltern. Und die Nationale Koalition der syrischen Revolutions- und Oppositionskräfte hat keinen Einfluss auf den bewaffneten Widerstand, denn die mit ihr verbündeten Rebellen der FSA sind in der Defensive. Das bedeutet, egal was in Genf, Montreux oder sonstwo besprochen wird, es wirkt sich nicht auf das Geschehen im Land aus.

Hinzu kommen völlig unvereinbare inhaltliche Positionen. Assad sieht keinerlei Grund dafür, Macht abzugeben. Warum sollte er auch – Iran, Russland und die Hisbollah stehen militärisch wie wirtschaftlich an seiner Seite, international hat er sich durch das Chemiewaffenabkommen als Verhandlungspartner rehabilitiert und angesichts des Vormarsches von Al Qaida erscheint er manch westlichem Politiker tatsächlich schon wieder als das »kleinere Übel«. Die Opposition kann sich dagegen nur auf Verhandlungen einlassen, die eine glaubwürdige Übergangsregierung zum Ziel haben, bei der Assad keine Rolle spielt. Alles andere wäre politischer Selbstmord, denn wie soll ein syrischer Oppositionsführer Gespräche mit einem Regime rechtfertigen, das zur gleichen Zeit Fässerbomben auf Zivilisten schmeißt und Kinder in abgeriegelten Stadtvierteln verhungern lässt, wenn dieses Regime am Ende weitermachen kann wie bisher?

Wer vor einer schnellen Entmachtung Assads warnt, weil Jihadisten die Gunst der Stunde nutzen und das Machtvakuum füllen könnten, verkennt die Realität im Land. Es ist nicht der Sturz des Regimes, der Al Qaida womöglich an die Macht bringt. Es ist das anhaltende Morden, das Nichtstun des Westens und die Ignoranz der Welt gegenüber dem Sterben der Syrer, die Al Qaida schon jetzt an die Macht bringen. Wenn alles so weiterläuft wie bisher, wird Syrien mit ziemlicher Sicherheit zu einem Rückzugsgebiet des transnationalen Terrorismus. Wer das verhindern will, muss den Krieg gegen Assad so schnell wie möglich beenden helfen, damit die Syrer eine einheitliche Front gegen die Extremisten bilden können. Nur eine Übergangsregierung auf Konsensbasis kann die Syrer im Kampf gegen den Terrorismus einen.

Ein alawitischer Deserteur, den ich im Libanon frage, ob er nicht Angst vor dem habe, was nach Assads Sturz kommt, formuliert es aus syrischer Sicht. »Die Frage, was nach Assad kommt, ist falsch. Das Regime muss erst mal verschwinden, damit es überhaupt eine Alternative geben kann. Es geht nicht darum, dass radikale Gruppen die Macht übernehmen, wenn das Regime stürzt – nein, es geht darum, dass dieser Radikalismus zunehmen wird, solange das Regime an der Macht ist. Die Präsenz des Regimes ist der eigentliche Terror. Wie sollte ich da die Alternative fürchten?«

Leider fehlt den Amerikanern und Europäern das Vertrauen in die Syrer. Sie setzen deshalb erneut auf Assad als

»Bollwerk« gegen Al Qaida. Eine fatale Fehleinschätzung, denn Assads »Terroristen« sind nicht die ISIS-Kämpfer, sondern unbeugsame oder unschuldige Syrer in den Vororten von Damaskus, in Aleppo und Homs, die entweder über Monate ausgehungert oder mit Raketen beschossen werden. In der Realität bekämpft nicht das syrische Regime ISIS, sondern die Kämpfer der Opposition, die in den »befreiten« Gebieten mit den Terroristen konfrontiert sind und ihnen Anfang 2014 offiziell den Krieg erklären. Assad kommen die Al-Qaida-Gruppen dagegen sehr gelegen, da sie seine Propaganda vom Kampf gegen den Terror bestätigen und Zwietracht unter seinen Gegnern säen. Statt gemeinsam auf den Sturz des Regimes hinzuarbeiten, streiten Syriens Rebellen über den richtigen Umgang mit den ausländischen Jihadisten und kämpfen schließlich an zwei Fronten: gegen Assad und gegen Al Qaida.

Wir stehen in Syrien folglich nicht vor der Wahl zwischen Assad und Al Qaida – die verbliebenen 18 Millionen Syrer wollen weder das eine noch das andere. Anfang 2014 beweisen sie das eindrücklich, als gleichzeitig mit der militärischen Offensive an vielen Orten im Norden koordinierte Proteste gegen ISIS stattfinden unter dem Motto »Assad und ISIS sind eins«. Die Mobilisierung zeigt, dass sich in der syrischen Gesellschaft ein politisches Bewusstsein und ein Mut zur Selbstermächtigung entwickelt haben, die vor drei Jahren undenkbar waren. Die Syrer werden sich nicht mehr autoritär vorschreiben lassen wie sie zu leben haben – weder von ISIS noch von anderen religiösen oder säkularen Tyrannen. Sie werden auch unter widrigsten Umständen darauf bestehen, mitzureden und mitzubestimmen. Die syrische Zivilgesellschaft hat Assad und ISIS überlebt, so scheint es, das macht sie ziemlich unsterblich. Ziel muss es deshalb sein, den Syrern nicht nur ein Leben in Freiheit und Würde, sondern auch einen politischen Selbstfindungsprozess zu ermöglichen, der weder von einer skrupellosen Machtclique verhindert noch von bewaffneten Jihadisten torpediert wird. Auf diesem Weg, der steinig und voller Hindernisse sein wird, ist Assads Abgang der erste Schritt.

Eine Lösung mit Assad ist auch deshalb keine Lösung, weil die Kämpfe nicht enden werden, solange er an der Macht ist. Nach dem Grauen, das die Syrer seit drei Jahren durchleben und für das die meisten Assad verantwortlich machen, werden sie nicht ruhen bis er weg ist. Wie sehr sich auch die internationale Gemeinschaft für einen Verbleib Assads aussprechen mag – Syriens Rebellen, vom säkularsten Deserteur bis zum radikalsten Jihadisten, werden ihre Waffen nicht niederlegen bis das Regime gestürzt ist. Alles andere ist Wunschdenken, mit dem Diplomaten in Washington, Moskau, Brüssel und New York nur Zeit verschwenden.

Was also ist zu tun? Erste Voraussetzung für eine Verhandlungslösung ist, dass die Parteien am Tisch Einfluss auf die Kriegführenden im Land haben. Solange Assad direkt oder indirekt mitverhandelt, werden die Radikaleren unter den Rebellen eine Teilnahme verweigern, deshalb bleibt nur, die Nationale Koalition und den mit ihr verbündeten Obersten Militärrat zu stärken. Erst wenn die FSA-Führung in Syrien über die effektivsten Waffen verfügt und militärisch die Oberhand hat, kann sie Brigaden der Islamischen Front für sich gewinnen und im Falle einer politischen Einigung zu einem Waffenstillstand bewegen.

Eine solche Einigung müsste die schrittweise Übergabe von Macht beinhalten und spürbare Zugeständnisse wie ungehinderten Zugang für internationale Hilfsorganisationen oder die Freilassung von politischen Gefangenen mit sich bringen. Die bisherige Strategie der »Freunde Syriens«, die Nationale Koalition zwar als legitimen Vertreter des syrischen Volkes anzuerkennen, sie dabei aber zahnlos zu lassen, hilft nur Assad in seiner Argumentation, die Oppositionellen seien Vasallen des Westens. Wir sollten folglich Aktivisten und Rebellen, die mit der Nationalen Koalition zusammenarbeiten und dadurch Partner einer Verhandlungslösung sind, mit allem ausstatten, was sie für einen Sieg über das Regime und für die Konfrontation mit den Jihadisten brauchen.

Wie das Chemiewaffenabkommen gezeigt hat, ist Assad nur unter Androhung von Gewalt bereit, Zugeständnisse zu machen. Die Einführung von Flugverbotszonen im Norden und Süden des Landes wäre eine entsprechende Drohkulisse und würde den dringenden Zweck erfüllen, Zivilisten vor den Luftangriffen des Regimes zu schützen. Die Tatsache, dass Assad zum Jahreswechsel 2013/2014, also gerade mal drei Wochen vor der geplanten Friedenskonferenz in Montreux, Teile von Aleppo tagelang mit Fässerbomben (die mit Sprengstoff, Nägeln und scharfen Metallsplittern gefüllt und völlig unpräzise sind) überziehen und dabei Hunderte von Menschen, darunter vor allem Zivilisten und viele Kinder, töten kann, ohne dass er dabei mit irgendeiner Reaktion des Auslands rechnen muss, ist eine Schande.

Natürlich ist die Einrichtung von Flugverbotszonen teuer, unpopulär, riskant und ohne UN-Mandat völkerrechtlich nicht abgesichert. Dennoch kommt sie dem, was wir in Syrien wollen, am nächsten. Die Zonen würden Zivilisten vor den Raketen des Regimes schützen, Vertriebenen innerhalb des Landes sichere Zuflucht bieten, die Rückkehr von Flüchtlingen ermöglichen und damit die Nachbarländer entlasten und den Assad-Gegnern die Chance bieten, militärischen Widerstand und politische Opposition zu einen und effektiver zu vernetzen.

Schließlich bleibt, völlig losgelöst von politischen Bemühungen, militärischen Entwicklungen und geostrategischen

Überlegungen, etwas, was wir tun müssen, weil es uns die Menschlichkeit gebietet: den Syrern humanitär helfen. Die Vereinten Nationen sprechen von der größten humanitären Katastrophe unserer Zeit, von der Zerstörung eines Landes und seines Volkes. Mehr als 130.000 Menschen sind tot, Millionen sind verletzt oder versehrt, verhaftet oder verschwunden, gefoltert oder vergewaltigt worden. Mehr als acht Millionen Menschen sind auf der Flucht, drei Millionen davon außerhalb Syriens. Ein Drittel davon, also eine Million, sind Kinder und Jugendliche, die Grausames erlebt und in vielen Fällen einen oder beide Elternteile verloren haben.

Das alles sind nur Zahlen, die das Ausmaß der Krise verdeutlichen, aber wenig über das konkrete Leid erzählen. Darüber, wie Männer mit bloßen Händen in Geröllhaufen graben, die Minuten zuvor mehrstöckige Wohnhäuser waren, um ihre verschütteten Kinder zu finden. Oder wie Frauen, die beim Schmuggeln von Lebensmitteln erwischt werden, verhaftet und in den Folterzentren des Regimes von mehreren Soldaten gleichzeitig vergewaltigt werden. Wir hören nichts von den Eltern in Mouadamiye, dem abgeriegelten Vorort von Damaskus, die über Wochen hilflos zusehen müssen, wie ihre einzige siebenjährige Tochter ein Bündel aus Haut und Knochen wird und schließlich verhungert. Und nichts von den Müttern, die im Winter unter zugigen Zeltplanen neben ihren erfrorenen Kindern aufwachen. Von manchen Jugendlichen werden wir womöglich nie etwas hören. Denn nachdem sie mit ansehen mussten, wie ihre Väter oder Brüder hingerichtet wurden, sind sie verstummt.

Drei Jahre haben wir uns in Syrien so gut es ging rausgehalten – das Ergebnis ist menschlich, politisch und geostrategisch eine Katastrophe. Wir haben die Syrer im Strich gelassen, als sie für Freiheit und Würde kämpften, wir haben sie im Stich gelassen, als sie gegen den Terror ausländischer Jihadisten kämpften. Jetzt kämpfen sie um das nackte Überleben. Und wir? Wir brauchen Mut zu mehr Engagement auf allen Ebenen. Damit aus dem ursprünglichen Traum von Freiheit und Selbstbestimmung in Syrien keine Endlosschleife des Mordens wird.